李　欣/著

西方传媒新秩序

从独立传媒、家族传媒到公司传媒

南方日报出版社
NANFANG DAILY PRESS

图书在版编目（CIP）数据

西方传媒新秩序：从独立传媒、家族传媒到公司传媒 / 李欣著. —广州：南方日报出版社，2008.6

ISBN 978-7-80652-768-9

Ⅰ.西… Ⅱ.李… Ⅲ.传播媒介—研究—西方国家 Ⅳ.G219.5

中国版本图书馆 CIP 数据核字（2008）第 086503 号

西方传媒新秩序——从独立传媒、家族传媒到公司传媒 李欣 著

出版发行：南方日报出版社
地　　址：广州市广州大道中 289 号
电　　话：（020）87373998-8502
经　　销：全国新华书店
印　　刷：广州市怡升印刷有限公司
开　　本：787mm×1092mm 1/16
印　　张：11.25
字　　数：210 千字
版　　次：2008 年 6 月第 1 版
印　　次：2008 年 6 月第 1 次印刷
定　　价：25.00 元

投稿热线：（020）87373998-8503　读者热线：（020）87373998-8502

网址：http://www.nanfangdaily.com.cn/press　http://www.southcn.com/ebook

目录

目录 MULU

目录 MULU

序

李良荣

不知不觉中，改革开放已经走过了30周年。

这30年当然也是我国新闻传播事业发生空前变化的30年。改革之初，新闻界首先从改进新闻业务入手，摒弃“假大空”，提倡“短快新”，将信息观念引入新闻传播活动，大大改变了传媒业的结构、内容构成和报道模式。1992年之后，随着社会主义市场经济作为目标体制的确立，人们认识到，传媒业既具有新闻宣传、文化和意识形态功能，也具有作为企业推动经济、赢得利润的功能。传媒业的双重属性得到确认，使它在市场经济中开始大显身手。一时间，晚报、都市报、信息服务类报纸风起云涌，电视频道的数量大量增加，传媒业的广告收入大幅度增长…… 业务的大发展也提高了对传媒业经营管理的要求。1996年，经中宣部和新闻出版署批准，我国第一家社会主义报业集团广州日报报业集团宣告成立。这标志着我国新闻传播事业进入了一个新的阶段。自此之后，集团化成为我国传媒经济的主导发展方向。

巧合的是，这30年也是西方传媒业发生大变革的30年。20世纪80年代前后，撒切尔和里根先后在英国和美国上台执政，大力推行强调市场竞争的新自由主义经济政策，从而发动了席卷西方世界的私有化浪潮。随后，“冷战”的结束、亚洲的崛起、经济的全球化以及传播技术革命等一系列剧变都促使西方传媒必须不断地采取变革的姿态来应对新的政治、经济和文化环境。归结起来，西方传媒30年来的发展表现出私有化、商业化、集中化和全球化等态势，并最终造就了垄断竞争的格局。如今，西方的传媒市场的大部分份额被少数大型传媒集团瓜分，强者愈强的马太效应的出现已是不争的事实。不仅如此，这些传媒巨人还不断扩张地盘，虎视眈眈地盯着世界其他地区的传媒市场，想方设法从中分一杯羹。

我国新闻传播事业的大发展，离不开学习和借鉴西方这一改革开放的思路。虽然西方传媒业在体制上与我国有根本的不同，但是市场经济体制的共性使我们必须采取一种“汲其精华，去其糟粕”的态度对待它，尤其是它们先进的经营管理理念和发展模式。2001 年 11 月，我国加入了世界贸易组织（WTO）。这意味着我国将更加深刻地卷入到全球化进程之中，各项事业都必将面对更为复杂的外部环境，“传媒入世”的话题也在学术界激起了热烈的讨论。放眼四周，新闻集团、维亚康姆、时代华纳、贝塔斯曼等西方传媒巨头正试图通过各种方式进入中国传媒市场。中国传媒业经过多年的发展，当然不能说是“小舢板”，但要想成为在国际市场上具备强大竞争力的“航空母舰”，还需要不断地进行观念变革和体制创新。在此背景之下，研究西方传媒业的发展历程和运作模式不仅具有理论上的意义，同时也是实践上的迫切需要。

李欣博士的这本专著以全球化为理论视野，以传媒集团的发展为主线，详细研究了半个世纪以来，尤其是近 30 年来西方传媒业公司化、集团化、全球化的发展脉络、特征与影响。该书视野开阔，很好地结合了宏观和微观研究，既有对巨型集团主导下的传媒产业新秩序的分析，也细致地涉及了传媒集团的具体经营策略；理论构想严谨，实证资料也很丰富。在我的印象中，李欣聪颖好学，对前沿问题具有很强的学术敏感，进入复旦大学求学不久，她便选定传媒业经营管理作为自己的研究方向，此后一直孜孜以求。对于本书的顺利出版，我为她感到高兴。我相信，在良好的学术训练和丰富的实践经验的支持下，她以后一定能取得更大的学术成就。同时我也希望，学术界的年轻同行们能够在这方面勇于探索，不断创新，使研究深入化、系统化，为中国传媒业发展提供思想资源。

是为序。

2008 年 5 月于复旦大学

（作者为教育部新闻学科教学指导委员会主任、复旦大学博导）

导论

一、理解全球化

当我们打开电视观看国际新闻或通过其他媒介获取信息时，是否能够体验到，自己是这个世界芸芸众生的一分子，感到自己在与其他成千上万个独立个体同时观看电视节目的时候已经与他们联成了共同体。这种瞬间的全球传遍不经意撕开了人们日常生活的表面，从此开始促使人们不断地重新审视和建构自己的日常生活。仅就这一点而言，尽管形成一个完整的全球化社会似乎还是遥不可及的，但是一种前所未有的紧密联系正迅速地改变着我们的生活。正如英国社会学家安东尼·吉登斯所指出的，全球化是我们生活中时与空的巨变。

尽管在大众传媒、跨国经营等领域，“全球化”这一概念被广泛引用并有沦为陈词滥调的危险，但也许这本身就已成为“全球意识”的一部分。它包含了多种层面和维度，而且作为本文论述西方媒体集团跨国经营的一个大背景，有必要对其作简要梳理，以表明本文持有的理论观点及面对全球化这个复杂的历史现象所采取的态度。

我国学者杨雪冬认为，全球化不是一种理论，而是一个理论群，其中包含多种理论。从全球化在这些理论中的地位角度来看，基本可分为两类：一类是把全球化本身作为研究的对象；另一类是把全球化作为研究具体问题的重要参照背景，讨论背景与对象之间的互动关系。可以说，前一类是严格意义上的全球化理论，而后一类则是广义上的全球化理论。[①] 显然，本文并不把全球化本身作为研究的重点，但是也希望通过理清严格意义上的全球化理论谱系，为研

---

① 〔英〕戴维·赫尔德等著，杨雪冬等译：《全球大变革——全球化时代的政治、经济与文化》序，第3页，社会科学文献出版社，2001年4月第1版。

究全球媒体的跨国经营及其影响提供理论依据及分析框架。

“全球化”如今几乎成了张口即来的口头禅。对某些人而言，“全球化”是幸福的源泉；对另一些人来说，“全球化”是悲惨的祸根。然而对于每一个人来说，全球化都是世界不可逃脱的命运，是无法逆转的过程。[①] 我们在谈论任何跨越国界的相关内容时都不由自主地贴上“全球化”的标签。然而“全球化”具有多种内容和含义。全球化是一个过程，这是许多研究者的共识，在回答究竟是自由竞争的过程还是垄断的过程，是一个被动接受的过程还是一个主动参与的过程，是一个现象上的多样化过程还是一个本质上的多样化共存的过程这些问题的时候，我们按对待这些问题的不同态度把全球化理论粗略地划分为两大类别。

第一类是那些把全球化当成“幸福源泉”的人所持有的观点。他们把全球化视为一个普遍适用的进化过程，高声欢呼我们进入了一个全球化的时代。从经济上来看，他们认为全球化是全球经济的创造过程，意味着企业家或创业者能够在全世界任何一个地方集资，并利用这些资金在世界上任何地方从事生产或销售，从而进行全球资源的再分配。他们把单一全球市场的出现以及全球竞争规则捧为人类进步的标志，高举“新自由主义”的旗帜，认为市场是解决所有问题的唯一力量。全球化将导致社会关系的重新定位，人们之间越来越多的相互交往以及越来越多的共同利益使“全球公民社会”正在形成。从政治层面上讲，这意味着民族国家及其职能的削弱和相互间倚赖的加强。他们相信，民族国家的力量、国家的重要性在一些基本的层面上已让位于其他包括大众传媒，拥有和控制这些传媒的公司、跨国公司，甚至包括一些社会运动的全球性力量。这些全球性力量正在并将最终替代传统的民族国家。在文化层面上由于跨国公司尤其是全球媒体迅猛发展而使信息传播活动空前活跃，消费性文化成为全球的主流。这一类观点的突出代表是福山，他在代表作《历史的终结和最后的人》中有经典的表述：（1）自由民主是人类意识形态进化的终结点，并成为历史上最后一种政治形式，而这种自由民主的全球扩展将使战争得以避免；（2）全球市场使那些进行经济现代化的国家之间的联系日益密切和相互依赖，生活水平的提高使他们少有攻击性；（3）科学技术的发展及应用将保证不同的社会变得越来越相似，消费文化的传播，缩小了文化之间的价值差距。

这一类观点由于单一思维及片面性，饱受攻击。以英国学者吉登斯、美国

① 〔英〕齐格蒙特·鲍曼著，郭国良、徐建华译：《全球化》，第 1 页，商务印书馆，2001 年。

的罗伯逊、德国的贝克为代表，在肯定全球化的现象存在及强调全球化的动态性和渐进性基础上，对上述观点进行了发展、完善。他们把全球化看作是一个社会变革过程，强调多维度的全球化和全球化的多种动因。在一定意义上，他们把全球化定位在一个具有本土、国家以及区域特征的连续统一体上。在连续统一体的一端是在本土和国家基础上组织起来的社会、经济关系和网络，在另一端是在区域和全球交往这个更广的范围形成的社会、经济关系和网络。①

第二类对全球化问题完全持批判的态度。这一类观点对上述第一类的基本观点持完全否定的态度。他们首先对“国际”和“全球”这两个概念给予了界定：“国际”指的是以现存甚至变化中的民族国家体系为基础，而“全球”指的是不以民族国家体系为基础的过程的凸现和社会关系的体系。他们通过历史比较的方法对19世纪以来的相关统计数据进行分析，认为现在的全球化状态只不过是水平较高的国际化罢了。全球化是存在于人们内心的一种幻想，民族国家仍然是主要的管理者。重要的是，这一类观点指出了第一类观点实际上存在着一种意识形态的偏见。全球化过程存在着不平衡的结构，本身在经济上处于劣势的发展中国家在此过程之中实际上处在一个被动接受的地位，全球化的过程只是单轮驱动而并非是双向甚至多向互动的过程。

从以上所作的梳理可以明显看出，有关全球化各种流派的纷争主要集中于如何界定全球化、如何考察全球化的动因，以及怎样看待全球化的结构性影响等各方面。本文无意于界定什么是全球化及其所包含的内容，但是构成上述理论大厦的众多基石可以为本文的写作提供一个广阔的背景及非常有益的启迪。

全球化意味着什么呢？全球化既是一个实践政治话题，也是一个社会经济话题，还是一个思想话题。作为一种现象的全球化至少表现在以下几个方面：从观念上讲，全球化既指世界的压缩，又指世界作为一个整体意识的增强；科学进步，尤其是技术进步成就的推广速度不断加快（特别是在电信领域）；商业、公司网络以及金融和资本流通的自由化达到了前所未有的程度，世界范围内的投资活动跨越了所有国家的界限。而从文化的角度则意味着全世界大多数国家各自的文化特性受到威胁，而典型的美国文化价值观取得从未有过的强势地位；对于包括传媒业在内的跨国公司而言，全球化意味着跨国经营的大环境及其整合维度，意味着这些公司的经营要素是全球化思维、地区化制造和乡土化行为。

---

①〔英〕戴维·赫尔德等著，杨雪冬等译：《全球大变革——全球化时代的政治、经济与文化》，第21页，社会科学文献出版社，2001年4月第1版。

二、全球化视野中的全球媒体

在全球化的种种表现方式中，又有什么像麦当劳这样的国际品牌、贝克汉姆这样的大众化偶像以及卫星向全世界数以亿计的人现场直播伊拉克战争这样的重大事件那样，让我们直接面对，而且具有广阔的覆盖面和超强的渗透力？美国学者罗伯特·W. 迈克切斯尼在《全球传媒、新自由主义和帝国主义》一文中这样来论述全球化视野中的全球媒体——按通常的说法，当下历史时期的特征一般可用如下三个概念之一进行描述：全球化（globalization）、技术革命（technological）和民主化（democratization）。在这三个方面，媒介和传播都扮演着核心的甚至是限定性的角色。如果没有一个全球性的商业传媒系统来推进全球市场并鼓励消费价值，经济和文化全球化大概就不可能发生。[①] 如果我们熟悉整个资本主义的全球扩张历史和传播史，就不难理解上述论点，如果没有相应的传播系统与资本主义经济相配合，无论是公司的成长还是全球化的进程都是难以完成的。媒介始终是不可或缺的关键环节，它不仅仅是作为一种工具而存在，事实上其采用的技术、观念及运行模式本身无不包含着一系列全球化的特征与基本诉求。

20 世纪 80 年代以来，西方的新闻媒体发生了前所未有的深刻变革。从体制、运作模式到具体的操作方式，其所产生的巨大变化使人叹为观止，也令同时期其他行业的发展难以望其项背。越来越显著的商业化特征使媒体对市场的争夺和渗透比其他行业更加迫切和激烈，也使媒体充当了当代资本主义向全球扩张的急先锋。因此，媒体和以全球化为基本特征的当代资本主义经济不但完全一致，而且具有正向的互动关系。

1. 媒体与资本主义经济发展之间关系的历史形态

任何划时代的突破，都有内在的驱动力在产生作用。资本主义的发展即是传播系统演变的内在驱动力。每一种新媒体的出现都预示着一个新的资本主义经济发展阶段。伴随着西方资本主义经济从小发展到大的过程，传播系统也由单一媒体发展到多媒体，其内在特征与资本主义经济发展相匹配。

如果采用一种非严格意义上的划分，现代传播经历了三个阶段——印刷化

① 尹鸿、李彬主编：《全球化与大众传媒》，第 31 页，清华大学出版社，2002 年 4 月第 1 版。

阶段、电子化阶段和网络化阶段。每一阶段都有代表性媒介：报纸、广播电视、全球媒体网络（包括多种媒介形态的全球媒介公司）。这三个阶段，分别与资本主义的古典时期、垄断时期和现在以全球化为特征的后垄断时期三个阶段相吻合。在欧洲，15 世纪 50 年代，德国人约翰·古登堡发明了铅活字印刷术，到了 1500 年，欧洲大约出版了 2000 万册书。那时的欧洲，人口约有 1 亿。在接下来的 100 年间，书的出版量估计为 2 亿册。① 一两百年间，欧洲出版业如此繁荣，出现对书籍的空前渴望，与资本主义在此期间的萌芽、发展不无关系。

这里需要特别指出的一点是，印刷术在欧洲的普及，其过程并不是像人们想象的那样是沿着如下道路进行的：印刷术的革新使得各种学术性著作得以与公众见面，从而提高了欧洲的科技文化水平并为其迅速地发展奠定了基础。事实是，大部分的印刷成就被用来印刷各种通俗刊物，只有极少部分被用于学术方面的刊物。如果印刷术只是为学术界服务的话，那么它根本不可能获得长足的发展。它的背后是商品经济的日益繁荣，市民阶层日益成长，意味着一定规模的读者——消费者群体，意味着书刊印制、销售网络的形成。印刷术的扩散撕裂了西欧的社会生活结构，并用新的方式将它重新组合，从而形成了近现代模式的雏形。印刷材料的使用促成了社会、文化、家庭和工业的变革，从而推动了文艺复兴、宗教改革和科学革命。②

中世纪的社会理论被印刷术的出现所带来的商业文化狂澜冲击得无以立足。尽管古登堡发明铅活字印刷术的最初动机是为了复印圣经，但印刷业主却是为了寻求市场和追求最大利润而来。印刷出版业本身也成为资本主义发展的一部分，印刷出版业主正是那个时期逐渐出现的城市资产阶级的代表。他们全力投入和展示的是以盈利为目的、契约式的社会经济关系和资本主义的企业家精神。而后随着报纸的出现，更是形成了现代传播的一整套包括技术、观念的运行机制。1702 年 3 月 11 日，《每日新闻》出现在伦敦街头，这是第一份用英文印刷的日报。③

日报的出现，证明报纸深受当时大众的欢迎。此时的英国，正稳步由封建社会向资本主义社会迈进，伴随着这一进程，出现了以交易人、批发商及制造商等为主体的新兴的社会阶层——中产阶级。正如哈罗德·伊尼斯所指出的：一种新媒介的长处，将导致一种新文明的产生。18 世纪初，英格兰大约有 180

① 杨伯溆著：《全球化——起源、发展和影响》，第 367 页，人民出版社，2002 年 1 月第 1 版。

② 〔美〕迈克尔·埃默里、埃德温·埃默里著，展江等译：《美国新闻史》，第 4 页，新华出版社，2001 年 9 月第 1 版。

③ 〔美〕迈克尔·埃默里、埃德温·埃默里著，展江等译：《美国新闻史》，第 17 页，新华出版社，2001 年 9 月第 1 版。

座造纸厂，每年生产 6 万令纸，包括供国内消耗的“低档次”的纸和白报纸，总金额在 3 万到 4 万英镑之间。英格兰消耗的 40 万令纸中，大约有 2/3 是在国内生产的。1739 年，英格兰和威尔士共有 278 家造纸厂，纸浆池 338 座。[①] 造纸工业有如此的大发展，从一个侧面证明，报纸开始强大起来。而在美国，1784 年，出现了第一家日报《宾州广告报》。广告增长使造纸业设备猛增，稳定的收入，再加上商务印刷的回报，一个印刷商可以养一家发行量为三四百份的报纸，许多新报纸如雨后春笋般出现了。报纸从 1800 年的 150 家增加到 1810 年的 360 家，报纸的数量翻了一倍。[②] 报纸的出现及繁荣与资本主义的兴起及全面发展保持一致。资本主义的起源、发展有着双重的动力及道德约束机制：尽量地赚钱，却又严格地规避一切本能的生活享受，信徒们既在宗教热情的激励下拼命地工作，又在宗教伦理的制约下尽量地积累资本，把赚钱当作目的本身的宗教动力机制；为了追求世俗的享乐而拼命追求和占有财富的世俗动力机制。报纸风靡之时，文化走出了贵族的城堡而进入到大众生活，大众文化作为一种新型的权力话语进入社会体系中，并有效地排除了人与人之间、群体与群体之间面对面的直接交流的需要，从而使文化传播成为一种世俗性的便捷方式。这种方式迎合了资本及市场经济的本性，以禁欲为特点的宗教文化逐渐退却，而崇尚享乐、消费的个性文化日益兴起，世俗的动力机制成为资本主义继续前进的强有力的助推剂。而随着电子媒体日新月异的发展，这种倾向就越来越明显。

1832 年，美国人莫尔斯发明了电报；1876 年，美国青年发明家亚历山大·贝尔发明了最早的电话；1884 年，德国的尼普科夫发明了一种旋转盘，解决了图像扫描问题；1926 年，英国人贝尔德采用这种旋转盘，制造了一套利用机械扫描法传送图像的电视设备，并在伦敦做了世界上首次电视表演；1936 年 11 月，英国亚历山大宫电视台首次开始播放公共电视节目，最初交替使用了贝尔德的机械电视系统和马克尼——电子乐器工业公司的全电子电视系统。结果人们很快发现，全电子电视系统的画面清晰度和稳定性都优于机械电视系统。于是，到了 1937 年 2 月，就决定完全采用全电子电视系统了。1939 年 4 月，美国无线电公司宣布开始正规电视节目服务。它的第一次电视节目播放了罗斯福总统在 1939 年纽约世界博览会上主持的开幕仪式。这次节目的播出取得了惊人的

① 〔加〕哈罗德·伊尼斯著，何道宽译：《传播的偏向》，第 121 页，中国人民大学出版社，2003 年 6 月第 1 版。

② 〔加〕哈罗德·伊尼斯著，何道宽译：《传播的偏向》，第 136 页，中国人民大学出版社，2003 年 6 月第 1 版。

轰动效果。无数的人奔走相告，一起挤在无线电公司展出的电视屏幕前观看这个令人兴奋的新鲜玩意儿。人们生动地感受到了电视的迷人之处，电视终于到了走入普通人生活的时候了。1953年，彩色电视系统在美国播放成功。这一期间，电视开始在全世界范围内广泛普及。①与电子媒体的全速发展相随，西方资本主义经济正日益走向成熟，电报、电话的出现，扩大了公司活动范围，打破了传统的以狭小的社区为单位的生活圈子，而广播电视的发展终于将不同文化、不同习俗、不同品味、不同阶层的人，联结在传播系统之中，并在多重传播与接受过程中，将不同人的思想、价值观都整合为相似的观念模式，人们的生活从此再也离不开电视。

印刷媒体的兴盛促成了自由资本主义的国内生成，而此时期，资本主义发展虽日渐走向成熟，但基本还以生产为主要导向。当商品生产供大于求的时候，传统文化价值观念及促销手段不能满足对市场开拓要求的时候，收音机、电视就应运而生，一方面由于其本身的特性通过广告的播放来销售商品，另一方面又在以消费文化为主流文化的社会形成过程中起到了无可替代的作用。它所宣扬的任何商品化消费，都成为消费者社会心理实现和标示其社会地位、文化品味、区别水准高下的文化符号，电子媒介的发展已与资本主义发展成为有机的一体。

2. 媒体与资本主义经济发展之间关系的当代形态

对媒体与资本主义经济发展的历史形态的梳理是为二者之间的当代形态提供一个历史的脉络和依据。我们这里所指的资本主义的当代形态主要是“二战”以后，特别是20世纪80年代以来的以全球化为特征的资本主义后垄断时期。

第二次世界大战后，以信息技术为核心的第二次科技革命迅猛发展，加快了国际资本主义的资本积累过程；而独立后的不少发展中国家也相继进入了工业化阶段。一方是资本进一步寻找增殖的出路，一方是广泛的工业化运动需要大量的资金，于是引发了资本的大规模跨国运动。特别是20世纪八九十年代之交，东欧剧变、苏联解体，制度和意识形态的阻隔被打破，两个平行的国际市场消失，为资本的进一步国际化消除了壁垒。正是在这种背景之下，经济全球化迅速发展成为举世瞩目的汹涌潮流，全球化也愈益彰显其全方位、多层面的态势。如果说印刷化媒介促进了自由资本主义的国内生成，电子化媒介推动了垄断资本主义的国际扩张，那么形成于20世纪中后期的全球媒体网络通过媒介跨国公司的运作，不仅成为经济全球化的重要力量和显著特色，而且为非媒体

① 参见《牛津剑桥发明百科》。

公司的全球化运营，为全球化运动提供重要的思想、文化保障。

吉登斯把1969年发射的第一颗商业卫星称为最早启动全球化的传播系统，通信技术的发展是全球化得以实现的前提。进入20世纪80年代后，全球媒介产业在新媒介技术包括卫星技术、数字化技术和网络化技术的渗透下，在竞争日趋激烈的国内、国际市场中，其形式、内容乃至基本理念都产生了戏剧性的激变。尽管国有或地方企业逐步发展为跨国企业的过程是现代资本主义的核心动力，但是本国一直是这些企业的主要活动范围和基础。而现在，当我们谈及时代华纳、新闻集团、索尼、维旺迪、贝塔斯曼、维亚康姆、迪斯尼这些巨型媒介集团的时候，这个基础已不再重要。这些集团公司的分支遍及世界各地，其所有权与控制权越来越趋于向全球化连锁式发展，“全球化管理”的新形式花样翻新、层出不穷，“全球化形象和全球知名品牌”迅速发展，遍及世界大多数地方。此外，这些全球媒体集团，都是包括了广播、电视、出版、电影、唱片、娱乐、电话、零售等众多产业在内的超级信息传播集团。整体的重构模糊了传统产业划分的界限，出版、广播、电信、信息服务行业越来越难以区分。如果我们考察一下几个大的传媒集团的经营情况，就不难发现，全球商业媒体已成为全球资本主义经济体系无法忽略的重要力量。看看今天的世界，几乎没有哪个产业的集中程度如传媒业这么惊人，现在的传媒市场仅由七家跨国公司垄断着，这七家公司在15年前都不是传媒公司，而在2001年，它们都已挤入世界300家最大的非金融公司之列。它们拥有全球主要的电影制片厂、美国全部的电视网络公司，控制着全球音乐市场的80%－85%和全球卫星广播领域，它们在图书出版和商业杂志出版业占有很大的比重，它们几乎拥有全部或大部分美国乃至世界的商业有线电视频道。如今，如果我们想把握任何一家全球媒体，就必须首先去把握全球的商业体系，过去那种只了解一时一地的时代已经一去不复返了。

在全球化时代，全球媒体的表现并不仅仅在于它们本身已积极投身于这一大潮之中，它也为非媒体跨国公司向全球扩展提供了文化上的保障。时代华纳公司总裁史蒂文·罗斯在1990年“爱丁堡国际电视节”上发表了“世界纵览演说”。罗斯说，时代华纳公司赞成“信息完全自由”，即“本着公平竞争的精神，自由流动观念、产品和技术”。他视国界为历史的遗物：“国际媒介现在的情况是，与其说受民族认同不如说是靠市场机遇推动的。”罗斯说，我们正“走在通向真正自由公开竞争的道路上，这是一场受消费者口味和需求指挥的竞争”①。

① 〔英〕戴维·莫利、凯文·罗宾斯著，司艳译：《认同的空间——全球媒介、电子世界景观与文化边界》，第15页，南京大学出版社，2001年8月第1版。

罗斯一语中的，向全世界宣布，跨国公司要向全球扩展并达到预期目的，需要消费文化来支撑。美国新闻工作者协会等曾就《时代》杂志、《纽约时报》、《今日美国》等16家主要媒体1977年、1997年的新闻报道作过比较研究。该项研究发现，美国主流媒体的新闻报道重点和主题已从原来的政治、经济、教育、国际事务等传统内容，逐渐转向生活方式、著名人物、娱乐、丑闻等方面。1977年，具有传统新闻特点的报道在数量上超过以名人特写或丑闻为重点的报道，两者的比例为2∶1，32%为传统新闻报道，15%为名人特写报道。20年后的1997年，这种关系颠倒过来，只有25%的报道集中于传统题目，而超过40%的报道着重于比较轻松的或耸人听闻的题目。特别是电视新闻网，超过55%的报道集中于生活方式、名人、娱乐等方面，只有8%的报道集中于传统新闻内容。而洛文塔尔通过对20世纪美国流行杂志中的传记比较研究，发现了一个明显的重要转变，即传主形象已从"生产偶像"转变为"消费偶像"。不仅如此，美国娱乐业作为"以版权为基础"的制造业极其发达，2000年电影电视业及相关的录像带、录音带、音乐出版行业等方面的总收入高达600多亿美元，占美国出口额的第一位。①

全球化的核心是跨国公司在全球范围内以资本增殖为目的的一种进程，资本主义现代化所需要的价值系统就是消费文化。在消费文化里，商家不仅供给货品，而且塑造消费者的不纯粹出于自主的消费意识，在媒体所构造的网络里去进行一种非自主的消费行为。换句话说，卖方必须通过媒介制造欲望给买方，让买方觉得进行某种消费是必需的、理所当然的。可以说，全球化时代的资本主义利用全球媒介在世界范围内建立一种基于非物质欲望的消费意识是后垄断时期资本主义的一个重大的成就。

全球媒体也以向人们推销消费主义为己任，这种时尚性的消费文化不断生产并诱导出需求冲动，在世界范围内改造人们的精神世界。传媒总是向你宣扬和灌输，建构个体的文化身份应该消费哪些物品和服务，你该如何保养你的身体，如何养护你的温柔气质；作为一个有身份的体面的人，你至少应该到过哪些地方，以什么方式旅游，这样才能体现你的学识和品位。以什么样的方式休闲，如何休闲，今天谁不受广告的影响？谁不依广告在购物消费？甚至，或多或少，谁不依靠广告在塑造自己的生活模式？从广义而言，我们说整个传媒都是广告，例如，我们通常不认为电影及电视连续剧为广告，而实际上，它们是最有影响力的广告，其中所宣扬的生活方式、价值观直接影响到我们的日常消

① 资料来源：秦志希、刘敏：《新闻传媒的消费主义倾向》，《现代传播》，2003年9月。

费行为。而2002年3月发生在美国广播公司（ABC）新闻部的大地震更让我们看到，在这样的时代里，全球媒体毫不犹豫地去建构全球时代资本主义所需要的消费主义的价值系统。以迪斯尼为首的ABC高层，考虑停播由资深主播卡波（Ted Koppel）主持的已有22年历史的《夜线》（Night Line）新闻，并准备不惜代价从CBS挖娱乐节目主持人赖德曼（David Letterman）取而代之。值得注意的是，此时《夜线》的收视率仍旧非常高，而在过去的十几年里至少为ABC赚了5亿美元。而ABC考虑换人的原因并非是这档节目赔钱、收视率低，而是因为，卡波所吸引的银发族的消费能力远远比不上赖德曼所吸引的年轻观众，而广告客户需要他们。虽然此事并未如愿，但我们看到的是媒体越来越明晰的价值取向。他们要让好莱坞的电影明星、NBA的运动员和电视上的脱口秀名人为人们制造一种生存的梦幻。在这个梦幻中，人们尽量少地去拥有主体的判断能力，只须跟随媒介去消费。

在全球化时代，全球媒体本身已深度整合到资本主义的发展过程之中，并进一步为资本的全球扩张和利润增长营造有利的文化氛围。全球媒体网络与资本主义杂交的成果无所不在，媒介的力量不仅深深地影响到其他产业，而且在我们的生活之中无处不在。

3. 独立传媒、家族传媒、传媒集团的发展路径

前面我们已经谈到，西方社会尤其是美国的传媒体系已深度整合到资本主义的经济发展体系之内。美国传媒从独立传媒（independent media）、家族传媒（family—owned media）到传媒集团，再到传媒集团之间建立连锁董事关系、传媒集团与非新闻传媒公司建立连锁董事关系，最后大多数媒介在产权上为少数大型公司所控制，传媒体系发展为公司传媒（corporate media），这种趋势体现的是媒介经济独立性的逐渐丧失，是媒介受利润驱动程度的步步升级；同时，连锁媒介把媒介与众多的产业联结到一起，从而使得媒介在政治经济的报道中的独立性、批评立场受到极大的削弱。不仅如此，媒介的政治独立性也受到挑战。

19世纪初以前，西方的媒介大多是独立传媒，当时的媒介形态主要是报纸，报业基本上也是独资。19世纪末20世纪初，西方国家出现了企业集团，报业集团也在此时产生。1892年，斯克里普斯家族在美国中西部的五个城市拥有五家报纸。1895年，该集团制定向外发展战略，派人到外地办报，将49%的股权给予创办人。1914年，该报业集团已在15个州拥有13家报纸。此后，家族拥有报纸，便成为美国的普遍现象。从19世纪末到20世纪中，美国家族报

业集团遍布新大陆各地，如普利策家族的《纽约世界报》和密苏里州圣路易的《邮讯报》。赫斯特家族在 1922 年即拥有 20 家报社、13 家杂志社、8 家广播公司、2 家电影制片公司和 1 家特稿供应中心，其中包括 19 世纪末与普利策家族的《纽约世界报》激烈竞争的《纽约日报》及旧金山的《纪事报》和《审查人报》。犹太裔报人欧克斯从田纳西州北上买下摇摇欲坠的《纽约时报》，1935 年传给女婿亚瑟·索兹伯格，从而使《纽约时报》成为索兹伯格家族报纸，100 多年来不断扩张，成为全美最有影响力的大报。《纽约时报》企业在各州拥有数家报纸和电视台，其中包括《波士顿地球报》。《纽约时报》已传至亚瑟·索兹伯格之孙。另一家大报《华盛顿邮报》1933 年被犹太人尤金·梅尔购得。梅尔经营《华盛顿邮报》一段时间后传给女婿菲列普·葛兰姆，患有严重忧郁症的葛兰姆于 1963 年自杀身亡，其遗孀凯莎琳·葛兰姆出任《华盛顿邮报》发行人。20 世纪 70 年代初水门事件终于使《华盛顿邮报》成为全美大报之一，与《纽约时报》、《华尔街日报》并列。邮报集团还拥有《新闻周刊》（*Newsweek*）和多家报纸、电视台。跑财经新闻的查尔斯·道和艾德华·琼斯以及他们的友人伯格斯于 1882 年一同创办道琼斯公司，这家公司每天把采访到的财经新闻编成一份简略快报，卖给华尔街订户，7 年后的 1889 年，快报正式发行《华尔街日报》。1920 年，《华尔街日报》前驻波士顿记者巴伦（Clarence W. Barron）出资买下报纸，并加以扩充。巴伦死后，《华尔街日报》传给他的女婿休·班克罗夫特（Hugh Bancroft），从此《华尔街日报》即成为班氏家族企业。但与《纽约时报》、《华盛顿邮报》不同的是，班氏家族百多年来只是拥有日报最多的股份，而未参与编务与经营。家族报纸的特色是品质第一、利润其次，这也是《纽约时报》和《华盛顿邮报》一直能够扬名于世的原因。

20 世纪 50 年代以后，报业集团开始由家庭型向公开上市的公众公司转变。美国涌现出了一大批现代化的报业集团，如道琼斯报业集团、甘尼特报业集团、奈特里德报业集团，它们在经营报纸的同时，也从事广播电视、图书出版、通信服务以及其他相关行业的经营业务，成了跨媒介经营的传媒集团。这些现代报业集团拥有巨额资本，实力强劲，它们除了在国内经营以外，也向海外发展，形成了跨国的传媒集团。美国西北大学凯洛格商学院约翰·伍德教授的研究表明，美国只有 20%的家族企业能够顺利传到第二代，而能够传递三代的企业只有 13%。20 世纪 80 年代以后，家族报业也陆续出了问题：在美国新闻史上占有辉煌一页的普利策家族，今天已不再拥有报纸；赫斯特家族虽仍拥有不可忽视的媒体王国，但其“旗舰”报纸《旧金山纪事报》已于数年前易手由华裔媒体巨子方大川家族所拥有。

20世纪80年代以后，整个世界传媒业的格局发生了剧烈的变化，家族传媒日渐没落，公司传媒渐渐地占据了世界传媒舞台。公司制的传媒集团产权制度具有如下特征：财产主体多元化、治理结构法人化、产权具有可转让性、经营责任有限化等。公司制传媒集团是对传统传媒集团产权主体单一性、产权占有的不可分离性、产权不可转让性、经营责任无限性等特征的替代与创新。财产主体多元化是传媒集团资金充足的前提与保证，从而促进传媒集团资产规模的增长；治理结构法人化提高了传媒集团的决策水平，并有助于形成良好的激励监督机制，有助于职业传媒经理人市场形成；产权的可转让性既保护了资本所有者的利益，也有利于通过市场机制增强对传媒集团的约束作用等等。

与全球化的自由市场经济特征相适应，公司制的传媒体制具有制度上的优越性，也日益成为主导的传媒集团产权制度。除此之外，公司制、全球化巨型媒体集团的出现也使早先独立媒介的工作流程产生了深刻变革以至瓦解。传统的独立媒介一般都具有以下三个步骤：（1）节目制作；（2）节目包装；（3）节目播出。传统的独立媒介控制着这三个步骤，自己或委托他人制作节目，自己包装节目，自己毫无困难地播出节目。当公司化、集团化的传媒集团形成之后，以上三个步骤就进一步复杂化。技术进步、技术融合和管制的放松都使得每一步中可供选择的对象成倍增长。在制作节目内容方面包括由制作公司、电影工作室、新闻机构、唱片公司和软件公司制作的产品；节目包装包括包装和整合节目内容，使其成为能满足特定消费者需求的“大众化产品”；在发送方面可以通过传统的系统，如电视台、电影院、电话线来传送，也可以通过数字网络，如有线电视系统、卫星发送装置和蜂窝发送装置来传送。

资本的首要目的必定是追逐利润。家族传媒充分体现了新闻业的专业主义精神，把利润放在第二位，通常采取的是采编和经营分离的体制；而公司传媒意味着盈利成为首要目标，在股东对利润迫切渴求的目光下，新闻业的走向不言自明。传媒业是一个特殊的行业，与其他行业相比，它不仅仅是赚钱的机器，除了应该独立于政治体系之外，还应该独立于商业体系。虽然这种独立之路充满艰辛，虽然这种自由的争取充满妥协，但是这才是媒体真正的价值所在。

第一章
西方媒体集团的兴起及媒介产业新秩序

在西方国家，传媒业既是文化产业，也是信息产业。联合国教科文组织将文化产业（Culture Industry）定义为：按照工业标准生产、再生产、储存以及分配文化产品和服务的一系列活动。1997年，美国北美行业分类系统给出了信息产业的最新定义：特指将信息转变为商品的行业。它包括三种类型：（1）生产和分发信息及文化产品的行业；（2）提供传递或分发这些产品以及数据或通信方法的行业；（3）处理数据的行业。又分四个行业：出版业、电影和录音业、广播电视和通信行业、信息服务和数据处理服务行业。在信息产业中，传媒业是最活跃的核心产业之一，在文化产业中，传媒业确立了主导地位。[①] 本部分讨论的内容是作为产业，西方媒介的发展变迁历史及巨型传媒集团的兴起。

一、1945年以前的西方媒介产业状况

产业是指生产具有相同性质产品的单位所组成的生产群体，或是具有同类社会经济职能的经济单位所组成的群体。产业是一个动态的生产群体或经济群体，即产业群体。在社会生产力发展的不同阶段上，产业群体的组成和结构不尽相同，各类产业部门在产业群体中所占的比例也在发生变化。有些产业部门，随着社会生产力水平的提高，科学技术的发展和广泛应用，在产业群体中所占的比重将会降低，甚至消亡；有些产业部门，由于社会分工的深化，将会产生、发展和壮大起来。西方的媒介产业发端于出版业和报业，在出版业和报业的萌芽时期，已经初步具有了产业的性质。

① 李良荣等著：《当代西方新闻媒体》前言，复旦大学出版社，2003年6月第1版。

1. 媒介初步具有产业雏形

19世纪之前的媒介产业有如下的主要特征：媒介初步具有了产业的雏形，今日媒介产业得以生存的盈利模式基本元素已经具备，通过卖报纸或图书直接获得利润及出售广告获利。

哈罗德·伊尼斯在其著作《帝国与传播》一书中，描绘了19世纪之前，印刷业及报业由萌芽到初步形成产业的图景。15世纪初的欧洲由于对图书的需求日益增多，出现了一种新兴的职业，即抄本交易行，与此同时，也形成了重要的抄本交易市场。这一时期，抄本买卖兴起，抄本成倍地增长，大规模交易。随后，这些抄书匠组织起来形成行业协会以垄断知识，提高书价。这样就促使人们设法降低书的成本，加速了印刷术的使用。1460年，古登堡的伙伴约翰·福斯特完成了《圣经》的印刷，威廉·卡克斯顿在1476年将第一台印刷机引入英格兰，而到了1490年，每座欧洲大城市至少在使用一台印刷机。[①] 1470年，巴黎一本印刷的《圣经》售价大约只及手抄本《圣经》的1/5。由此可见，这一行业一开始就是为了经济的目的而运转的。到了15世纪末，欧洲已经建立了许多印刷厂，图书贸易兴起，千百年来积累的抄本这一广为人知的宏大基业就兴起了。而后，更加关注市场的出版社逐渐取代了印刷商，出版业作为一个规模化的产业就形成了。

欧洲印刷业成长的同时，新闻业也得到了扩张。1554年之后，德意志的实业家族富格尔家族使用大量的通讯。15世纪和16世纪的欧洲，商人和银行家们不断地找寻商业信息传播的新办法，当时刚刚兴起的印刷术为他们提供了解决问题的工具。所以，15世纪后期法国里昂交易会上印刷的一份刊登兑换率的报纸，被认为是报纸的先驱者。16世纪末，科隆开始出版期刊。阿姆斯特丹的印刷商早在1603年就开始为荷兰与英格兰的读者印刷无名报纸“科兰特”。已知最早的有名称和定期出版的报纸，是于1609年在德意志地区出版的《通告报》，至此，报纸开始了它漫长的历史进程。

由于封建势力的强大和对印刷出版的严格管制，英国及其殖民地美利坚的报业发展相比其他大陆国家来说是滞后的。尽管威廉·卡克斯顿在1476年就开办了英国第一家印刷所，但是1702年，《每日新闻》才在伦敦出版。其间经历了与英国封建势力艰苦的斗争，直到1688年的英国光荣革命和1694年许可证制度的废除，英国的报纸从业者才开始有较多的自由。而广告业在此时的兴起，

① 〔美〕迈克尔·埃默里、埃德温·埃默里著，展江等译：《美国新闻史》，第4页，新华出版社，2001年9月第1版。

又为报纸的发展解决了财力上的很多问题。开办英国第一家印刷所的威廉·卡克斯顿在1480年发行了一份传单，为其礼拜仪式书做广告。第一份真正的英文报纸《伦敦公报》在第62期刊登了一项声明，预告于1666年6月发行一期特别广告增刊。[①] 在北美殖民地，1704年诞生了第一份连续出版的美国报纸《波士顿新闻信》。北美大陆另一个重要的事件就是1734—1735年的曾格案。印刷商、新闻记者曾格被指叛乱罪受审，在律师汉密尔顿的雄辩下胜诉，为美利坚报业在法律上赢得了出版自由的权利。

18世纪下半叶，由于整个西方社会商业的发展及战争的频繁，人们对商业信息和战争新闻的需求增加，又由于广告的支撑，报纸找到了自己的位置。随着世界人口的迅速增加，通信和运输设施的改善，人们受教育程度的提高，通俗文化的普及，报业和出版业的地位也越来越重要。这一时期还开始出现萌芽状态的媒介集团，例如本杰明·富兰克林经营的印刷所60%的利润来自《宾夕法尼亚公报》，40%来自其他印刷品。他又经营了一系列的报纸刊物，形成了早期的联合企业。

2. 建立媒体作为产业的务实理念

进入19世纪之后，由于美国建国初期几任总统对新闻自由的捍卫，报业在美国蓬勃发展起来了。

1810年，美国有376家报纸，到1828年，已有将近900家。1826年，美国报纸的年发行量比英国多300多万份。19世纪20年代，在册的美国出版物，包括图书、杂志和报纸，已经超过5万种。在19世纪20年代，这些出版物的销售额增加了100万美元以上，总收入大约为250万美元。[②] 尽管按人口计算的读者人数，美国报纸在当时是首屈一指的，但是当时美国的大多数公民却无力每年预付5—10美元的订阅费。平民阶层呼唤能够深入接触自己阶层的大众化报纸，发生在美国的工业革命也解决了创办大众化报纸的成本及技术问题，蕴藏在媒介领域内巨大的经济潜能努力地寻找着突破口。1833年9月3日，一张在当时特立独行的小报《纽约太阳报》问世了，将整个传媒业的发展带入了一个新的时代。这张由本杰明·H. 戴创立的报纸具有与当时其他报纸明显的不同

① 〔美〕迈克尔·埃默里、埃德温·埃默里著，展江等译：《美国新闻史》，新华出版社，2001年9月第1版。

② 〔美〕迈克尔·埃默里、埃德温·埃默里著，展江等译：《美国新闻史》，第103页，新华出版社，2001年9月第1版。

特征：售价低廉，每份售价仅有1便士；明确的受众定位，不是为有产阶级服务，发掘大批“平民”读者；报纸内容集中在人们关心的“新闻”而不是深奥的言论；采用了富于人情味的写作技巧；发行方式由过去的预订改为零售。所有这些，使《纽约太阳报》获得了巨大的成功，创刊不到一年发行量便达到1万份。随着《纽约太阳报》的成功，一批廉价出版物相继兴起。到19世纪下半期，它们已在英国、美国市场上占据了主流地位。在美国，面向大众发行的报纸从1870年的489家上升到1900年的1967家。新闻从这一刻起，变成有价值的商品，新闻业也变成一桩“生意”，时时刻刻都要面对咄咄逼人的盈利压力。自此报纸更加依赖广告，形成了依赖广告收入胜过发行收入的传统。

在19世纪与20世纪之交，出现了一种充满生机的新式传媒业，它们把传播信息作为首要职责，确立了报纸评论有别于新闻的独立地位，动用所有手段使内容通俗化来吸引读者。这一时期晚报发展起来，摄影记者和编辑部开始出现，而像普利策和赫斯特这样的报业巨子也像风暴一样席卷当时的传媒业。他们除了是报纸编辑的高手外，还娴熟地进行报纸的收购和经营。普利策1878年购买了《圣路易斯电讯报》，将它和《圣路易斯邮报》合并为当时美国最大的报纸之一《邮讯报》，创办之初，每年就净赚45000美元。1883年买进《纽约世界报》，1887年销量就达到了25万份。在与普利策的竞争之中，赫斯特揭开了黄色新闻的时代，他先后经营《旧金山考察家报》、《纽约新闻报》。而在1895—1898年的美西战争中，《纽约新闻报》更是大出风头，最高发行量达到了150万份。在20世纪的头几年，除了《旧金山考察家报》、《纽约美国人报》、《纽约新闻晚报》外，赫斯特又创办了8家报纸，形成了一个集团经营的报系。像这样的报业大亨，他们最常见的做法就是减少花钱费功夫的深入报道，从资本理财的角度去重新组建办报队伍。他们成为美国报业革命的先驱，剔除了精英办报传统中的许多浪漫主义情怀，规范了媒体作为产业工业的许多务实理念。

3. 媒介形成巨大的产业规模

20世纪初至第二次世界大战爆发，媒介进入了百花齐放的时期，新技术不断涌现，传统媒介在这一时期纷纷登场，并开始形成巨大的产业规模。从1835年至1914年第一次世界大战爆发，电报、电话和无线电这三项重要的传播技术开始运用，这些技术使人类第一次可以以超过旅行的速度来传递信息。随着全球贸易的重要性日益增加，通过无线电迅速交流世界消息具有了巨大的商业价值，促成了第一批跨国公司的成长。这些公司包括母公司在英国的马可尼联合公司、德国的西门子公司、法国的汤姆逊公司、美国的西部联盟、美国电报电话公司和联合无线公司、荷兰菲利浦公司以及后来的英国有线和无线公司、美国的通用电子与美国无线电公司。以无线电为基础，20世纪初兴起了新闻史上具有划时代意义的新闻组织——通讯社和特稿辛迪加。在美国有美联社、合众社、国际新闻社，法国有哈瓦斯通讯社，英国有路透社，德国有沃尔夫通讯社。到1920年，美国通讯社已经扩展了它们的国内业务并在国际新闻的报道和销售方面向欧洲的通讯社发起了挑战，从广义上来说，这些通讯社即是最早的全球媒体。第一次世界大战期间，广播被用来作为宣传的工具，“一战”结束后，开始被商业利用并逐渐发展起来，20世纪20年代出现了商业广播电台。

20世纪二三十年代，通过一系列的会议，签署国际无线电电报协议及管理规则，以有序地利用频道资源，防止电波的使用陷入混乱，广播网开始出现。在英国，建立了由政府指导、不以商业为目的的英国广播公司（BBC），称霸英国的广播业。它靠听众支付的年度执照费来维持。在美国，无线电广播被认为是一项赚钱的行当，美国无线电公司、通用电气公司和威斯汀豪斯公司成立了第一家商业广播网——全国广播公司（NBC），下属红、蓝两个广播网。1943年，为防止垄断，联邦通信委员会（FCC）迫使全国广播公司出售蓝色广播网，1945年改名为美国广播公司（ABC）。1927年，联合独立广播业者公司和哥伦比亚留声机广播公司成立了哥伦比亚广播公司（CBS）。在1943年，全国广播公司和哥伦比亚广播公司更是建立了西班牙语的“泛美”广播网，寻求在全球范围内建立商业广播帝国。20世纪20年代，看电影已成为人们生活中的重要活动，1920—1930年，约有两万家电影院开张，电影观众更是达到每周9000万人次。[①] 电影业务历史比较独特，它一开始就由几家大型的电影厂控制市场，同资本市场联系密切并一开始便成为全球传媒业。20世纪20年代，像福克斯公司、米高梅公司、派拉蒙公司、华纳兄弟公司、环球公司和哥伦比亚公司这样的大型电影公司已成立，好莱坞出品的影片已占世界影片市场的3/4。早在1914年，全球85%的电影观众都在看美国电影。1925年美国电影占英国、加拿大、澳大利亚、新西兰和阿根廷电影总收入的90%以上，占法国、巴西和斯堪的纳维亚国家电影总收入的70%以上，在20世纪前半叶，欧洲和北美电影生产占压倒多数。[②] 唱片业和电视业也开始兴起，1940年全美国出售的唱片中

① 〔美〕迈克尔·埃默里、埃德温·埃默里著，展江等译：《美国新闻史》，第307页，新华出版社，2001年9月第1版。

② 〔美〕爱德华·赫尔曼、罗伯特·麦克切斯尼著，甄春亮等译：《全球媒体——全球资本主义的新传教士》，第5页，天津人民出版社，2001年2月第1版。

有 2/3 来自美国无线电公司（RCA）和笛卡公司（DECCA）。1928 年，美国联邦通信委员会正式颁发了第一张电视许可证给美国无线电公司（RCA）的 W2XBS 台。NBC 由于拥有无可比拟的技术优势（它的拥有者是 RCA—— 一个在电视演播制作设备和发射与家庭接收机等新兴产业方面都处于领先地位的电器制造商），在 1931 年进行了电视试播，又在 1943 年开始定期播出电视节目。

相对于新兴的媒体来说，报业在这一时期开始了第一次兼并和集中的高潮。以美国为例，1910 年，美国的日报数量已达到一个巅峰——2600 家，其中 2200 家是普遍发行的英文报纸，普遍发行的周报是14,000家。在之后的 20 年里，有 1391 家日报停刊或改为周报，另外 362 家与竞争对手合并了。尽管又诞生了 1495 家日报，但只有 1/4 寿命较长。[①] 在许多大大小小的城市，报纸所有权集中了，日报和美国工商业的发展趋势一致，日益发展成为报团。1900 年，日报报团只有 8 家，控制 27 种报纸，占报纸总数的 1.3%，发行量只占 10%。到 1935 年，报团发展到 63 个，控制了 328 种报纸，占报纸总数的 17%，发行量占 41%。[②]

二、1945 年后的西方媒介产业状况及 20 世纪 80 年代以后的媒介产业新秩序

第二次世界大战以后，美国从战争中崛起，逐渐成为全球商业媒介的核心。战后到 20 世纪 80 年代，电视开始占据中心舞台，媒介产业进入了快速增长时期。全球媒体网络的轮廓已经显现，在各个传统的媒介中主要竞争者都稳固了自己的位置，媒介间开始了横向的合并。

20 世纪 50 年代，电视在美国市场上获得了重要的地位。50 年代末，美国 86%的家庭拥有了电视机，电视成为媒介产业的重心。主要的电视网包括 NBC、CBS、ABC 和杜蒙特公司（DuMont），它们都属于原有的广播网。对于既拥有广播又拥有电视的媒介企业来说，尽管电视的出现对广播网造成了重大的打击，但也给它们带来了新的利润增长点，并通过广告和娱乐在整个经济的发展中扮演了重要的角色。在电视的黄金岁月里，1953 年 1 月，全美国有电视

① 〔美〕迈克尔·埃默里、埃德温·埃默里著，展江等译：《美国新闻史》，第 336 页，新华出版社，2001 年 9 月第 1 版。

② 〔美〕迈克尔·埃默里、埃德温·埃默里著，展江等译：《美国新闻史》，第 621 页，新华出版社，2001 年 9 月第 1 版。

机的 2100 万个家庭中有 72%在收看《我爱露西》节目。这样的收视率，促使广告业跟随着快速发展，在电视网出现的头十年里增加了 10 倍，在 60 年代广告费总金额更达到了 120 亿美元。美国向国外出售电视节目的收入也从 1958 年的 1500 万美元增加到 1973 年的 1.3 亿美元。与此同时，美国积极寻求向海外扩张，1965 年，美国广播公司已向亚洲、非洲、拉丁美洲 24 个国家的 54 家电视台投资，还建立了一家全球商业广播网。电影业在电视网出现的打击及政府的管制下，遭受到非常严重的挫折。联邦法院发出一系列的裁决迫使大的制片公司不能够同时拥有电影院线，这使大型制片商转向电视业，促进了跨媒体融合。但是在战后，美国的电影业出口增长却依然很快。为确保控制市场，电影公司开始购买国外的电影院并有效地控制了和美国竞争全球观众的英国电影业。在这一时期里，制片商的重要性超过了导演，艺术电视和商业电影出现分流，电影业的产业标准确立起来。全球录音业在战后也集中在美国的哥伦比亚广播公司、华纳兄弟、美国无线电公司（RCA），英国的百代公司（EMI）和荷兰的宝丽金公司（Poly Gram）。70 年代，这几家大公司的全球录音销售占全球 50%以上；报业的集团化进一步加剧，称雄现在美国的甘尼特报团、奈特—里德报团、时报—镜报报团、道琼斯公司、华盛顿邮报公司均在这一时期形成；另外一个值得关注的现象是，日后对整个传媒业进行大整合的传媒集团，如维亚康姆公司、时代华纳公司、迪斯尼、新闻集团、贝塔斯曼都形成了自己稳固的核心竞争力，只待条件成熟，便可以大展宏图，重构媒介新秩序。

1. 传媒业成为综合产业

20 世纪 80 年代之前，典型的传媒形态是国人拥有的电台、电视台和报业。80 年代之后，所有这一切都在变化，都在迅速地变化。以数字化信息技术的出现为标志，国际文化产业已经通过与信息产业的合流（美国北美行业分类系统，将出版、电影及唱片、广播电视等与软件、数据库、通信、信息处理服务重新定义为信息产业），完成了从早期文化产业（文化工业）向现代文化产业的转型，文化产业因此被冠以“内容产业”的新名称。文化工业根据载体不同，依照传统工业标准划分为各部门，并局限在传统的传媒业范围内；而现代文化产业则是横跨通信、传媒、计算机诸产业领域的新兴综合产业，涵盖了以往所有现代媒介所负载的内容。

尼葛洛庞帝在他的《数字化生存》一书中指出，“多媒体领域真正的前进方向，是随心所欲地从一种媒介转换到另一种媒介”。光纤信道和网络技术协议能将电视网、电话网和计算机网三网合一，使三大传统媒介开始走向高度的综合。数字通信和技术进步正使得传统媒体业之间、新兴媒体业之间及通信产业部门之间的障碍土崩瓦解，像微软、美国在线、美国电话电报公司（AT&T）和 Telefonica 本身都已成为传媒经营者。1993 年，贝尔电信拟与美国最大的有线电视公司（TCI）合并，虽然未能实现，却预示着这种前景。

就像电影、广播、有线电视、计算机和软件业的出现都造就了一批产业巨头一样，新的数字技术的迅猛发展动摇着传统工业基础。1996 年，《美国电信法案》的出台，更是把媒体业和信息业紧密联系起来。电信公司常常以和其他电信公司或媒体巨头建立合资企业的形式进入传统的媒体市场。电信和媒体的结合也使得已成为跨国集团的媒体公司能够提供新闻、娱乐和信息这样一体化的服务。在美国的电信公司中，贝尔（Bell）公司在美国的地区性分公司和 GTE 电讯公司在 1994—1995 年之间联合组成互动式电视合资企业——Tele-TV 公司和美国有线电视公司（Americast）。迪斯尼是美国有线电视公司的合作伙伴之一；贝尔大西洋公司通过与 Nynex 的合并，已成为屈指可数的全球媒体巨头之一；全球最大电信公司之一的U. S. West 公司在 1994 年以 25 亿美元购买了时代华纳娱乐公司，1996 年以 108 亿美元买下美国第三大有线电视公司 Continental Cablevision，并在英国最大的有线电视公司中拥有 20%的股权；新闻集团本身经营着长途电话业务，更是把现有的电话用户作为卫星电视的服务对象；维亚康姆公司和美国最大的三家长途电话公司之一的斯普林特公司共同成立了一家合资企业，维亚康姆为斯普林特提供独家的媒体节目；微软在 1996 年投资电影工作室和数字档案领域，还搭建了一个电视网络，创办了一份在线杂志及城市通讯录。《连线》杂志 1996 年 6 月的封面故事撰文：“微软演变成媒体公司”。事实上，微软想让整个传媒业都离不开它。

传媒业成为综合产业，多方位提高了效率，包括：对新信息的分享和再循环，在不同媒体（产品）的销售口之间（进行）市场交叉，批量采购和团体折扣，分享包括记者、市场研究人员、管理人员、顾问等人力资源，对广告客户提供一揽子折扣，分享印刷与发售效率，利用高级互补技术的能力。[①] 当前的媒介集团公司无一具有这种特征。2005 年 6 月，迪斯尼实现了将其部分 IT 业务外包给 IBM 和 Affiliated 计算机服务公司的计划。这项外包合同的价值高达 13 亿美元。IBM 的发言人约翰称，在未来 7 年内，IBM 将因这一交易获得 7.3 亿美元的收入。Affiliated 也称，其长达 7 年的合同的总价值为 6.1 亿美元。迪

① Richard Gershon：*The Transnational Media Corporation*：*Global Messages and Free Market Competition*，Lawrence Erlbaun Associates，Publishers，1997. P31.

斯尼计划将其计算机服务岗位的 1/3——约 1000 个工作岗位移交给外包服务商。迪斯尼表示，移交工作将在未来两个月内完成，受影响的员工将有机会为外包服务商工作。IBM 将管理迪斯尼的大型主机、中档计算机系统，以及 SAP 业务规划系统。

2. 媒介垄断寡头形成

与以往传媒系统主要是民族国家的相比，20 世纪 80 年代以后，一个全球化的商业传媒市场开始形成，伴随着这一市场的出现，现今的传媒形态已演变为全球传媒网络，我们当前看到的是全球寡头垄断的形成。

衡量市场集中度的一般方式是：如果最大 8 家企业的营业额占了同行业所有公司营业额的 70%，就是完全垄断；占 40%—70%是寡头垄断；占 20%—40%是垄断竞争。[①] 20 世纪早期，石油行业和汽车行业出现了寡头垄断的情况，80 年代以后，它又出现在媒介行业。80 年代至 90 年代，传媒业的资产交易金额大得惊人。通用电气公司以 63 亿美元接收了美国无线电公司及其旗下的全国广播公司；大都会通信公司以 35 亿美元收购了美国广播公司；泰德·特纳拿出 17.8 亿美元，取得对米高梅—联美电影公司的控制权，从而进入电影界；甘尼特报团以 6.35 亿美元买下 4 家主要的大都会日报；德国的贝塔斯曼公司以 4.75 亿美元收购了道布而戴图书公司；而 1989 年更发生了时代公司与华纳通信公司 140 亿美元的惊人合并。90 年代以后，媒介之间的交易数额节节攀升，主要的媒体公司迅速壮大并在全球加速扩张。全球媒体公司实现大联合，横向一体化、纵向一体化、集团化和全球化交织在一起，时代华纳、迪斯尼、贝塔斯曼、维亚康姆以及新闻集团成为领唱的主角。

全球性的媒介集团有的是以报刊业为核心业务，拓展至其他领域；有的是以广播电视为主实行扩张兼并形成媒介集团；有的以娱乐业为主逐渐步入媒介领域；而有的却是直接从其他行业进入传媒领域。比如贝塔斯曼以其第五代接班人莱因哈德·莫恩重组出版公司为转折点，从印刷出版公司逐步发展成为世界级的传媒巨人。时代华纳在经过三次重要的并购后才成就了今日传媒业的霸主地位：1989 年，全球出版业巨头时代公司与娱乐业霸主华纳公司合并，建立时代华纳公司；1996 年时代华纳公司兼并了特纳广播公司；2001 年，时代华纳公司被全球最大的网络公司美国在线公司兼并，组成了“全球第一家面向互联网世纪的综合性大众传播及通信公司”。2002 年，维亚康姆凭借优秀的业绩中期

① 苏东水：《产业经济学》，第 125 页，高等教育出版社，2000 年第 1 版。

市值超过美国在线时代华纳，成为世界第一大传媒集团，而在20世纪80年代维亚康姆不过是美国第十大有线运营商，它如今的老板雷石东所拥有的国家娱乐公司在当时只是一个小型的影院连锁店。维旺迪公司是由有150年历史的通用水务公司发展而来，20世纪80年代至90年代才开始涉足传媒领域，而现在已发展成为欧洲第一、世界第二的国际传媒集团。20世纪80年代，在好莱坞的制片业中，迪斯尼仅排名第八位，它以主题公园而不是生产电影而闻名，到1998年，它已在有线网、电影、广播和杂志，还有互联网领域成为主要的玩家。不仅如此，这些大集团还以相互联系的联盟控制了西方大部分的报纸、杂志、图书、广播、电视、电影和电子信息服务业，其中大多数都在国外控股。1983年，美国人本·巴格迪金出版了具有重要意义的著作《媒介垄断》（*The Media Monopoly*），该书列举了50家超级联合公司如何主导着美国的大众媒介，从报纸、图书和杂志到电影、广播、电视、有线电视以及音乐，但1983年媒体大兼并浪潮后，巴格迪金已经减少了他认为居于主导地位的传媒公司的数目。在1997年的版本中，他认为只有10家这样的公司。表1－1是目前世界最大的传媒集团的概况。

3. 媒介高度商业化

20世纪80年代以后，原来广播电视业以公营为主的西欧传媒业开始私有化的浪潮。自此以后，在世界范围内，传媒业展开了对利润的强烈追逐，盈利的目的开始高于一切，随之而来的就是一切旧有习惯的突破，媒介开始进入高度商业化的时代。

卫星及有线电视的出现，都戏剧性地增加了大多数国家的频道数量。西欧各国的电视频道从20世纪80年代中期的48个增加到1998年的220个；2002年达到400个，预计到2005年达到800个。[①] 有线和卫星电视收入1990—1994年增长了30%，1995—2000年，平均每年增加25%。1995—2000年全球有线或卫星电视用户的百分比将从26%上升至38%。[②] 这些为西方媒介产业的商业化运作提供了基础设施上的保障。在美国，电视新闻业的利润高达40%，如此高的利润背后就是新闻的商品化，这种商业化的强势裹挟使媒介似乎无处藏身。以英国老牌的公营广播网英国广播公司（BBC）在这次商业化大潮中的反应为

① 李良荣等著：《当代西方新闻媒体》，第10页，复旦大学出版社，2003年6月第1版。

② 〔美〕爱德华·赫尔曼、罗伯特·麦克切斯尼著，甄春亮等译：《全球媒体——全球资本主义的新传教士》，第47页，天津人民出版社，2001年2月第1版。

表 1－1①

	维亚康姆	时代华纳	迪斯尼	贝塔斯曼	新闻集团	维旺迪环球
总部	美国纽约	美国纽约	美国 加利福尼亚州	德国巴特斯洛	美国纽约	法国巴黎
营业收入（2007）	428 亿美元	448 亿美元	343 亿美元	242 亿美元	253 亿美元	251 亿美元
下属公司	**电影**：派拉蒙电影公司，派拉蒙家庭娱乐公司。 **广播电视**：哥伦比亚电视集团，维亚康姆电视集团，派拉蒙电视集团，联合派拉蒙电视网，MTV 有线音乐电视网，尼克罗迪恩儿童频道（Nickelodeon），黑人娱乐电视频道（BET）。 **出版**：西蒙切斯特出版公司。 **广告**：Infinity Outdoor 广告集团。 **零售业**：Blockbuster 出租连锁店。 **娱乐业**：5 个派拉蒙主题公园。 **电影院线**：著名演员院线，国际联合影院院线。 **互联网**：MTV. com VH1. com Nickelodeon. com CBS. com。	**电影**：华纳兄弟电影公司，新干线电影公司。 **广播电视**：特纳娱乐广播网（TBS，TNT，TCM），美国有线新闻网（CNN），华纳兄弟电视网，家庭影院电视网（HBO）。 **出版**：时代公司，美国在线时代华纳图书集团。 **零售业**：华纳家庭录像公司。 **音乐**：华纳音乐集团。 **互联网**：美国在线（AOL、Netscape、ICQ、Compu Serve、WinAmp、FM365）。 2003 年 10 月 16 日，美国在线时代华纳正式把公司名称改回为时代华纳。	**电影**：沃尔特·迪斯尼电影公司，试金石电影公司，巨幕电影公司，Miramax 电影公司，Dimension 电影公司，博伟戏剧集团 Buena Visa。 **广播电视**：ABC 电视网，ESPN 体育电视网，迪斯尼频道等众多国际儿童频道，ABC、ESPN、迪斯尼三个广播电台网。 **出版**：迪斯尼出版公司（Discovery、Talk 杂志）。 **零售业**：600 家迪斯尼专卖店。 **娱乐业**：全球 4 个迪斯尼乐园和度假胜地，迪斯尼互动公司（互动游戏软件）。 **互联网**：19 家迪斯尼、ABC、ESPN 品牌网站。	**广播电视**：卢森堡广播电视公司（RTL）。 **出版业**：兰登书屋集团，格鲁纳雅尔出版集团（Gruner＋Jahr），贝塔斯曼施普林格出版集团。 **音乐**：贝塔斯曼音乐娱乐集团（MBG）。 **零售业**：贝塔斯曼直接集团。 **印刷业及媒介服务业**：阿瓦多集团。 **互联网**：Napster、Lycos。	**电影**：福克斯电影公司。 **广播电视**：英国天空广播有限公司，福克斯新闻频道，福克斯有线网络公司（国家地理频道、福克斯电影网、福克斯体育网、福克斯体育世界），天空完美公司，星空传媒集团，凤凰卫视电视控投有限公司，CHANNEL［V］音乐频道。 **出版业**：哈珀—柯林斯图书出版公司，Gemstar－TV Guide 公司（《有线电视节目指南》）。 **报业**：《纽约邮报》，新闻国际控股公司（《泰晤士报》，《星期日泰晤士报》，《太阳报》和《世界新闻报》）。 2007 年，新闻集团收购道琼斯公司，包括其旗下拥有以商业和财经领域深度分析报道著称的《华尔街日报》报系及提供实时财经报道和市场评论的道琼斯有线新闻社。	**电影**：环球电影集团。 **广播电视**：法国 Canal Plus 有线电视网，美国 USA Network 电视网。 **出版业**：环球音乐出版集团，Houghton Mifflin 出版社。 **音乐**：环球音乐集团。 **互联网**：Vizzavi，MP3. com，Rollingstone. com，Education. com。 **其他产业**：Onyx 废物处理公司，Dalkia 能源公司，Connex 私营客运经营商。 2003 年 9 月 GE 旗下的 NBC 与维旺迪将部分业务合并，成立价值超过 400 亿美元的 NBC－环球。

① 表中资料参考各公司网站及李良荣等著：《当代西方新闻媒体》，复旦大学出版社，2003 年 6 月第 1 版。2007 年营业收入来源于各大公司年报及 2007 年《财富》500 强世界排名。

例，作为仅次于可口可乐公司的第二大世界知名品牌，BBC不想被时代抛弃，积极发掘自身巨大的商业价值。1996年，BBC已把商业计划列于生存计划的中心，和皮尔逊PLC公司、考克斯通讯公司以及其他公司建立联盟，生产和销售全球电视节目。同年，又与另外两家通讯公司成立价值10亿美元的公司，为全球电视市场创建商业电视频道。

媒体的商业化倾向日益加强也和正在兴起的以跨国传媒集团为中心的全球媒体网的形成有关。它们受跨国公司控制，以利润为驱动力，而只有把媒介产品高度商品化，淡化其他特征，使产品更加标准化、同质化，才最有利于向全球市场推广。正如西奥多·莱维特在其力作《销售的想象力》中所描绘的那样：全球性企业看待世界各国不是看他们有什么不同之处，而是看他们有什么共同之处。因此，这种企业会不断地寻求在各方面将一切事物标准化、同质化。国际商用机器公司（IBM）更是道出其中的真谛：从商业角度看……划分国与国之间的边界就跟赤道一样并非现实存在。它们仅仅便于标示种族、语言、文化实体而已。

为了有利可图，跨国传媒集团当然会积极响应全球市场的这些要求。在这样的要求下，在全球市场推广新闻节目不但困难，而且充满风险。因此他们努力剥离节目中的意识形态成分，努力使他们的节目内容不具有文化的排他性。由于娱乐节目最具有这种性质，西方媒体掀起娱乐化浪潮就在所难免。于是戴安娜和查尔斯、贝克汉姆和维多利亚的豪华婚礼成为世纪庆典，于是全球的足球明星身边都围绕无数的性感美女，于是"娱记"、"帕帕拉齐"成为这个时代的流行语，于是我们就像是守候在别家的后院一样可以对名人的私生活一览无余。所以商业媒体几乎都选择了娱乐化，媒介似乎在买和卖之间实现了自己。施拉姆说过一句话："几乎全部美国商业电视，除了新闻和广告（其中很大一部分也是让人消遣），大部分畅销杂志，除了登广告的那几页，大部分广播，除了新闻、谈话节目和广告，大部分商业电影，还有报纸内容中越来越大的部分，都是以让人娱乐而不是以开导为目的的。……几乎全部内容都有一种普遍化的游戏或娱乐的功能。"英国ITV的名牌新闻节目《十点钟新闻》，1990—1995年之间，国际新闻比例从43%下降到15%，娱乐和体育新闻比例则从8.5%增加到17%。美国三大新闻网1990—2000年花在娱乐性新闻上的时间比前十年增加了一倍多。在美国新闻工作协会的调查中，美国16家重要媒体中的硬新闻与娱乐性新闻之比在1997年为25%比40%，而20年前的1977年，这一比例是32%比15%。《美国新闻与世界报道》总编辑James Fallows披露，在他统计的1990—1994年间，约500集哥伦比亚电视网著名时事节目《六十分钟》中，超过 1/3 是名人访问、娱乐报道或揭露丑闻，而真正严肃的政治内容不足 1/5。[①]

“商业化”似乎成为这个时代的宗教。在商业化的过程中，媒介、受众、广告商被有效地结合在一起。媒介通过制作和播出的内容来建构受众，广告商向媒介付费是为取得受众，受众实际上被转卖给广告商。商品化的过程使媒介产业彻底纳入资本主义的发展体系中，它不仅生产产品，而且生产了受众，并且是符合广告商需要的特定的已经有了精细分层的受众。

4. 全球媒体网络的形成

20 世纪 80 年代后期出现了真正的全球媒体市场，参与市场的主要大公司依靠建立子公司，或更多地通过购买当地公司或所有权，日益成为跨国公司，而且通过跨行业全球联姻，构成以广告为主要收入来源、比较彻底商业化的全球媒体网络。到 90 年代初，某些公司如新闻集团，不承认本身属于某个国家，而把自己看成全球公司。正如维亚康姆的首席执行官萨姆纳·雷石东（Sumner Redstone）所言：“各大公司正在瞄准其他能带来最高收益的市场——而这些市场只可能在海外。”

这些跨国传媒集团从不放弃任何有商业空间的国家和地区。维亚康姆旗下的 MTV 音乐电视网在 80 年代成立之初只是一个音乐电视频道，目前的覆盖范围已从美国本土扩展到全球 140 个国家和地区的 3.84 亿家庭，在美国拥有的家庭订户超过 7900 万。而维亚康姆集团已覆盖全球 160 个国家和地区。迪斯尼的海外业务也已十分可观。1998 年，其总盈利中有 38 亿美元即 17%来自美国本土以外的国际市场，主要来自创意内容、广播电视节目和主题公园与商业零售业。其中 ESPN 由于广泛开发国际市场，1998 年的盈利增长了 20%，达到约 17 亿美元，现金流动则增加 17%，达 7 亿美元。迪斯尼的全部广播电视产业（ABC、ESPN、DISNEY CHANNEL 等）的盈利 1998 年增长了 10%，达 71 亿美元，其中营业额提高了 3%，为 13 亿美元；[②] 新闻集团通过收购英国的《世界新闻报》、《太阳报》和《泰晤士报》进入英国，80 年代中期，通过收购《纽约邮报》，盘入福克斯公司，默多克在美国引起了广泛的关注，正式把触角伸向了北美，走向全球性传媒帝国。《福布斯》杂志称他“正在创建一家有史以来最大的传媒王国”。而如今的新闻集团在六大洲 70 多个国家和地区运营着大约 9 种类型的不同业务。1998 年，当有人说一家德国公司不应该分别掌握美国

---

① 林晖：《市场经济与新闻娱乐化》，《新闻与传播研究》，2001，(3)。

② *Broadcasting & Cable*, 1999, 1.

图书出版业和音乐市场15%的份额时，贝塔斯曼的首席执行官托马斯·米德尔霍夫说："我们不是跨国公司，我们是国际公司。我是一名拥有德国护照的美国人。"2000年，米德尔霍夫宣布贝塔斯曼不再是一家德国公司——"我们是最全球化的公司"。同样，美国在线时代华纳的杰拉尔德·莱文宣称："我们不希望被看作是一家美国公司。我们具有全球化的视野。"① 目前垄断全世界传媒业的二十几家传媒集团，无一不是巨型的跨国公司。

全球媒体网络的另一个重要组成部分是商业互联网媒体的兴起。互联网天生具有全球媒体的属性，一经普及，整个地球就迅速地变成一台媒体机器。从问世以来，网络用户人数呈几何级数增加。20世纪末，全球互联网用户达到1.13亿 。互联网的发展超过了此前所有的媒介：无线电广播问世38年后拥有5000万听众，电视诞生13年后拥有同样数量的观众，而互联网从1993年对公众开放到拥有5000万用户只花了4年时间。据专家估计，21世纪初，互联网的用户将达到10亿人。于是，人们看到，传统媒体正不断地向新媒体延伸，而新媒体也正在向传统媒体渗透。这种相互的融合，已导致新旧媒体界限的模糊。不管是BBC、CNN，还是朝日、时代，它们的品牌正通过"非传统"的传播方式而得到极大的延伸。互联网已经和数字通讯网及全球市场经济紧密联系在一起。现在大多数的报刊都有网络在线版本，所有的媒体公司都有电视、电影、音乐节目的网址，各大集团都在寻求向互联网领域发展。正如默多克所说："在电视行业，我们以前主要担心的是其他电视网正在做什么，现在我们则担心成百上千个专业频道正在为赢得观众做什么。而且，我们还要担心电话游戏行业正在做什么，担心互联网正在做什么，这两个行业也都在与我们争夺人们的时间和广告商口袋里的钱。"维亚康姆的雷石东宣布，将增加对互联网的投资以提高公司的利润增长。而雷石东希望开发更多的高增长业务，也是维亚康姆刚刚一分为二的原因之一。

5. 新媒体日益主流化

进入21世纪后，以播客、博客、电子杂志、网络视频、IPTV为代表的新媒体发展迅猛，世界范围内新媒体产业迅速崛起，新媒体产业的迅速发展带动了基于互联网、无线网络、数字广播电视等网络基础上众多产业的变革、转型和融合。新媒体的出现，影响软件服务商、设备提供商、电信运营商、印刷出

① 〔美〕罗伯特·W. 麦克切斯尼：《全球传媒、新自由主义和帝国主义》，尹鸿、李彬主编：《全球化与大众传媒》，第34页，清华大学出版社，2002年4月第1版。

版者等媒体关系网络中重要参与角色的战略规划和发展地位，掀起了一场浩瀚的多产业革命。新媒体已经成为今天众多产业关注和投资的热点，这为新媒体产业的发展提供了良好的环境基础。投资、收购、合并等产业变革更为新媒体的高歌猛进提供了动力。新媒体的收购价格再创新高，Google 以 16.5 亿美元收购美国第一大视频网站 YouTube。除此之外，新媒体也正在全方面地创造媒体研究与实践的新领域，精准营销、参与式新闻、生活圈媒体、流媒体等新概念层出不穷。在美国，布什、戈尔竞选大战中，民主、共和两党的支持者在博客中的政治攻防让人叹服。哥伦比亚广播公司（CBS）的王牌主播丹·拉瑟因为“涉嫌伪造布什逃避兵役内幕”而黯然辞职，与当事人在博客上激烈的交锋至今让人记忆犹新。在韩国，Ohmynews 成功实践了参与式新闻，打破传统媒体垄断，成为卢武铉参选的幕后推手。

新媒体的发展已成为世界传媒业发展新的增长点和重要引擎。根据普华永道发布的报告《全球娱乐与媒体展望：2005—2009 年》（*Global Entertainment and Media Outlook*：2005—2009），全球娱乐与媒体（E&M）行业出现自 2000 年以来的最强劲的势头，并将以 7.3%的年复合增长率（CAGR）增长至 2009 年的 1.8 万亿美元。改善的经济状况、广告业的上升势头以及音乐、电影、图书和视频游戏在线销售的扩大将成为刺激终端消费者支出的主要推动力。由宽带互联网和无线技术引发的新的开支来源将在全球开支增长总额中占据显著位置。根据发布的这份最新版的展望报告所作的预测，来自新开支来源的总营收将实现显著增长，从 2004 年的 114 亿美元增长至 2009 年的近 730 亿美元。普华永道娱乐与媒体项目全球负责人 Wayne Jackson 表示：“娱乐与媒体行业继续表现出惊人的复苏能力，并且通过创新产品创造了新的营收来源，而这些创新产品是自 2000 年起才兴起的。”Wayne Jackson 接着表示：“在线与无线视频游戏、在线电影租赁订阅、音乐的数字化特许经销以及铃音和移动音乐下载的快速普及正在成为该行业的重要组成部分，并且成为推动所有地区营收增长的重要动力。”① 由此，人们在问，新媒体与传统媒体，谁将在今后成为世界老大？

Google 是新媒体行业的代表性公司，2008 年其市值已超过 1400 亿美元，成为世界上最大的传媒公司。当然我们在这里所指称的传媒产业是从广泛意义上来讲的。按严格的区分，Google 处在“互联网信息提供商”产业（Internet Information Providers），但是谁也不能否认它是传媒公司。只不过新媒体公司是以互联网作为主要传播媒介，而以时代华纳为代表的传统媒体公司是以电影、

① http：//cjr. zjol. com. cn/05cjr/system/2005/06/24/006143171. shtml.

电视、出版物等作为主要的传播媒介。在过去大概15年间，新旧媒体公司的博弈与纠缠十分激烈，很多传统的媒体巨头都有向新媒体进军的勃勃雄心，但是迄今为止没有成功的案例：我们前面所提到的巨型传媒集团，全都投入过巨资去购买互联网门户网站，结果几乎都是血本无归。时代华纳曾一度更名为美国在线时代华纳，旧媒体心甘情愿地被新传媒一口吞下，一方面旧媒体公司已经看到新媒体的威胁以及其极为广阔的发展前景，另一方面，其目的也是要以新旧媒体结合去重新整合传媒业。但是，最终时代华纳经过几百亿美元市值缩水后，又不得不回到自己传统媒体的主业上。也许今天我们也要思考一下，时代华纳为什么没有选择坚持。默多克在2000年初就豪掷几十亿美元整合新闻集团的平面媒体、卫星、有线、互联网资源，然而也没有抗住后来的互联网泡沫危机，数月之后默多克便告知新闻集团拒绝在互联网上再花钱。2006年，默多克又高调向媒体宣布将2006年定义为新闻集团“开展全球媒体网络营销年”，而“新闻集团必须采用多媒体战略，接受手机、iPod播放器甚至掌上游戏机作为新闻的新载体，新闻的优势是内容服务，而网络的核心是个性化选择，通过对两者的整合，新闻集团将重新定义媒体传播的意义”。在2001年新媒体发展的初级阶段，微软、IBM、索尼、AT&T等技术与设备提供商、电信的服务商、印刷出版者处于美国媒体产业关系网络的中心位置，而Google、雅虎等新媒体还处于边缘环节，网络中不同角色间的合作相对松散。到2006年，随着新媒体的发展，原有的媒体网络布局发生变革。新媒体的地位逐步提高，并向网络中心位置迈进，新媒体的投资以及战略合作强度和合作密度都进一步加强；而原来居于中心位置的设备提供商、技术提供商等将逐渐向媒体关系网的边缘过渡。

新媒体的优势在哪里？

首先，新媒体的迅速崛起，主要得益于向用户提供信息的方式和范围。通过新媒体，用户可以选择自己所需要的信息，信息的来源也不受疆界的限制。而旧媒体则是以“推”的方式向用户提供信息，用户因此没有主动权，在信息的范围上也有极大的限制。在新媒体时代，个性化的表达和收视、阅读需求得到了空前的满足，受众可以根据媒介形态的不同，选择自己所喜爱的节目内容。电视观众变成了电视用户，电视的传播模式也变为电视台与用户之间的多点对多点的双向网状传播，观众从一定程度上获取了传播者的能力，在内容选择方面拥有了更大的自主权，并能通过便捷的双向互动和交流，直接影响电视台的节目选择和编排。

其次，相对于旧媒体，新媒体具有超强的消解力量——消解传统媒体之间的边界，消解国家与国家之间、社群之间、产业之间的边界，消解信息发送者与接收者之间的边界。新媒体从诞生之日起就和全球化的潮流相吻合，随草根精神而来，随共享的 Web2.0 时代而来，打破了传统媒体对信息的垄断。新媒体以它的开放、它的纵情、它的无处不在和英勇表达，改变了传媒的秩序，改变了我们每一个人的生活方式。

新媒体正在改变世界传媒的格局，全方位地整合传媒业的产业链条，相对于传统媒体来说，新媒体是开放的。新媒体给传统媒体留下了足够的发展空间，让传统媒体变成了“内容提供商”，现在我们正越来越习惯于拿手机看当天的重要新闻，习惯于以短信互动的方式参与电视节目，习惯于在楼梯间或在公交车上观看节目。在目前的发展阶段，新旧媒体上演着你中有我、我中有你的互动好戏，表面上看是承载内容的媒介平台发生了改变，实际上互动、免费、即时、相对自由表达的新媒体正在用新的气质、内涵和文化，使社会的各个层面发生日益深刻的变革。但是，新媒体的出现绝不是对传统媒体的彻底取代，而是二者相互竞争，相互促进，相互融合的发展。

多数人相信这场新旧之争最终的结果将取决于新旧媒体自我变革迎合的能力、大众对信息形式、内容以及阅读方式的偏好以及广告主的偏好态度。没有人断言新媒体的崛起就意味着旧媒体时代的终结。媒体观察家的态度是中庸的——新旧媒体在相互学习的过程中暂时还没有行将灭绝的恐龙，在实现蜕变和进化的漫长进程中，多数人相信最终的结果也许是两者漫长的彻头彻尾的融合。我们以 Google 为例，自 2005 年年底斥资 16.5 亿美元收购了网络视频共享服务网站 YouTube 后，Google 就被媒体公司特别是电视媒体公司视为潜在的威胁。表面上看，Google 收入囊中的 YouTube 对于传统的电视媒体公司是一种威胁，因为电视媒体公司担心 YouTube 之类的视频网站可能会抢走他们的观众。这种心态与当初图书公司、出版社对 Google 推行图书搜索业务的心态如出一辙。但是，如果 Google 告诉电视媒体公司及图书公司、出版社等说只是帮你做宣传的话，那他们的态度也会像 BBC 这样转个大弯。一些图书公司、出版社从最初的敌视到最后与 Google 合作就是先例。

我们做一个有趣的假设：如果新旧媒体有一天真的要面对面较量，到底是新媒体公司收购传统媒体公司，还是传统媒体公司兼并新媒体公司？在 Google 这样的公司规划中，未来世界所有的信息都将通过互联网传递，而只要到 Google.com，便没有搜索不到的信息。Google 要做包括公司、政府、家庭和个人的搜索引擎，而日益发展的无线上网技术可以在任何地方、任何时候将世界连在一起，可见其雄心何其远大。但是我们都知道，罗马不是一天建成的。现实的环境和未来将发生的这一切就像国际期刊联盟主席与首席执行官唐乐德·

库墨菲尔德所相信的那样："传统媒体对消费者来说也会越来越重要，因为人类是感性的，是有触觉的。而网络等新兴媒体给人们提供的是一种虚拟环境，鼠标一点，文字和图像就没有了。人类希望可以有很精美的、可触摸可感知的杂志或报纸，同样也需要更便捷、有趣的新媒体，至少在未来的很多年内都会这样。"

附：2008 年美国大选中——互联网当权

布什卸任后，谁将接替他入主白宫？第一位女总统，还是第一位黑人总统？抑或其他？我们总是习惯性地在历史中寻找未来。

最初，美国总统大选的政客们是通过报纸、传单来宣传自己的政治主张。1933 年的罗斯福却抓住广播问世的契机，开创史无前例的"炉边谈话"，让这位伟大的总统少了集会宣讲的高高在上，少了印刷媒体的字正腔圆，通过美国广播公司、哥伦比亚广播公司和共同广播公司向大众传播的是一位亲切的朋友，拉近了与受众的距离，瞬间感动了众多美国人民，形象深入人心。这场划时代的媒体革命改变了美国总统竞选活动伊始传统纸媒的主体地位，电波媒体开始登上政治舞台。

仅仅过了 27 年，随着科技的发展，电视又开始取代电波，成了政界新宠，影响力延续至今。但 2008 年，我们发现这届总统选举的首次辩论，以及很多东西的发表都是通过网络传达给大众。这昭示的是一个网络政治时代的到来。

2008，互联网当权

《纽约时报》曾有博客评论："2008 年，决定总统大选结果的关键因素不是谁更懂政治，而是谁更懂网络。"

本届的美国总统大选，候选人们已经不约而同地将选战的大本营扎在了互联网上。通过在自己的网站上上传一段视频，美国前"第一夫人"希拉里宣布，她将参加 2008 年美国总统大选；伊利诺伊州联邦黑人参议员奥巴马同样通过网络视频宣布参选；民主党参选人约翰·爱德华兹在通过传统媒体的相机、摄像机宣布参选总统时，他的顾问已经在 YouTube 上上传了一段两分半钟的视频录像，向选民阐述自己的竞选纲领。

早年公关第一、广告第二的定言，仿佛预示了今天网络第一、电视第二的结果。演讲、辩论、宣言发表，候选人显然倾向于将更多的精力投向互动的网络。这个公开而自由的虚拟平台背后是一个个真实的个体。庞大的群体发出各种不同的声音，最真实的想法也在这里。

巧借互联网，谁能更胜一筹？

互联网集合了电视媒体的有声有色，克服了其瞬时性的致命缺点，加上独有的互动模式，是个人品牌营销推广的有力武器。精良的武器装备，同时也需要精良的持枪手。对于多功能的互联网，究竟谁能物尽其用，充分演绎互联网的独特魅力？该是看看这些候选人网络功力的时候了。

首先，互动性是互联网的名称由来，也是最突出的特征。奥巴马网站上大量而快速的更新与回复，让人体验到奥巴马团队强大的活力。他们还充分地利用博客搜集信息，作出反应。电子邮件的应用是他们的另一个创新，通过电子邮件，以 c to c 的形式，快速有效地传播造势。

希拉里在百忙中坚持跟网民在线聊天，及时了解民众信息，也及时作出回应。扭转乾坤的新罕布什尔州之战，希拉里挥泪坦言，是听取了大众的意见，也找到了自己的心声。

与网民互动的环节中，谁更胜一筹如果暂难评定，“工资单事件”的出现无疑将奥巴马推上最佳策划人的领奖台。与对手的互动比与民众的互动在网络上更有看点。奥巴马夫妇大方地晒出工资单，接受全民考察的同时，也向克林顿夫妇发出互动邀请，这给难以启齿的克林顿夫妇下了一着死棋。在互动的网络中，无法与之互动的希拉里也许会真的遭遇滑铁卢，因为事件发生后，奥巴马在宾州民调中支持率首次超过希拉里。

其次，隐蔽性是互联网自由的隐形外衣。赞扬或诋毁的言语均可匿名，匿名的背后是普通网民？是不怀好意的对手？还是自吹自擂的当事人？很难知道！在这里可以自导自演，可以暗箭伤人，这让选战更加具有挑战性。当“奥巴马女孩”高调地跳入视线，大赚眼球时，我们完全有理由质疑背后的主人是谁，但网络很少有逻辑，有的只是冲动和感性，竞相追逐的女孩将人气嫁接给奥巴马，猛吸年轻人选票。

但就在竞争白热化之时，一张奥巴马穿肯尼亚传统服饰的照片出现在网上，是否希拉里阵营在攻讦？没有确切证据的奥巴马开始愤怒地指责，而希拉里平淡地回应：奥巴马阵营的反应实属煽动情绪、分散选民注意力之举。这个受冤的形象颇得选民认可，支持率一再上升。

老到的希拉里也许更懂伏击，但在网络廉价性的利用上却远不如奥巴马那么灵活。网络宣传的费用低，制作周期短，却流传广泛。这让年轻的奥巴马尝尽了甜头，希拉里花巨资在 Hallmark Channel 上举行会议，引来 25 万观众，而奥巴马用演讲词制作的音乐电视短片，免费上传到网上，每天的浏览量就接近 100 万。

另外，低成本的网络给奥巴马带来的还有丰厚的收益。据统计，奥巴马80%的竞选资金来自网络募集。在电视媒体当权的时代，大选所需巨额的宣传费用，总让人联想到候选人背后的利益集团，然而互联网的出现，让奥巴马拉起了一张网，网罗的是一个庞大的草根群体，无论是否熟识这位年轻的候选人都能为之给予或多或少的费用支持。这也让奥巴马有底气在宾夕法尼亚州投入高出希拉里三倍的宣传费用，直接导致希拉里的支持率一度跌破50%大关。

但在快意于互联网带来的好处的同时，它的可保留性和病毒性，也会让结果在不经意间彻底转变。自主地播放，给网民提供了细细地揣摩候选人的每一个表情和每一段语言的方便，找茬和恶搞是他们的喜好，因为这样的网络符号往往会产生病毒式传播，没有人能够完全掌控其中内容，更无法掌控读者们的解读方式，如果个人形象被抹黑，那么造成的负面影响将会很大，这能摧毁对手，也显然能够摧毁自己。

曾经倒霉的乔治·艾伦，因为“猕猴门”事件被互联网无限放大，最终惨淡出局，引起政界长时间哗然。而今天似乎还有人并没能从历史中学到些什么，希拉里那段被她唱得南腔北调的国歌现在正充当着网民们广为流传的笑料，而被人恶搞的视频也被娱乐家们拿来共享。越发蹒跚的白宫步伐，让这位清高的“第一夫人”开始如履薄冰，面对互联网，她必须杜绝再在任何一个细节上犯错。

最近，奥巴马挥舞着一张网的卡通形象赫然显现百度首页，这并不是百度在宣讲他的政治立场，而是在宣讲一个全面网络时代的伟大来临。变化总在发生，谁能赢得美国大选，不到最后一刻都难以定论。但毋庸置疑，网络营销已经成为越来越多的竞争当中的决定性武器。

（资料来源：http：//blog. sina. com. cn/s/blog _ 4834766601009cth. html）

第二章
西方媒体集团跨国经营的外在动力

一、非媒体跨国公司的基础性作用

非媒体跨国公司的出现和壮大为全球媒体的出现打下了基础。19 世纪七八十年代，为寻求进一步扩大经济规模，许多欧洲和美国公司开始考虑国外市场，外国直接投资增长特别迅速。1914 年，世界总投资额的一半来自英国，美国占有 20%的份额。从 19 世纪末开始，制造业部门和初级产品部门的美国公司开始向海外拓展生产。在 19 世纪和 20 世纪之交，美国企业经历了大规模合并后，首次出现了海外投资和跨国公司增长的大高潮。1914—1970 年这个阶段是跨国公司发展的成熟阶段，跨国公司范围扩大到许多国家，设施不再各自独立而更加整体化。当这种性质的许多公司发展起来，朝着一体化更加深入的跨国经济活动前进时，跨国公司的重要性日益增强，并对全球化作出了重大的贡献。1998 年，遍布全球的 5.3 万家跨国公司拥有 45 万家附属公司，其销售收入达 9.5 万亿美元。2003 年年度排名世界前十位跨国公司的市值都超过了 1500 亿美元，排名第一位的通用电气公司更高达 2942.06 亿美元。① 这些遍布世界的公司帝国年营业额相当于许多国家的全部 GNP。传媒业大规模的跨国运动出现在 20 世纪 80 年代以后，这一时期非媒体跨国公司已走向成熟并形成一套成功的运作模式，有的像通用电气公司更直接投资并参与传媒业的跨国运作，为巨型媒体跨国公司的出现作了许多基础性的铺垫。

① 资料来源：《华尔街日报》。

1. 形成产业的全球化趋势

产业的全球化趋势是指各国市场间的联系越来越紧密，一国的市场竞争态势会直接影响到其他市场上的竞争格局，非媒体跨国公司经营的全球化形成了这种趋势。一个典型的全球跨国公司在每个大洲和主要国家都应该具有自己的或者能够控制的子公司，他们使商务交易多样化而且在高度协调下进行，他们使国内经济运行体制、规则与国际通行的规则相协调，并在此基础上制定全球化的“游戏规则”。

当媒体跨国公司作为一种力量登上跨国经营的舞台时，已处于一个较为一体的世界经济环境中，对于国际竞争非常重要的相对规范的市场标准和政府服务标准已经形成。如果我们以 20 世纪 80 年代作为分界，可以将企业所面临的环境条件进行对比：

表 2－1：国际环境、国际竞争及多国企业的战略响应[①]

时期	国际环境中的有关现象	国际竞争的类型	跨国企业的战略响应
多国时代 1920—1950 年	·市场结构和偏好的差异 ·民族主义 ·保护主义和高关税壁垒 ·对外国企业的差别立法 ·运输和通信障碍	多国国内的竞争： 在一国国内的竞争本质上独立于其他国家的竞争。企业管理活动是子公司的业务	以国家为中心： ·在许多国家开展直接投资 ·自我约束和自治的分支机构 ·差异化和国家响应的战略 ·来自下游的价值活动的竞争优势
跨国时代 1950—1980 年	·由于许多产业的技术进步而导致的规模经济的上升 ·尽管在国家之间有市场细分，但国家之间在市场结构和偏好方面有同质性 ·保护主义和民族主义的降低 ·运输和通信的重大改进和成本的降低 ·卡特尔和其他协议的消失	全球化竞争： 企业在一个国家的竞争地位受到另一个国家竞争地位的影响	全球化： ·在几个工厂集中生产以获得规模经济 ·通过出口从少数几个制造地点服务全世界 ·全球营销活动的集中控制 ·产品设计的标准化 ·来自上游价值活动的竞争优势

① 资料来源：Martinez & Jarillo The Evolution of Research on Coordination Mechanisms in Multinational Corporation. Journal of International Business Studies, 1989, Vol. 20.

（续表）

时期	国际环境中的有关现象	国际竞争的类型	跨国企业的战略响应
全球时代 1980—	·国家之间的偏好和市场结构的进一步同质化 ·很多产业规模经济的限制 ·在许多产业中技术和柔性制造过程的发展降低了最小效率规模 ·通信成本的继续下降 ·保护主义的迅速上升和非关税壁垒 ·政府对本地投资、创造就业、改进外贸平衡和转移先进技术的压力	全球化竞争： 企业在一个国家的竞争地位受到另一个国家竞争地位的强烈影响	加速海外投资的全球化： ·将生产分布在世界的多个工厂，每一个专门从事于一个过程和/或产品，并且彼此之间具有强烈的相互依存性 ·技术和观念在组织之间的转移 ·对国家利益和地区要求以及面向全球化的经济压力的同时响应 ·同时来自上游和下游价值活动的竞争优势

产业的全球化使得成功企业往往是那些在各国市场上都拥有相对优势的企业，纯粹的当地企业难以与之竞争。非媒体跨国公司是促进产业全球化的重要力量，而产业的全球化也使媒体跨国公司的出现成为大势所趋，媒介又进一步在全世界范围内推广所有跨国公司所需要的规范的文化价值标准。

2. 形成全球市场管理机构

关贸总协定（GATT）、世界银行和国际货币基金组织是为规范国际经济交往而出现于世人面前的，在过去四五十年中，一直被喻为世界经济的三驾马车。1944年，布雷顿森林体系的签订，建立了国际货币基金组织和世界银行。国际货币基金组织的宗旨是作为一个常设机构在国际金融问题上进行协商与协作，促进国际货币合作；促进国际贸易的扩大和平衡发展；促进和保持成员国的就业，生产资源的发展和实际收入的高水平；促进国际汇兑的稳定，在成员国之间保持有秩序的汇价安排，防止竞争性的货币贬值；协助成员国在经常项目交易中建立多边支付制定，为成员国临时提供普通资金，使其纠正国际收支的失调，而不采取危害本国或国际繁荣的措施，缩短成员国国际收支不平衡的时间，减轻不平衡的程度。世界银行是联合国下属的一个专门机构，负责长期贷款的国际金融机构。其宗旨是通过对生产事业的投资，资助成员国的复兴和开发工作；通过对贷款的保证或参与贷款及其他投资的方式促进外国投资，当成员国不能在合理的条件下获得私人资本时，则在适当条件下以银行本身资金或筹集的资金及其他资金给予成员国直接贷款，来补充私人投资的不足；通过鼓励国际投资，开发成员国的生产资源，提供技术咨询，提高生产能力，以促进成员国国际贸易的均衡增长及国际收支状况的改善。这两个组织从一开始就为跨国公司的需要服务，鼓励私营企业和经济开放，侧重于大型基础项目的贷款，通常这些项目完善了目标国的基础设施，为跨国公司的进入提供条件，而他们广泛的沟通效应及对许多第三世界国家的影响都充分满足了跨国公司全球扩张的需要。

1994年，世贸组织（WTO）的出现是对全球化作出的应对。世贸组织是个明确支持商业化的机构。关贸总协定（GATT）仅于临时基础上适用，并未经缔约国正式批准；而WTO及其协定各会员依其国内有关对外缔定条约协定正式程序批准，各国政府对WTO的承诺具全面性和永久性。这样，一个自由的贸易体制就更具有合法性。在其延续性的谈判中，出现了较以往更有利于跨国公司的变化：保护知识产权和保护外方在东道国的投资。很显然，保护外方在东道国的投资无疑为跨国公司向世界各个国家延伸触角减少政策上的障碍，而对知识产权的保护对传媒公司跨国经营至关重要。

非媒体跨国企业发展形成了全球化的管理机制，所有这些机制都是为跨国公司的跨国经营扫除障碍的。对于媒体跨国公司来说，像世贸组织、国际货币基金组织和世界银行这样的全球性管理机制为他们提供了一个单一的全球经济一体化背景，这就为全球媒体系统的形成奠定了重要的基础。

3. 促成全球金融体制的形成

从巨型跨国传媒集团的飞速成长可以看出，媒体公司在战略决策及资本运作方面对金融市场有超强依赖性。媒体巨头们经常出入华尔街的投资银行，与他们保持紧密联系并建立联合企业。作为跨国公司的润滑剂和生命线，金融资本（信用往来、投资和货币）在人们按动电钮间轻松在全世界运转，这一切有赖于非媒体跨国公司的全球运作而形成一体化的现代国际金融市场。金融工具的进步、无管制的国内金融市场和国际银行及其他金融机构的发展已经塑造了一个全球金融体制。

19世纪90年代，大西洋各国的货币和资本市场几乎融为一体，金融业闯劲十足地向外扩张，伦敦成为世界第一国际金融中心。“二战”结束后，配合美元成为各国的储备货币和重要的结算工具，纽约取代伦敦成为最重要的金融中心，战后初期的国际借贷和资本筹措都集中在纽约。进入20世纪60年代以后，由于美国的国际收支持续出现巨额逆差和资金流失，欧洲货币市场兴起。它和传统的金融市场有显著的不同，形成了“境外金融市场”，哪里放松管制，税收较低或免税，条件适宜于进行某一种金融活动，货币市场就在哪里发展起来。在此期间，跨国银行迅速增加，并最终出现了欧洲债券市场和一大批其他国际金融机构。在70—90年代，银行跨国向非银行提供信贷增加了30倍（从540亿美元到17,080亿美元）。从事保险、担保和支付业务的全球公司数量更多，许多公司随其非银行客户来到国外。[①]

90年代国际资本流动的速度明显加快，金融自由化更为资金的全球流动提供了制度保障。货币资本的跨国流动突破了一个又一个的制度障碍、政策障碍。加上信息技术的飞速发展，金融创新的大量应用和各种金融衍生工具的开发和普及，在国际金融市场上，巨额的资金可以迅速云集，也可以以闪电般的速度散去和转移，规模巨大的资金通过一个电话、一张电传和一封电子邮件，便能在各个金融市场上迅速流动。90年代之后是资本主义发展阶段，我们也可以称之为金融垄断资本主义阶段。2000年，全世界直接投资超过10,000亿美元，是1990年的5倍，1982年的17倍。到2001年6月为止，国际贷款已达75,000亿美元，是1990的10倍。1998年，世界汇兑市场每天的交易额为15,000亿美元，是1989年的3倍。在资本扩张中，跨国公司的发展十分引人注目。1980年，跨国公司的营业额为3万亿美元，占世界国内生产总值的5%，而1999年，跨国公司的营业额则达到14万亿美元，占世界国内生产总值的10%，为世界出口贸易额的2倍。跨国公司的发展，需要便捷、可靠的金融工具，从而推动了金融资本的发展。

自20世纪80年代以来，金融业的集中程度和金融机构的规模不断提高，创纪录的兼并额造就了一个又一个巨型金融机构。这些巨型跨国金融机构通过自身的全球运作体现并进一步推动了全球化的发展。全球范围内对金融管制的放松促成了国内和国际间兼并和收购活动的大幅增加。由于美国对于银行跨州经营限制的取消，商业银行开始了大规模的兼并，20世纪90年代发生数千起兼并案例。基于同样的理由，当禁止商业银行拥有投资银行的长期禁令被取消后，商业银行便积极地扩展了它们的经营范围，开展投资银行、经纪、保险和金融理财服务。在欧洲，欧元的启动导致疯狂的跨国并购，欧洲各个国家的最大银行都希望在整个大陆中占据有利的竞争位置。在亚洲，伴随着亚洲经济危

① 〔美〕爱德华·赫尔曼，罗伯特·麦克切斯尼著，甄春亮等译：《全球媒体——全球资本主义的新传教士》，第22页，天津人民出版社，2001年2月第1版。

机和日本金融服务的持续恶化，全球领先的金融服务机构便大买特买，希望在这个世界最大和增长最快的市场中占据有利位置。

随着全球货币资金流动规模的扩大和速度的增加，全球资本市场的融合日渐加深，对传媒业的发展也产生了深刻的影响。如摩根斯坦利和高曼·萨克斯这两家银行在1999年全年完成了138件有关传媒业的合并案，总值为4330亿美元，在2000年第一季度就完成了52项传媒和电信合并案，总值高达4500亿美元。在这一时期，西方媒体集团在资本市场上的表现令人惊叹，充分展示了资本的魔力。美国在亚洲金融危机之后成为资本的避风港，再加上美国新经济的繁荣造就了美国在线这样的媒介新贵。十年间，美国在线资产增长13倍。与时代华纳购并前，其资产为65亿美元，收入48亿美元，市值却高达1634亿美元。而2000年1月，美国在线却以1900亿美元收购了资产和总收入都是其数倍的时代华纳，此举极大地激发了人们对资本市场的想象力，其魔力由此可见一斑。同时这一震撼世界的世纪购并，不论其成败，都可以预示到，21世纪将会是传媒业的新世纪。

二、国际广告对媒体集团跨国经营的支撑和刺激

广告是商业媒体的生命线，是资本主义后期明显的特征。全球商业传媒体系的发展，是国际市场开拓的重要组成部分。跨国传媒集团的巨大发展正是因为它是一种在目前最为适合的全球广告所需价值的媒体形式。

1945年，广告的出现是电视繁荣的关键因素，而广告的国际化趋势促进了跨国媒体集团的发展。激烈的竞争和资本对回报率的高要求驱使媒体公司把争取广告商作为自身的首要任务。随着非媒体跨国公司的迅速发展，全球广告的需求越来越大。美国1998年用于广告的费用是约2000亿美元，全世界的广告费用也高达4187亿美元。广告只有通过媒体才能传播，广告业在为自身利益、为广告主（多为巨型的跨国公司）利益服务的同时，也不遗余力地为争取全球媒体商业化作出贡献。

广告产业和媒介产业是相互依存的，国家及世界的经济发展通过广告业直接影响媒介产业。如果国家的经济处于发展阶段，广告产业和媒介产业就繁荣；如果国家处于经济萧条期，广告商就缩减他们的广告预算，随着广告代理机构广告收入的下降，媒介产业收入也随之下降。1926年广播首先作为成熟的广告媒体出现，美国无线电公司（RCA）从美国电话电报公司（ATT）手中收购了一系列的广播电台，建立了全国广播公司（NBC）。商业广播网的形成，为广告

客户提供了一种空前的方式，在全国范围内可以在不同的地点同时发布商品信息。WEAF电台在1922年播出了它的第一条广告，推销在新泽西的公寓。1928年9月，幸运交响乐团在NBC首次亮相，幸运牌香烟销售额上升了47%。之后更多的香烟公司走向广播，骆驼牌香烟每周赞助节目，后来是每天。1938年后，广播的广告收入第一次超过了杂志的广告收入。[①]“二战”后，电视作为广告媒体得到了空前的发展，商业电视网的形成，给广告主带来了新的巨大空间。他们可以结合声音和图像生动地演示自己的产品，广告主可以毫不费力地通过电视广告将许多除了商品本身使用功能外的价值附着在商品上，资本主义的威力通过电视广告淋漓尽致地发挥出来。20世纪60年代，最初从广播中汲取经验的节目主办方以60秒、30秒或15秒为增量购买广告时间。电视伴随着广告额的激增而繁荣，1940年的广告费总金额为20亿美元，1950年为60亿美元，1955年为100亿美元，1960年为120亿美元。电视在广告额中的百分比从1950年的9.2%上升到1960年的61.2%。与此同时，广告业自身也开始成为本行业的领头羊，并朝着国际化方向发展。1962年最大的广告公司依次是：J. 沃尔特·汤普森、扬—鲁比卡姆、BBDO、麦卡恩—埃里克森、利奥·伯内特、特德等。在战后年代里，这些领先的公司在代理外国广告业务方面有了显著的扩展。20世纪60年代初，美国20家最大的广告公司中有12家在海外建立了子公司。[②]

80年代，有线电视成为新的广告媒体。一些公司的电视广告最初是面向1944年只有3000台的电视机主人，像救生圈牌肥皂、《读者文摘》和一些服装制造商、石油公司和公用事业公司。其中不乏美国铝公司、杜邦公司和通用电气这样的巨型公司。而到1957年为了打入3700万电视机拥有者的家庭，广告商的开支超过15亿美元。到了80年代，美国的年广告投放总量达1300亿美元。此后，经济出现全球化的趋势，全球性的非媒体跨国公司迅速增长，也形成了跨国的广告代理公司并具备了国际调研和媒体购买能力。广告业通过兼并整合由几家大型跨国广告公司垄断。像伦敦的WPP公司，它在80年代末收购了包括J. 沃尔特·汤普森和奥美等几家顶级公司，总收入达到28亿美元。另外还有纽约的奥姆尼康姆集团、伦敦的盛世公司和东京的电通公司。这些大的

① 〔美〕雪莉·贝尔吉著，赵敬松译：《媒介与冲击》，第262页，东北财经大学出版社，2000年9月第1版。

② 〔美〕迈克尔·埃默里、埃德温·埃默里著，展江等译：《美国新闻史》，第443页，新华出版社，2001年9月第1版。

广告公司一直为媒体的商业化作出努力，像美国的J. 沃尔特·汤普森公司在50年代力促把广告引进英国的广播。

广告主（跨国公司）谋求国际市场时，广告成为开拓这些市场的主要工具，从广告的发展演变，我们也能清楚地看到这一点。

表 2-2①

印刷时代	
1441	Jonannes Gutenburg 发明了活版印刷
1440s 中期	印刷广告传单
1472	第一个英语广告“索尔伯斯利的 Pyes”
1600s	报纸出现
1622	在伦敦的《参考新闻周刊》上出现第一个广告
1655	第一次使用术语“广告”
1704	出现第一张刊登广告的美国报纸
1841	Volney Plamer 成为第一个广告销售代理（波士顿）
1850	George P. Rowel 成为第一个广告版面批发商（波士顿）
工业革命和消费者社会的出现	
1850s	首批品牌出现在商店里，如贝克牌巧克力
1879	宝洁公司推出象牙牌肥皂
1880s	John Powers 革新了印刷业：主要是新闻
1864	J. Walter Thompson 组建了 JWT 广告公司，这是第一个广告客户代理机构
1872	第一个 WARDS 明信片分类排序目录
1888	George Eastman 制造了第一部柯达相机
1890s 前后	建立了 Lord &Thomas 代理
现代广告时代	
1904—1940s	Albert Lasker 首创“购买原因”式广告
1905	John. E. Kennedy 将广告描述成为“印刷出来的销售人员”
1905—1930s	Claude Hopkins 发明了邮寄广告测试系统
1906	清洁食物和药品运动
1912	“广告真理”运动
1914	FTC 法案通过

① 资料来源：〔美〕William Wells &John Burnet& Sandra Moriarty 著，张红霞、杨翌昀译：《广告学原理和实务》，第18页，云南大学出版社，2001年。

（续表）

广告公司时代	
1917	建立美国广告公司协会
1918	Stanley 和 Helen Resor 开展客户服务、品牌诉求和形象诉求
1923	Young & Rubican 广告公司成立
1930s	电台广告超过杂志，成为首要的广告媒体
1932	John Caples 将科学方法用于制作邮寄广告和标题
1940	Clyde Bedell 发展了“销售谋略”
1950	电视成为重要的广告媒体
1950s	Rosser Reeves 提出了独特的销售主张（USP）概念创造性时代
创造性时代	
1960s	Leo Burnett 首创了品牌形象和“内在的戏剧性” David Ogilvy 发展了以研究为基础的创意广告和有故事情节的广告方式 Bill Bernbach 关注于说服艺术
承担责任时代	
1980s—1990s	兼并，全球化
1990s—2000s	整合营销，细分市场营销，互动技术的发展，关系营销，集中定制

全球性的商品必须依靠国际性的广告宣传，如可口可乐和麦当劳，如英特尔、吉列和诺基亚——还远远不止这些——它们都在全世界范围内斥巨资上市各种新产品，国际广告就这样产生。建立品牌的大众性，广告的作用是显而易见的。广告可以提高人们对新的商品和消费方式的接受、理解程度，促进各项科学技术成果的推广应用，加快技术经济信息的循环，从而获得理想的经济效果。跨国巨头们都相信全球性传媒可以使其品牌成为跨国度的知名品牌。有线新闻广播网（CNN）在 1991 年宣布，它将在 CNN 世界范围广播网中出售广告时间，以便在有 CNN 服务的任何国家的任何公司都有可能让全世界受众看到它们的产品广告。

当一些著名公司将其促销触角伸向全球各个角落时，它们的产品和品牌认知也随着全球媒体亦步亦趋。传媒走到哪里，广告就会紧跟其后，通过广泛的诉求制造一种流行文化，通过塑造有趣的形象、符合潮流的信息来激发大众共鸣。广告的真正优势就是提高知名度，并以知名度为基础把一种个性、一种文化、一种口号、一种音乐、一种形象、一种流行渗入人们的日常生活，广告作为一种文化进入人们的生活，进入人们的意识的同时，也就推动了销售。

全球广告业的运作加上全球传媒的实现就使世界各地的人们在潜意识里都觉得：可乐就是可口可乐，胶卷就是柯达，提起洗涤剂立刻联想到汰渍洗衣粉和宝洁公司，而运动鞋就是耐克，隔夜速递一定是联邦快递。如果描绘一下当前的世界，全世界恐怕都不会陌生：看CNN的电视新闻，喝着可口可乐，穿耐克运动鞋跑步，吃麦当劳快餐，使用IBM的手提电脑，浏览《国家地理》和《读者文摘》，到ebay上面把自己的旧宝马车卖掉……可以说，广告主、广告代理商加上媒介正在塑造着我们的日常世界。我们在前面所提到的媒体跨国集团，如时代华纳、迪斯尼、维亚康姆、新闻集团，都和广告商有着程度不同的联合经营。广告商的巨大资源和作为媒体赞助商使他们有权力控制整个媒体系统的结构——他们决定着一种公共媒体是否能生存——并且在像美国这样拥有发达的广告环境的国家中，他们能将整个销售潜力最大化。随着价值在媒体的形式中建立起来，广告有效地控制着会蓬勃发展的媒体形式，让媒体形式支配着需要强调的价值。①

全球性的媒体公司无一例外都是商业性的媒介集团，以商业利润为导向。像时代华纳的广告收入占其总营业收入的22%，维亚康姆的广告收入占其总营业收入的比例是46%，在全球打出重要广告的公司在财富500强上都榜上有名。广告费用支出排在前面的种类是汽车业、零售业、商业和服务业。像宝洁这样的公司和一些大的汽车公司，在主要广告客户名单上居于首位。这些广告主是媒介集团的衣食父母，数目庞大的全球广告中有3/4被20家垄断的传媒公司瓜分，这也决定了媒体集团的发展必须紧跟跨国经营这个大潮流。1996年下半年，迪斯尼的体育娱乐网（ESPN）开始为该网的广告商提供全球性的交易并允许他们参加节目的制作过程。如今，也许我们不知该怎样评价传媒业所持有的价值标准，但是有一点是非常清楚的，他们正在为他们的股民和广告主提供所需。正如西屋电器的总经理米歇尔·乔丹所说："我们就是要为广告商服务，这是我们存在的原因。"②

三、新自由主义思潮与西方媒体集团的全球经营

新自由主义是在20世纪70年代末80年代初，即全球化时期得到充分发展

① 〔美〕爱德华·赫尔曼、罗伯特·麦克切斯尼著，甄春亮等译：《全球媒体——全球资本主义的新传教士》，第177页，天津人民出版社，2001年2月第1版。

② 张磊著：《产业融合与互联网管制》，第70页，上海财经大学出版社，2001年。

的资本主义经济、政治、社会矛盾发展的产物，是当代资本主义的主流意识形态。

法国“马克思园地协会”主席科恩·赛阿直接从全球化角度对新自由主义作出界定，他指出：新自由主义是资本主义全球化意识形态的理论表现。《新自由主义和全球秩序》一书的作者诺姆·乔姆斯基认为，新自由主义的原则就是：贸易自由化、价格市场化和私有化。[①] 新自由主义认为商业对社会的支配是最为有效的运行方式，商业的支配权应该畅通无阻。此书的序言更进一步指出，在新自由主义影响下的党派及其政党代表了极端富裕的投资者和不到1000家庞大公司的直接利益。在传媒业中，全球垄断寡头已经形成。跨国传媒公司出现的根本原因是对利益的追求，而新自由主义思潮在传媒行业里最直接的体现就是倡导解除对商业化传媒和传播市场的管制，狂热地将公共所有的传媒系统出售给私人投资者，使整个传媒业可以重新洗牌以更加有利于巨型跨国传媒公司的利益。我们在后面章节里对美国联邦通信委员会（FCC）政策的变化所做的论述也会清楚地看到这一点。因此，西方媒介集团的跨国经营与新自由主义的全球资本主义秩序紧密相连，跨国传媒公司和新自由主义全球化体制相互依赖。

一个经济理论的兴起总是有其历史原因的。1944年，著名经济学家和自由主义思想家冯·哈耶克发表了《通往奴役之路》。他抨击了国家对市场机制自由运转的一切限制，该文也被认为是标志新自由主义创立的宪章。此后，新自由主义者们和他们的基金资助者创立了由规模巨大的基金会、学会、研究中心、出版社以及学者、作家组成的国际网络，来发展他们的学说。新自由主义的提出是相对于古典自由主义而言的。在长达一个多世纪的时间里，西方大多数国家都实行亚当·斯密的经济自由主义，主张摒除政府对经济事务的干预，不要限制生产，清除贸易壁垒，废除关税，认为自由贸易是国家发展的最佳途径。直到20世纪30年代大危机，自由放任的市场经济弊端彻底暴露，古典自由主义才被凯恩斯国家干预主义所代替，要求政府运用各种社会经济政策来调节社会需求，充分利用国家资源。随后西方主要资本主义国家都经历了自己的“黄金时代”，因此，战后到70年代初，新自由主义的观点备受冷落。但是战后两次深重的经济危机，特别是1974年的“石油冲击”使西方主要资本主义国家全部进入了以经济低增长和高膨胀为特点的滞胀时期。凯恩斯主义者却拿不出有效的应对策略，他们所信奉的思想走向衰落，强调应该允许市场机制主宰人类

① 〔美〕诺姆·乔姆斯基著，徐海铭、季海宏译：《新自由主义和全球秩序》，第3页，江苏人民出版社，2000年。

命运的新自由主义开始受到人们的重视。从撒切尔夫人及里根开始，西方主要资本主义国家政府开始实践新自由主义的纲领。20 世纪 80 和 90 年代，人们看到新自由主义在先进资本主义国家实实在在的成功。由于在资本生产方式和制度框架之内，对经济关系进行了调整，尤其是增加了跨国公司的国际竞争力，发达资本主义国家摆脱了 70 年代的滞胀困境，赢得了不同程度的经济繁荣。

新自由主义者将全球化看作是市场制度的自发产物，市场不再是国家的，而是全球的。新自由主义承认民族国家在国际事务中继续发挥作用，但是它认为国家是自由的，以市场为导向的，关注合作和绝对收益超过关注为相对收益而发生的冲突。新自由主义者认为，国际制度已经发展壮大，足以迎接世界经济全球化的挑战。跨国经营使公司集团日渐感到强调国家计划的凯恩斯主义对其不利，于是，否定民族（国家）空间的新自由主义自然成为新的理论基础。大卫·M. 科茨在题为《全球化与新自由主义》的文章中，认为新自由主义的政策主张集中表现为清除奉行管制主义的福利国家的残余。这些主张包括放松对企业的管制、公有设施及财产的私有化，或削减社会福利计划、减少对公司和投资者的征税。在国际范围内，新自由主义提倡商品、服务、资本、货币的跨国自由流动。也就是说，公司、银行以及个体投资者应该可以自由地跨国转移、逐利。① 可以看出，新自由主义经济学赋予大公司特别是跨国公司以权力并使它们更加富裕。放松金融管制使利润流向非生产性的投机，工业结构调整使公司资本权力增加，而对社会所有的资产和服务进行私有化，就是要逐步淘汰各种公共项目，逐渐摒弃各种责任。

80 年代以后，西方传媒业掀起私有化的狂飙运动，特别是在此前传媒业以公营为主的西欧。首先从意大利开始，迅速蔓延至欧洲大陆，至 90 年代初期，欧洲各国都基本完成了私有化。而原本私有化程度很高的美国传媒业更是在世界范围内攻城略地。1996 年《美国电信法案》的核心就是让市场来决定商业的进程，它清除了新企业进入电信市场的障碍，把传媒业和信息业紧密连接起来。自由化在 1997 年世贸组织达成电信协议后更是达到了高潮，代表全球电信服务业 6000 亿美元产值的 90%的 68 个国家在协议上签字，这一协议的最关键作用就在于让电信巨头们更直接地参与政策的制定。

对于全球的媒介集团和新自由主义之间的关系，美国学者罗伯特·麦克切斯尼有精辟的论述：新自由主义不仅是一个经济理论，而且还是一个政治理论。

① 大卫·M. 科茨：《全球化与新自由主义》，美国《反思马克主义》杂志，2002 年夏季号，第 14 卷，第 2 期。

这一理论认为，在一个典型的民主体制社会里，商业占主导的模式将是最行之有效的。但这个社会必须是一个政治体制相对薄弱的社会，而且社会各阶层，特别是穷人和工人阶级非政治化的程度要较高。从这一点我们可以了解到，为什么现存的传媒体系对新自由主义理论如此重要，其原因就在于这样的体系可营造出一个虚假的政治文化氛围，这种氛围允许商业占主导地位的机制顺利进行，而不会被冠之以极权国家，也不会遭到公众的反对。①

西方媒介集团都是巨型的跨国传媒公司，股东和业务分布于全世界各地，他们的发展屈从于跨国商业的发展。这些媒介集团是新自由主义所倡导的商业利益价值观和目前社会结构的最显著的受益者，因此，他们完全认同并积极推广这种价值观，对于违背这种价值观的任何东西都会毫不留情地抛弃。这里可以以新闻集团为例。美国法律规定，电视所有者应是当地公民，非美国公司只能拥有一家美国电视台25％以下的股份。为了迎合美国的政策，默多克1985年加入了美国国籍。当政治主张和商业利益发生冲突时，他会毫不犹豫地选择后者，他决不打“擦边球”。在英国，默多克拥有四家国家报纸和全国33％的读者群。默多克与英国首相玛格丽特·撒切尔联盟，欧共体免除了他的欧洲节目制作费，他成功地打破了印刷业联合，并为此举找到了合法的政治后盾；而在撒切尔倒台后，他又毫不犹豫地转向拥护工党。

在向外扩张的过程中，全球的媒介系统和新自由主义相结合，促成新自由主义在全世界范围内的广泛传播。媒介集团就可以实现自己在全球不受阻碍地自由播放节目，形成全球市场的理想。时代华纳的已故总裁罗斯就认为：竞争思维和经验的市场会让全世界更加紧密地联系在一起。传媒集团运用新技术所提供的服务和观念，可以将世界上最遥远地方的人们纳入国际传媒业的轨道上来。而事实也正如罗斯所言，能够实现这个理想的巨型跨国传媒集团也得以和其他行业一起取得了迅速的发展。我们正目睹时代华纳、维亚康姆、沃尔特·迪斯尼、新闻集团、索尼、松下、贝塔斯曼拥有这个世界。

四、政府规制的放松促进西方媒体集团的形成

自20世纪70年代以来，如上文所述，新自由主义在西方各个国家逐渐成为主流的经济甚至政治制度，传媒业不可避免受到巨大影响。西方各国对待传

① 〔美〕罗伯特·W. 麦克切斯尼：《全球传媒、新自由主义和帝国主义》，尹鸿、李彬主编：《全球化与大众传媒》，第45页，清华大学出版社，2002年4月第1版。

媒产业的态度发生了巨大变化，垄断、融合、放松规制的趋势日益明显。在70年代以前，传媒业特别是广播电视业由于其本身的特殊性受到政府的严格规制。首先是因为频率和频道资源是非常宝贵且有限的，所以被认为是公有的资源，不能私有化。印刷产业可以不受任何政府部门的专门管理，而广播电视业首先是作为公共的事业存在的，政府必须对其进行严格的规制。其次是为了更好地维护新闻自由。新闻自由一直被认为是公民的基本权利之一，其本质就是信息的自由流动，是信息公开、公正、公平的传播，从而为一个国家、一个地区资源的优化配置提供信息保证。信息的公开、公平、公正传播是市场经济的基本法则。[①] 广播电视业由于其社会波及力及侵入性较强，如果失控或形成垄断，会严重影响新闻自由。在70年代以前，西方主要的资本主义国家都秉承这个传统，视媒介为宪法之下享受特殊信任的行业，媒介所要面对的规制，正是政府为更好地维护这一信任而作出的努力。

80年代以后，通观美国和欧洲国家媒介法规的修订、媒介管理机构的调整，我们可以看到西方政府越来越把媒介视为要盈利的产业。美国的媒介产业率先领导的放松规制改革不仅使媒介产业成为本国经济新的也是最为活跃的增长点，而且在世界上也占领了主导地位，这也和世界经济潮流是相一致的。我们看到西方国家政府规制的演变循环过程：产业自行产生突破原有政策法规的强烈冲动并不断地实施边缘突破——管理机构顺应这个潮流对现有的政策法规进行修订——产业再次突破。政府管理的放松推动了媒介集团的形成和发展，而且使其宏观的管理方式为适应媒介产业的融合不断进行调整，从而发挥竞争优势。日渐壮大的媒介集团，对政府的影响力也越来越大，于是媒介集团成为放松管理的主要推动者和受益者。

政府规制总是通过政策法规和管理机构得以实现的，以下我们通过对西方国家主要的媒介政策法规的演变来考察其对媒介集团的形成和发展所起到的作用。

1.《美国1996年联邦电信法》的促进作用

1934年的《通信法》和1996年的《电信法》被视为是美国电信发展史上的两个里程碑，同时由于其对商业广播电视的规制，也被视为美国传媒业的“汉谟拉比法典”。从根本上说，美国1996年的《电信法》是对1934年的《通信法》的修改与补充。1996年的《电信法》最重要的意义在于从法律上认可了

① 李良荣等著：《当代西方新闻媒体》，第160页，复旦大学出版社，2003年6月第1版。

政府对媒介规制的放松，同时它也影响了大多数世界级的电信集团。它使电信从政府垄断走向了市场竞争，为新企业进入电信市场铺平了道路，也使电信业和传媒业紧密联系起来，给这两个行业都带了新的生机和活力，决定了今天传媒业的新秩序。

1934 年《通信法》中对于传媒业比较重要的条款有以下几点。第三项第一部分第 301 条规定：在联邦当局颁发给执照的规定时间内，任何持照人都不享有频率的所有权，也没有执照规定的条件以外的任何权力。也就是说，持照人只有频率这一公共资源在规定条件之内的使用权，而没有包括所有权在内的其他任何权力。然而实际上，因为 FCC 在实践中渐渐放开了对执照和频率有偿转让的限制，这一公共资源部分地变为可以买卖的私有财产。第三项第一部分第 315 条规定：对政治竞选人给予相同的宣传政见的时间。这一条因为后来在实践中的问题，也被取消。第三项第一部分第 326 条规定：对广播内容不得实施检查。这一条规则在实践中经过了多次反复，如从 1946 年的蓝皮书开始，美国开始了规范电台节目的工作。从这一文件开始，各种形式的节目规则纷纷出台，在激烈的斗争中，对电台、电视台节目的检查断断续续地持续到了 80 年代。80 年代之后，这些规则又一项一项地消失了。[①]

1996 年 2 月 8 日，美国总统克林顿签署了《1996 年电信法》生效的命令。在签字声明中指出："今天，用笔一画，我们的法律就将与我们的未来接轨。我们将建立一个开放的市场，在那里竞争和创新快得可与光速媲美。"的确，这项法令的生效，对于电信业和传媒业来说意味着开启了一个新时代。与 1934 年《通信法》相比，1996 年《电信法》的主要特点是大大解除了对媒介集团纵向和横向兼并的管制并使政府对于跨媒介兼并的规制失效。首先，放宽了对广播电台、电视台所有制的限制，使更多的内容决定权被置于少数人的掌握之中。例如，废除了以往一个广播公司最多只能拥有 12 家电视台的数目限制，允许业主在一个市场内同时拥有广播电台、电视台；同时拥有无线电视网和有线电视系统，只是要求其在美国国内不得覆盖超过 35％的受众；将广播电视执照的拥有期限从以往的 7 年、5 年一律延长到 8 年。其次，允许电影厂、广播网、线路提供者、有线频道的综合，允许电话公司参与有线电视市场的节目竞争。比如迪斯尼、ABC、福克斯和时代华纳支配电影和电视制作、电影发行、网络与有线电视发行并形成辛迪加。该法的制定者认为，它将提供几百万个就业机会，同时也促进信息时代自由竞争高潮的到来。FCC 的前任主席里德・福特称：

① 彭彦：《美国广播电视产业的全球化取向》，来源：广州日报大洋网，2003 年 10 月 13 日。

“这一新法律拆除了通信领域的柏林墙。”

从 1927 年广播诞生之初的《无线电法》到 1934 年的《通信法》，再到 1996 年的《电信法》，不仅使西方主要资本主义国家把电信基础设施交给了跨国公司和全球资本市场，而且我们也看到政府对商业广播电视的限制一步步放宽的清晰轨迹，导致电信、传媒业和计算机业的深度整合，使美国乃至世界传媒体制产生了巨大的变化。

附：美国广播电视政府管理体系

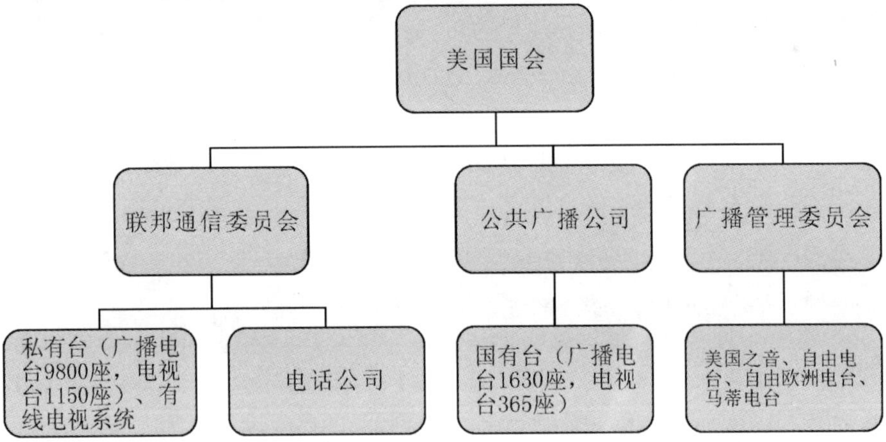

（资料来源：《广播电视新媒体政策法规规定》，中国法制出版社，2001 年）

2. 联邦通信委员会（FCC）的放松管制

作为独立国家机构的 FCC，是美国广电媒体的主管部门，高举“为公共兴趣、利益和需要服务”的旗帜对美国的广播电视进行管理。它自 1934 年依据通信法案建立以来的一个主要任务就是维护媒介所有权的多样性以保证内容的多样性。

对于美国的传媒巨头来说，遵守 FCC 的各项指引至关重要。FCC 是美国广电业的把关人，拥有无法超越的权力。首先是发放许可证：任何电台、电视台必须在获得 FCC 颁发的营业许可证后才能营业，电视台每 5 年，电台每 7 年进行一次重新核准；由于有线电视的发展需要对公共道路的占有且要有大量的投资，只有 FCC 才能授权经营有线电视。还有结构性规定：FCC 对全国的广电业结构进行宏观的调控，例如媒介集团所拥有的电台、电视台数量，对受众覆盖率的控制，跨媒体的持有等，使这个特殊的产业符合公平竞争的原则，同时倡导多元化的意见并存。20 世纪 30 年代，为防止垄断，FCC 就迫使全国广播公司（NBC）卖掉其旗下的蓝色广播网，1943 年爱德华·J. 诺布尔购得蓝色广播网，1945 年改名为美国广播公司（ABC）。

从 70 年代开始，FCC 开始转变原则，其强调的传媒业具有独特的社会和政治影响力的原则逐渐被经济影响力替代。特别是《1996 年电信法》实施以来，对一系列的政策作出了重大的改动：1964 年通过的《地方电视多家电视台所有权利规定》，规定一家传媒公司在同一市场只能拥有不超过两家的电视台，在全国范围内不能拥有超过 12 家电视台，而 1996 年后，取消了全国范围的数量限制，只要求受众的覆盖率不能超过 35%；1996 年以前，电台所有者只能在同一市场拥有最多 4 家电视台，1996 年之后，在一个有 45 个以上商业电台的市场内，电台所有者可以持有、运营或控制 8 个商业电台；30—40 个之间可以有 7 个；15—29 个之间可以有 6 个；14 个以下可以有 5 个。FCC 重大的转向，直接掀起了美国传媒业的集中狂澜并迅速波及欧洲。放松管制也使高新技术产业快速进军传统媒体，双方在规模、资源和市场上都获得了很大突破。经过几年的发展，一个由 20—30 个庞大的跨国公司组成的集团占据了全球的娱乐、新闻、电视市场，并在每一个大陆都取得了非常重要的文化和经济地位。下表是其中顶级公司所涉足的领域的对比：

表 2－3：主要媒介公司所有权的对比，1980 和 1998①

公司	主要领域，1980	主要领域，1998
时代华纳	杂志、图书出版、有线电视运营商、有线电视网	杂志、图书出版、有线电视运营商、有线电视网、电影、音乐、网络
迪斯尼	电影	杂志、电视、有线网、广播、电影、网络
新闻集团	在美国无重要领域	杂志、电视、有线网、图书出版、电影
维亚康姆	有线电视运营商	电视、电影、图书出版、在线

① Benjamin M. Compaine Douglas Gomery，*Who owns the media*，Lawrence Erlbaum Associate，Publication，1999. P486.

尽管如此，跨国巨头们仍然对美国联邦通信委员会施加压力，导致 2002 年 9 月，FCC 宣布它将复审一系列有关传媒所有权的法规。尽管对美国传媒所有权规定是否需要放松的看法不一，但提交问题者对美国联邦通信委员会此次复审传媒所有权规定并再行作出决议的重要性却有共识，即这是美国联邦通信委员会有史以来对传媒所有权规定的最大规模的复审，其结果将对美国人如何获得新闻和信息产生极为深远的影响。[①] 在形成决议的过程中，引起美国社会的广泛关注，跨国媒介集团都积极地进行游说，FCC 现任主席迈克尔·鲍威尔因赞成放松或废弃对电视台和有线系统拥有权的限制而大受媒介集团老板的欢迎。美国总统布什更是为讨好这些媒介寡头而将其任期延至 2007 年。美国联邦贸易委员会（FTC）、司法部（DOJ）和联邦通信委员会等反垄断部门被布什打入冷宫，就像里根政府时代一样（而小布什的父亲老布什更倾向于采取管制措施，他在自己的总统任期内推翻了里根时代打破原有规则限制努力的部分成果）。2003 年 6 月 2 日，美国联邦通信委员会以 3 比 2 通过了大幅度放松对传媒所有制进行规制的决定。

新方案对 1941—1975 年间的许多规定都作出了有利于传媒集团的改动：比如，将电视受众覆盖率不得超过受众总数的 35%提高到 45%；取消了对一家媒体公司（有 9 家或 9 家以上电视台的）在中、大型市场的所有权的限制，允许其同时拥有电子媒体和报刊，而此前的规定不允许一家媒体公司在同一城市中同时拥有广电传媒和报刊，并对同时拥有广播电视媒体的范围作了限制；新规定允许一家传媒公司在像纽约、洛杉矶等具有 18 家或 18 家以上电视台的大城市中，拥有 3 家电视台的所有权。此次对规则的修订是自美国国会批准 1996 年电信法案以来对美国有关传媒业政策所作出的最大一次改动。所以一出台就面临着来自不同利益集团、组织、机构甚至制定者的责难，反对呼声非常强烈，在美国传媒业引起了一场地震。美国社会各界普遍担心巨型媒体集团会操纵公众舆论，控制公众看什么、听什么和读什么，使公众丧失自己的选择权。据美国《纽约时报》报道，2003 年 9 月 16 日，美国参议院以 55 票赞成 40 票反对的投票结果，废除了联邦通信委员会的新法案。然而，这场围绕美国传媒业所有权的战争并没有画上句号。参议院的表决需要得到众议院的支持，而在众议院，支持与反对 FCC 法案的人数相当接近，这将是一场势均力敌的恶战。此外，即使众议院也决定“倒”FCC 法案，国会的决定还需要送交布什总统签署通过才

① Hickly，Neil.（2003）Power Shift. In Columbia Journalism Review，No.2，2003. 转引自张咏华：《美国新自由主义和 FCC 新规定之争》，《新闻记者》，2003 年 11 月。

能生效。一心希望“解放”传媒业的布什总统早已明确表明态度，当国会把法案送交他签署时，他将使用否决权。美国白宫发言人麦克莱伦也表态称，白宫认为FCC新法案“更准确地反映出变化莫测的传媒市场以及传媒业所有权的现状”，总统有可能行使否决权。

FCC的新规定却得到了媒介巨头的一致欢迎。论坛报集团公司称，美国联邦通信委员会的表决反映了已经变迁的市场；迪斯尼发表了一份简短声明，称“强烈支持美国联邦通信委员会的决定，该决定反映了当今市场的现实”。[①] 这些传媒业的巨头为游说FCC达成此项议案不惜花费重金。仅1999－2002年，媒体巨头及相关利益集团用在游说上的开销就达7958万美元，其中GE（通用电气，拥有NBC）达4543万美元、迪斯尼（拥有ABC）达1142万美元、美国在线时代华纳达818万美元、维亚康姆（拥有CBS）达350万美元。也正是在它们的积极努力下，FCC力排众议通过了这项缺乏民众支持的法规。

控制世界传媒业的巨型跨国媒介集团多数在美国或以美国为主要基地，并且在世界各国同时运营，统治着电影、电视、电信业，所以美国的做法往往会成为一种样板，领导着传媒业的一种普遍趋势。此次规定的修订也是有其深刻的现实原因：一方面，从美国本国出发，和其当前的宏观经济形势和布什总统的经济刺激政策息息相关。美国当时的经济陷入困境，失业率达到了8年来的最高点。美国可能陷入旷日持久的对伊战争对于当时的经济形势来说更是雪上加霜。迄今为止，美国经济一直靠消费者支出在苦苦支撑。在这样的经济和政治形势下，当时的美国需要它的公司赚取更高的利润和产生更多的现金流，以带动美国经济的增长，当然，这样的责任更多地落在跨国企业集团的肩上。而传媒业是美国仅次于飞机制造业的第二大出口支柱，每年给美国带来35亿美元的贸易顺差，是美国主要经济支柱之一，传媒业的跨国巨头们当然会得到政府政策的更多眷顾。另一方面，传媒全球竞争的形势也使巨型传媒集团强烈要求政府放松规制，使它们能够在全世界范围内更快地形成更强的垄断，扩大获利空间。

附：美国广播电视法律制度

《宪法》一直是美国广播电视法律制度的基础，宪法第一修正案提出的新闻自由原则如下：国会不得制定有关限制宗教或者其自由信仰的法律，不得制定限制言论或出版自由的法律。美国宪法与广播电视体制有关的其他原则包括：

---

① 张咏华：《美国新自由主义和FCC新规定之争》，《新闻记者》，2003年11月。

公民主权和有限政府、法治而非人治、代议制、分权和制衡、联邦制。所谓公民主权原则是指：国家的存在是为了消除不平等，国家有义务弥补和消除财富、性别、种族方面的不平等。美国奉行公民权利优先于国家权力的准则。所谓有限政府，是指政府的行政权力来自公民，要受到人民的约束。限制政府行为应主要依靠法制体系。在法制基础上的政府治理是保障公民权利的基本条件。所谓制衡机制，是指通过三权分立和联邦制，从横向和纵向两个层面上对政府权力进行制衡和约束。在经济制度方面，私有制和发达的自由市场经济体制是贯穿美国各个行业的共同特征，通过市场竞争实现经济效率和社会效率的增长。

《1934 年通信法》是美国对广播电视和通信进行规制的基本法，该法首次针对合理收费的通信服务、通信业的规制、利用通信促进生命和财产的保护等事项，确立了立法目标。美国依据该法首次设立了广播电视和通信的规制机构——联邦通信委员会（FCC），该法后来一直作为 FCC 制定广播电视和通信法规的重要法源。该法还设立了限制外资进入美国广电行业的条款，规定外资在广播电视媒体资本中占的比重不得超过 20%。

《1967 年公共广播电视法》是关于公共广播电视的基本法，美国依据该法建立了公共广播电视的基本制度框架，其中包括公共广播电视系统的经费筹措与分配主体——公共广播电视协会（CPB）、公共电视台的联合体——公共电视网（PBS）、公共广播电台的联合体——公共广播网（NPR）的设置，以及它们的内部治理结构和财源体制。

1984 年的《有限政策通信法》（*the Cable Communication Policy Act*）是政府针对有线电视业的第一个联邦立法，该法针对有线电视业建立了一个全国性规制环境，为制定联邦、州、地方各级有线电视政策提供了比较系统的法理依据。

《1990 年儿童电视法》规定了 FCC 在儿童电视节目监管方面应尽的义务，其中包括：制定商业电视台播出儿童节目数量的最低标准，对儿童节目播出时段插播广告的限制，在广播电视许可证申请的审查程序中加入有关儿童节目的考核标准。1996 年，FCC 依据该法，正式将商业广播电视台播出儿童节目的最低数量标准和内容标准写入 FCC 规则。

《1992 年有线电视法》是针对 20 世纪 80 年代以后出现的有线电视产业集中化趋势而制定的行业法。该法首次要求建立针对有线电视系统运营商与节目供应网之间纵向一体化的垂直规则，以及针对有线电视系统之间横向一体化的水平规制。国会依据该法将具体的有线电视规制权授予了 FCC，FCC 据此制定了详细的有线电视规制政策。

《1996 年电信法》是在《1934 年通信法》的基础上，经过部分修改重新颁布的一项重要法律。该法对电信服务、广播电视服务、有线电视服务、规制改革、猥亵及暴力内容、对其他法律的影响等重要问题，都作了系统的规定。该法的最大特点是解除了对通信业与广播电视业之间相互进入的各种限制，整体上贯穿了竞争原则。

（资料来源：《发达国家广播影视管理体制和管理手段研究》，中国传媒大学出版社出版，2007 年 7 月）

五、传播技术的发展使媒介的跨国经营成为可能

如今个人电脑、移动电话、传真机、扫描仪、卫星接收器、DBS（卫星直播电视）、光纤通信、芯片、移动硬盘、数字电视已成我们这个时代的时髦语言。正如弗兰克·凯尔奇在他的《信息媒体革命》一书中指出，在我们的社会，“唯一不变的就是变化”。这句话形象生动地概括了今天传播技术日新月异的变化。传媒业是一个高度依赖传播技术的行业，传播技术是传媒业通向未来的钥匙。今天，以跨国传媒集团为核心的全球媒体网络的形成得益于全球性基础设施的建立以及一系列的技术革新。建立在通信技术基础上庞大规模的基础设施，形成了巨大的跨越国界的渗透能力而且成本越来越低。媒介巨头们已经充分地认识到，如果能够突破技术上的障碍，他们对于引导和塑造全球受众的欣赏品味是非常有信心的。每一个巨型的传媒集团更是打算把信息处理过程的每一步骤都置于自己的控制之下。在一定程度上说，每一种传播技术的出现及其推广都造就了新的媒介时代，形成新的传媒秩序。我们来看一看通信基础设施的大事年表：

表 2-4：通信基础设施的大事年表①

1844 电报服务开始
1859 电报横穿美国大陆
1866 越洋电话
1876 贝尔发明电话

① 〔美〕罗伯特·拉罗斯、约瑟夫·斯特劳巴哈著，熊澄宇译：《今日媒介：信息时代的传播媒介》第 268 页，清华大学出版社，2002 年 4 月第 1 版。

（续表）

1910 AT&T 买下西部联合
1913 AT&T 对通信服务许诺公平竞争
1915 第一次横贯大陆的电话通话
1934《通信法案》管理电信
1948 第一家有线电视系统
1962 第一颗通信卫星，第一个数字电话网络，第一台寻呼机
1965 第一台数字电话交换机
1969 阿帕网（APPANET），互联网的前身
1972 国会批准允许有线服务进入城市这个市场
1973 HBO 成为经由卫星传送的第一个频道
1978 美国出现蜂窝电话服务
1979 第一个光纤网络
1984 AT&T 被分成很多地区性的公司
1995 美国出现 DBS 服务，数字蜂窝电话
1996《电信法案》推动了竞争，AT&T 将设备制造作为副产品
1997 电信行业开始出现合并热
1999 AT&T 购买 TCI

从上表可以看出，开始于 19 世纪中晚期的几乎连续不断的通信技术革命改变了我们的生活，也改变了传媒业的格局。从第一次横贯大陆的电话开始，通信频道的数量及其所覆盖的范围迅速增加，到了 20 世纪 80 年代毫无疑问地全球化了，这是大公司跨国经营的前提。维亚康姆的总裁雷石东就有着敏锐的技术眼光，他曾说，技术的快速发展对从事传媒业的人来说是个非常大的挑战。从电报的出现开始，每一次新技术的革新都是伟大的转折点。廉价报纸在很大程度上受益于电报的发明和推广。电报可以为它们快速准确地提供信息，使它们及时得到新闻，满足股票和农产品交易的需要。20 世纪初和战后的通信基本都是电话，随后广播网、电视网兴起。随着信息时代的来临，传媒技术有着越来越丰富的内涵，从广义上讲，它几乎与一切信息技术有关。“信息高速公路”的提出也给传媒技术提供了一个崭新的空间。在传递机制的革新过程中，技术革命的狂潮一浪高过一浪。

无线电视——有线电视——卫星电视的发展。1948 年以后，电视网飞速地成长起来。AT&T 同轴电缆技术使各站互联成网成为可能，建立在原有广播网基础上的全国广播公司（NBC）、哥伦比亚广播公司（CBS）、美国广播公司（ABC）得以发展。20 世纪 20 年代至 40 年代，有线电视只是作为边远社区的接收天线（CATV）而存在，以便让边远社区的受众有选择更多电视节目的机会。每一次新的传播方式的兴起，总是充满深刻的动荡。由于 FCC 支持 UHF 电视台（14—69 频道）的发展及对有线系统的限制，1950 年，全美共有 70 个有线系统向14,000个订户提供服务，到 60 年代，美国的城市居民仍然没有介入有线电视。转机出现在 70 年代。正如 1971 年罗斯在华纳传播公司的年报里致股东的一封信中所说："有线电视在相关技术的配合下，势必引爆通信传播的革命。500 年前，印刷书取代手抄书……100 年前，第一条电话线接通了……眼前这场革命的震撼力比起前两次是毫不逊色，甚至有过之而无不及。"①

家庭影院公司（HBO）租用了 RCA 的一个卫星频道，向全国播放节目。1977 年，全国 262 个有线系统接收 HBO 节目。同一时期，特纳将自己拥有的 WTBS 电视台的节目通过卫星传送。有线巨头娱乐体育节目广播网（ESPN）和特纳广播网电视（TNT）是最早的仅用于有线电视的网络。随着有线电视的繁荣，1977 年，FCC 解除了对有线节目和广告的限制，电视节目的传播机制有了重大突破，电缆开始在全球电视中扮演新角色。之后，从 80 年代以后，美国有线电视公司逐步将它们的国内网络变成全球品牌。从欧洲到太平洋的广大地区，由于开办了地方化姊妹频道，像音乐电视网（MTV）、发现频道（Discovery）、娱乐与体育频道（ESPN）等，如今，对世界各地的观众来说这些品牌都是非常有名的，并且已经成为当地流行文化的重要组成部分。

表 2—5：2002 年美国排名前十位有线电视公司（以净收入计）②

排名	公司名称	2002（M）	所属有线电视网
1	Comcast Corp.	16043	Comcast (MSO)
2	AOL Time Warner	14192	Time Warner Cable (MSO)
3	Viacom	5052	Nickelodeon, Nick at Nite
4	Cox Enterprises	5040	Cox Communications (MSO)
5	Charter Communications	4566	Charter (MSO)
6	Walt Disney Co.	4428	ESPN
7	Adelphia Communications Corp.	3426	Adelphia (MSO)
8	Cablevision Systems Corp.	3292	Cablevision Systems (MSO) Fox
9	News Corp.	1660	Sports Networks
10	Advance Publications 1	1455	Bright House Networks MSO)

注：1. 有些公司名称无统一中文译名，全部采用英文

2. MSO 指拥有巨大的有线网络的大公司，也称多重系统经营者

① 唐润华主编：《解密国际传媒集团》，第 123 页，南方日报出版社，2003 年 8 月第 1 版。

② 资料来源：www. adage. com. "100 Leading Media Companies" By：SCOTT MACDONALD

尽管光纤电缆使电缆传输频道的数量大大增加，电缆技术的转输效率突飞猛进，新的传播技术依然是层出不穷，昨天还是新技术的东西，没过多少时间又面临着新技术的竞争。卫星技术的发展使电缆又开始面临巨大的挑战。美国在 1962 年 7 月 10 日成功发射了美国电报电话公司的“电信明星”，使美国和欧洲之间第一次可以播放图像。美国也是从这时开始参与国际传播的。美国无线电公司的“转播（Relay）”卫星在肯尼迪总统遇刺时把图像传到 23 个国家，休斯公司在 1964 年发射“同步通讯 3 号”卫星，从而使人们为发射一颗完全同步轨道卫星以提供连续服务的努力获得成功。只要有 4 颗地球同步卫星按同等距离分布在地球周围，地球上所有人居住的地方都可以收看到电视。[①] 20 世纪 80 年代，更是出现了卫星发射的高潮，世界各国都大力开发和应用卫星技术。到 1995 年底，全球已发射了通信卫星（CS）和广播卫星（BS）100 多颗，覆盖了欧、美、亚、北非等地，全世界已经有 100 多个国家和地区加入了国际卫星通信组织。

卫星技术结合地面接收系统，使得拥有这些电视网的跨国传媒集团越来越可以突破地域、国家的界限，在世界范围内抢占市场。而另一种卫星直播系统（DBS）的出现，更加使传媒巨头们在跨越国界经营方面可以大展宏图了。居民只需安装一个 6—8 英尺的卫星接收装置便可以收到几十个有线电视频道。如今在美国，直播电视（Direc TV）依靠其丰富的节目、先进的数字技术而成为这个市场的赢家。2002 年，按年营业收入在全美 100 家主要媒体公司里已排名第八位，而包括新闻集团和艾克斯达（Echo Star）在内的巨头们都对收购 Direc TV 表现出浓厚的兴趣，正是看中了这个新兴的未来市场。有线电视及卫星电视的发展已经使人们开始有了越来越多可供选择的电视节目：

表 2—6：美国家庭可以接收到的电视频道变化[②]

频道数	1	2—3	4—6	7—10	11—20	21—30	30＋
50 年代早期	32%	36%	11%	21%	—	—	—
60 年代早期	3%	18%	55%	24%	—	—	—
70 年代早期	1%	12%	42%	35%	9%	1%	—

① 〔美〕迈克尔·埃默里、埃德温·埃默里著，展江等译：《美国新闻史》，第 702 页，新华出版社，2001 年 9 月第 1 版。

② Benjamin M. Compaine Douglas Gomery，*Who owns the media*，Lawrence Erlbaum Associate，Publication，1999. P195.

（续表）

频道数	1	2—3	4—6	7—10	11—20	21—30	30+
80 年代早期	—	3%	25%	40%	27%	5%	—
90 年代早期	—	—	4%	9%	18%	7%	62%
90 年代晚期	—	—	—	1%<	1%<	1%	97%

数字技术、网络技术和计算机一道使传媒走向综合并跨越时间、空间的界限，目前以跨国公司为主体的全球媒体网络正日益成为全球通信体系的一部分。从表 2—6 中我们可以看到一个案例，AT&T 放弃了它的利润微薄的计算机制造业务和它成功的电信设备业务，在 1996 年主动选择了数届联邦政府指导者都没能迫使它做的一件事情：退出设备制造业务。1999 年通过购入 TCI，它在传媒市场已拥有了一席之地，随之而来的是电信界的各个巨头都开始结成联盟以便寻找新的利润增长点。通过扩大模拟技术转换为数字技术所需的基础设施的投资规模和加快投资速度，AT&T 与 TCI 的合并将有助于加快 PC 与 TV 的融合速度。对这两家公司来说，合并后新建公司 AT&T Consumer Services 的任务将是“大力加速”升级 TCI 的电缆基础设施，使其在 1999 年底可以用于向客户提供数字电话、数据、视频服务。TCI 和其他有线公司一直致力于开发可以提供具有比目前拨号调制解调器快得多的点播电视、电子邮件服务和 Internet 浏览功能的数字顶置盒。PC-TV 结合所带来的好处是：当你观看你最喜欢的娱乐节目时，按一下按钮，用鼠标点击一下就行了。这次兼并标志了 PC-TV 结合的来临，并将刺激有线电视和电话提供商中出现更多的合并。

这一切都归因于技术令人瞠目结舌的进步，许多传统的公司都突然发现自己还可以插入一个高利润回报的崭新行业。首先是数字技术。信息时代的技术进步导致所有的媒介都开始了数字化的进程。目前我们采用的技术仍然主要是模拟技术，电视、广播、电话等的信号均是原始信息，随着信源处声音或信号的不断变化，信号以不间断的波的形式传送。此种技术经常使画面或音质受到减损或干扰。而数字化技术与此不同，在传送的过程中可以完全保存它原有的面貌，使音质和画质高度清晰。它还可以进行数据压缩，具有纠错功能，进行重新分割、组合、兼容。因此，数字技术可以克服模拟技术本身存在的容量不足、速度慢、易受干扰、出错多等缺陷。在电视领域采用数字压缩技术，可以使频道数大大增加。因此，一个卫星转发器过去只能转播 1 个模拟频道，现在可以同时容纳 8 个数字频道。在电视技术中采用数字技术不仅能改进图像质量，更重要的是能与现有的数字通信和计算机技术相结合，为人们提供全新的、更灵活、更方便的服务。因此，利用压缩数字化的能力，建立一个高清晰的电视频道已成为可能。还可以利用频道提供网页和其他资料服务。例如看一场足球比赛，球迷能够同时看到两个参赛队丰富的背景资料和参赛球星的个人简历。这一点在迅速发展的信息社会中非常重要。更显而易见的是，数字技术可以更加便利地在不同地域间进行节目的输送，更加有利于跨越国界地实现新的利润。利用这一技术，欧洲已经出现了150个频道的电视节目，而500个甚至更多的电视频道正在等待着我们。

1996年7月28日，德国的基希集团（Kirch Group）开办了第一家数字电视台DFI，观众可以利用装有解码器的电视接收机收看。20世纪90年代掀起的广播电视数字化浪潮至今已形成席卷全球之势，并形成了当前以美、欧、日三强为主，部分发展中国家加快步伐，不断跟进的局面。据统计，到2000年底，全球共有5600万数字电视家庭。在英国，收看数字电视的家庭已达全国家庭总数的29%，是世界上数字电视家庭最多的国家。

1997年4月，美国联邦通信委员会发布了数字电视实施进程表，规定在排名前10位的市场上的电视网主要附属台，到1999年5月1日必须播出数字信号；排名11－30位的市场上电视网的附属台1999年12月1日前必须播出，其他所有商业电视网须在5年内播出，非商业电视台须在6年内播出。1999—2006年期间，采取同时播出数字、模拟电视节目的办法逐步过渡到全数字化电视。根据这个日程安排，1998年11月1日，全国广播公司、美国广播公司、哥伦比亚广播公司、福克斯广播公司属下的41家电视台，在洛杉矶、三藩市、华盛顿、芝加哥、底特律、费城、波士顿和达拉斯等大城市开播数字电视节目。至此，数字电视技术革命最艰难的旅程有了突破性的进展。

互联网起源于20世纪60年代末。它以时效性强、速度快、容量大、覆盖面广，以及对自主、平等精神的鼓励吸引了大量用户，仅用一根电话线，就可以连接全世界，这是多大的诱惑。大多数的巨型媒介公司都在长期地关注着互联网，从而寻找国际消费者。因特网上的国际传播是在其他国家和巨型传媒集团之间的一种便利的、可以负担的信息相互转换的开始。但是，怎样才是成功地将传统媒体和网络媒体结合起来的发展战略，目前还缺乏统一的认识。尽管许多大牌媒体的网站，已经进入网上流通量最高的非商业网站行列，但不过是传统媒体的网络版。迪斯尼已经投入10亿美元建设GO.com的门户网站，NBC等已经在网上下了很高的投资。但是这些媒体巨人每年在在线计划上的亏损数以百万计，贝塔斯曼的首席执行官比埃而霍夫正是因为互联网业务的不景气而被迫辞职，互联网成为他事业的滑铁卢。只有道琼斯是一个著名的例外。2003

年，由于AOL的不景气，时代华纳正式将其从公司名称中剔除，以突出他们业务的重点仍旧在传统的媒体行业。

正如前面所说，每一种新技术的产生及广泛的应用过程都存在着深刻的动荡，互联网也不例外。目前尽管互联网的发展正处于十字路口，但却萌生着希望。这种状况很符合一句话："徘徊在两个世界之间，一个已经死亡，一个还未出生。"技术一统天下的互联网在衰落，而大媒体和互联网结合的希望之路还在探索之中。随着技术的进步，音频和视频在网络上传递已不是障碍，所以互联网也将成为最大的娱乐业的平台，同时还有网站本身提供的许多信息服务。以后网络将集新闻、娱乐、信息内容之大成，这对传统的报业大王、电视大王都是个不小的挑战。网上广告也越来越受到商家的青睐，1997年美国网上广告的收入为11亿美元，1998年达20亿美元，1999年增长至44亿美元。据美国弗雷斯特研究所预测，从2000年开始的4年内，互联网将吸收270亿美元的广告收入，这就意味着传统媒体将有10%的广告收入被互联网抢走。到2004年，美国网络的广告收入将达到220亿美元，相当于美国传统媒体广告收入的8%，从而超过杂志、黄色电话簿和电台广告收入的总和。

第三章

西方媒体集团全球经营的战略形成分析

分析媒介集团形成竞争战略的实质问题，就是要深刻理解这些媒介集团与其所处环境之间的主要联系架构。媒介集团所处的环境包含范围十分广泛，有政治的、经济的，还有文化的环境。由于媒介本身所具有的意识形态及文化特性，相对于其他产业的集团公司来说，政治、文化环境显得十分重要。但由于本章所要关注的问题，是西方媒介集团的跨国经营，因此我们主要是关注媒介集团的产业性质。

传媒业的高技术含量及高知识密集度以及较高的资本回报率使其在 20 世纪 30 年代以后逐渐成为一个引人注目的新兴产业。这一新兴产业的形成原因是全球文化消费需求日益增加、日新月异的技术创新以及世界范围内政府对传媒业规制的放松，经济和社会变化越来越要求将媒介产品提高到一种潜在可行的商业机会的水平。有关这些，在前文都有详细论述。

随着经济与文化全球化的发展趋势，全球性产业要求公司在世界范围内协调一致的基础上进行竞争或面对竞争压力，包括传媒集团在内的各个产业的跨国集团在地区或国家性市场的战略地位都从根本上受到它们全球总体战略地位的影响。80 年代以来，传媒产业正在成为全球性产业，而且这一重要的结构性变化随着全球资本的涌入越来越普遍。今天的传媒业存在着前所未有的创造价值的机会，与此同时，许多尝试利用这些机会的传媒公司正面临着巨大的挑战。一些公司在追寻新的机会时试图从它们已有的市场地位和业务组合中获取最大价值，如时代华纳、贝塔斯曼；另一些公司试图将在建立集中优势和创造强劲增长方面的初步成功转化为长期竞争优势，如维亚康姆、新闻集团。无论是哪一类公司都会发现，为了在今天激烈动荡的环境中取得成功，制定长期的战略和采用合乎时宜的策略，是它们获得成功的必需要件。

一、驱动西方媒介集团跨国竞争的要素

迈克尔·波特在他的著作《竞争战略》和《竞争优势》中指出，驱动产业竞争的五种力量是进入威胁、替代竞争、买方砍价能力、供方砍价能力、现有竞争对手的竞争——反映出的事实是：一个产业的竞争大大超越了现有参与者的范围。顾客、供应商、潜在的进入者均可成为该产业的“竞争对手”，并且依具体情况会或多或少地显露出其重要性。这种广义的竞争可称为拓展竞争。这五种作用共同决定产业竞争的强度以及产业的利润率，最强的一种或几种作用力占据着统治地位并且从战略形成的观点来看起着关键作用。他给出了如下的“驱动产业竞争的力量”的图示：①

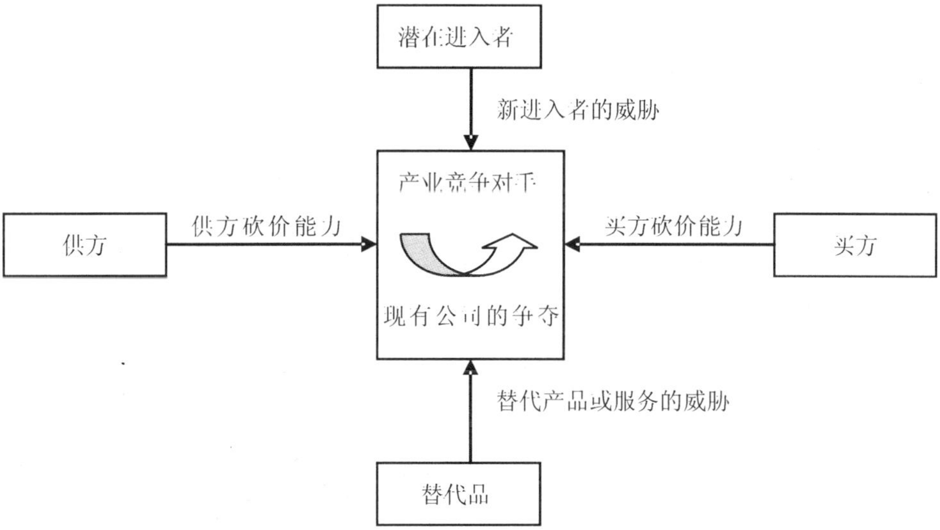

当然上述影响模式是针对所有产业的企业集团而言，针对不同的产业，其中的一个或几个因素的重要性是不同的，每一种产业都是有其独特个性的。这五种竞争作用力综合起来决定某个产业中的企业获取利润的能力。如果在一个产业中，这五种压力的强度都很大，就意味着该产业的利润率是不理想的；如果某一产业中，这五种压力的程度都处在一个理想的状态，该产业的利润回报就会令人满意。每一个企业制定战略目标的目的都是为了本企业在自己所处的

① 〔美〕迈克尔·波特著，陈小悦译：《竞争战略》第 3、5 页，华夏出版社，1997 年 1 月第 1 版。

产业中居于有利的位置，通过制定一个中长期的发展战略来对抗外界竞争的压力。在制定战略过程中，可以让企业洞察内在竞争压力的来源，对压力来源的充分认识可以让企业结合自身所处产业结构特点，针对自己的优势和弱点，明确本公司在产业中的定位，清晰地呈现新战略所带来的变革可能在哪些领域产生回报，并且使产业发展趋势中最具有机遇和危险的领域显露出来。

对于传媒业来说，上述五种竞争压力同样存在，传媒业如今已名副其实地成为全球性产业，西方跨国传媒集团的全球战略的基础是在更加广阔的环境中对上述市场力量的重新审视。我们在关照巨型传媒集团的跨国经营战略时，将更多地关注全球范围内的竞争对手、更加广泛的潜在进入者以及不同的企业目标和个性。

1. 传媒业的六种进入壁垒分析

传媒业是一个高门槛的产业，首先表现在进入该产业需要大量的资本投入。在西方发达国家，传媒业已经形成庞大的产业规模，激烈的竞争使传媒业必须做大做强，传媒业竞争所需要的大量投资构成了一种进入壁垒。如果投资达不到所需要的程度，前期的广告、开发、市场投资将是不可收回的投资，而且传媒业的发展需要客户对其有极强的品牌忠诚度，新进入这个产业，打消受众对原有传媒的品牌忠诚度也需要投入大量的时间和财力。所以对传媒的投资是一个足量长期的投资；只有拥有足够财力的大型公司才有资格进入这一产业。比如：法国维旺迪环球的前身是一家水务公司，2000 年 10 月，维旺迪兼并加拿大西格拉姆公司以及 Canal Plus，所涉金额为 340 亿美元。西格拉姆公司拥有好莱坞著名的环球电视制片公司，Cannal Plus 是法国第一付费电视运营商，维旺迪从此改名为维旺迪环球，一举进入传媒业，成为当时世界第二大传媒集团。1999 年，AT&T 宣布它将以总值约为 480 亿美元的股票交易方式收购有线电视商 TCI 公司。本次交易的 480 亿美元包括 320 亿美元股票和 160 亿美元的债务。TCI 有全美最大的长途电话网和有线电视网的组合。它旗下的 Liberty Media 拥有著名的 Discovery 频道和 MacNeil/Lehrer 政论节目，还拥有因特网服务供应商 Excite@home 的股份。微软公司，世界最大软件生产商，同时拥有 MSN 门户网站，并与通用电气公司各在 MSNBC 有线网上有 50% 的股权，还拥有 Comcast 有线网的股权，该系统有 450 万用户。这几项收购所涉金额都达到数十亿美元。自 1989 年日本索尼公司以 34 亿美元买下美国的哥伦比亚电影公司加速传媒业的“合并狂潮”之后，公司之间动辄上百亿美金的兼并和收购就接连不断。2002 年，历史悠久的《财富》杂志每年一度的“全球最受赞赏公司排行榜”抬高了门槛，将参加评选公司的年收入从30亿美元提高到了80亿美元，这实际上也从一个侧面说明，媒介产业的进入资本壁垒增高。另一方面，作为高度依赖新技术的产业，媒介产业必须时时跟踪最新技术，这也造成较高的产业成本。例如，铺设有线电缆的造价可以达到每英里50万美元，而且通常要运作5—7年才能盈利，新公司要展开这方面的业务，代价非常高，比如Discovery频道，一个小时的制作费是80万—400万美元，一个节目可以做三四年。

全球竞争中各国政府的制度障碍是传媒业的又一进入壁垒。媒介产业涉及意识形态领域和社会控制，又是新的经济增长点，作为一国政府来说，可以通过政策来限制甚至封锁国外资本对本国传媒产业的进入。目前，各个国家对媒介均有不同程度的政府规制，而这些规制的变化对于资本进入这一产业，就意味着较强的政策风险，而且可能是资本进入媒介市场所要面临的最大风险之一。例如，加拿大规定，电视里本土产品必须占到60%—70%，电台的黄金时段播的外来音乐节目，不得超过40%；法国的电影产业政策，最重要的一环是以财政收入来支持电影艺术创作。从1948年开始，法国财政中便明确规定：法国电影工业享受电影扶植基金支持。这笔资金不直接来源于国家预算，而是以税的方式从影院、电视、录像等相关电影行业中征收，然后再返还给这些行业。90年代以来，法国的电影扶持资金总额一直保持在每年12亿—17亿法郎之间。[①] 在欧洲，尽管传统的公共媒体或多或少面临妥协，但是商业媒体的扩张仍然受到各国政府或是欧洲联盟管制体系，甚至是民间力量的节制。前者比如默多克旗下英国的卫星电视公司BSkyB，意图与法国最大的卫星有线电视业者Canal Plus合并，遭到欧盟的否决。后者以英国最大的电信服务公司Vodafone计划购并德国电信业Mannesmann为例，就面临着该公司工会组织与民间团体的全力抵制，谈判数月尚无法定案。在中国和印度，由于这两个国家加起来人口有20亿，而且正经历着两国历史上前所未有的经济高速增长期。国际大媒体公司数年来一直在寻找进入中国和印度的途径，而障碍正是中国、印度政府严格的措施，如何规避其规制，成了各传媒巨头必修的功课。以美国在线和中国联想旗下的FM365合作为例：美国在线时代华纳接过FM365这个已亏损7000万的网站，显然是“醉翁之意不在酒”。美国在线时代华纳看重的是，联想属下的北京联想调频是全内资公司，拥有ISP营业牌照，合资公司可以通过北京联想调频为FM365的用户提供上网服务。这样，时代华纳巧妙地避过了“不许外资介入门户网站经营”及“不准外资进入电信业”的政策壁垒，进入具有高度成长

① 万千：《法国的电影产业政策》，《南方周末》，2001年11月22日。

性的中国互联网市场。[1]

进入传媒业，还要考虑受众对原有的品牌忠诚度这一进入壁垒。品牌忠诚，也就是消费者出于价格、质量等诸多因素的吸引力，对某一品牌的商品情有独钟，形成偏爱并长期地购买这一品牌商品。提高品牌的忠诚度，对于一个企业的生存与发展和扩大市场份额极其重要。忠诚的顾客是企业最宝贵的财富，美国商业研究报告指出：多次光顾的顾客比初次登门者可为企业多带来20%－85%的利润，固定客户数目每增长5%，企业的利润则增加25%。受众对传媒品牌的忠诚度对传媒业的发展极为重要，同时，由于改变人们的收视习惯非常困难，一旦受众认同了某一电视节目，新进入这一领域的人想要改变，就需要耗费大量的人力和物力。在传媒业，"收视惯性"，或"观众被动性"，是新入者必须认真面对的问题。如果观众选择了某个频道节目，而这个频道又能将他们留住一段时间，他们就会一直习惯于收看该频道；对于报业来说，读者的阅读惯性是新报纸很难跨越的障碍，由于读报往往已成为很多读者生活方式的一部分，有研究表明，改变阅读习惯一般要5—10年。因此，如何将吸引相近观众的相近类型节目放在一起，使观众持续留在本频道或如何改变读者的阅读习惯是一个重要的课题。

传媒业规模经济的存在也阻碍了对该产业的侵入。目前世界的传媒市场已处在高度垄断的状态之中，庞大的企业规模阻碍着大量新的企业进入。它迫使新的进入者一开始就要大规模生产并要面对原有企业强烈的抵制风险，或者选择以小规模生产，这样成本方面的劣势就不可避免，而这两者都不是进入者所期望的。放眼当今的巨型跨国传媒，无一不是在全球范围内收购兼并，力求建立庞大的企业规模，不仅横向形成企业的战略联盟，纵向也形成一体化的生产销售链。在全球范围内通过规模化的生产和竞争来实现成本上的优势。维亚康姆的总裁雷石东曾经这样谈过公司规模扩张："一味地追求公司的规模是没有必要的。不过规模变'大'确实比规模'小'要好，从一开始，我就为自己确定了一个目标：要把维亚康姆建成全球最大的传媒娱乐集团。"[2] 而另一家跨国传媒公司贝塔斯曼像一艘信息航母，充分发挥着它的规模效应。贝塔斯曼共有雇员5.7万人，其中国外有3.3万。该公司所属200家分公司分布在世界各大洲。它拥有的图书俱乐部会员3000万人中，大部分是国外会员。在世界各地，有300多个经营单位，每个单位都是独立的团队。它下属的RTL集团、格鲁纳雅

① 唐润华主编：《解密国际传媒集团》，第111页，南方日报出版社，2003年8月第1版。

②《走近传媒天才维亚康姆CEO雷石东》，千龙传媒，2003年2月19日。

尔集团、BMG集团、阿瓦多集团、蓝登集团、贝塔斯曼施普林格和直接集团分别独当一面。[①] 传媒业的规模经济优势几乎可以表现在传媒公司的任何一个职能环节中，一家制作电视节目的企业如果同时拥有节目发行渠道，无论是电视台还是有线频道，其效益都会上一个台阶。随着制作电视节目的费用和成本不断提升，拥有电视网络并确保这些节目能够播出肯定能对企业的效益大有助益。而且，如果这家企业还能够在电视台上播出广告并从中获利，那么企业的收益自然会更乐观。对于好莱坞的娱乐公司来说，具有规模经济的娱乐内容生产实力、充足的资金，以及历史悠久、组织严密的全国与全球发行网络是他们立于不败之地的法宝。

如果在全球的范围内考虑传媒业的进入门槛，所在国家是否具有从事传媒业的比较优势也是一项典型的全球性竞争因素。当一个国家在制造某一产品中拥有显著的成本或质量优势时，这些国家就会成为这种产品的生产基地，向世界上其他地区出口。美国是目前全球传媒市场的最大赢家。作为全球媒介最大的生产和消费市场，美国媒介市场在全球媒介市场中占有重要的地位。美国人口只占世界人口的5%，却控制了世界75%的电视节目的生产与制作。在许多发展中国家的电视中，美国的节目多达60%－80%。美国电影产量占世界电影产量的6%－7%，却占据了世界电影总放映时间的一半以上。[②]

美国在传媒产业所形成的国家竞争优势关键是当它和其他国际竞争对手比较时能提供更健全的相关支援产业。在很多产业中，一个企业的潜在优势是因为它的相关产业具有竞争优势，因为相关产业的表现与能力，自然会带动上下游的创新。一个国家因相关产业彼此牵动而刺激竞争力是很正常的，而美国的媒介不仅统治了电影业，而且还统治了电视和电信业。一个国家和一个地区的制度和取向，也影响其企业和工业的竞争力，早在20世纪20年代，美国商会主席郝伯特·胡佛就敏锐地注意到美国电影业具有对外输出宣传美国消费品的潜能，美国政府很早就开始资助、鼓励出口美国电影，美国电影之后也就成为全世界最炙手可热的商品。由此我们知道，当传媒企业在制定全球竞争战略时，应该要充分考虑到，你的主要生产地是否具有媒介产业的比较优势。

传媒业是一个知识密集型产业，其间充满着创造性的劳动，因此，类似于版权或特许经营权这样的专有技术对于新进入者来说也是不可忽略的门槛。对于全球性的跨国传媒业来说，其经济效益很大程度上则来自将自己所拥有的版

---

① 唐润华主编：《解密国际传媒集团》，第380页，南方日报出版社，2003年8月第1版。
② 徐耀魁：《世界传媒概览》，第11页，重庆出版社，2000年。

权或特许经营权应用于地区或国家市场的能力。建立在知识产权基础上的特许经营更是传媒跨国公司扩大自身规模向全球扩张的有力武器。以维亚康姆为例：维亚康姆消费者产品公司是娱乐特许经营方面的领先者，著名音乐公司（Famous Music）是一家拥有超过10万份版权的音乐出版商。维亚康姆拥有的版权数有50万个。维亚康姆对旗下系列知名品牌和节目进行特许经营，从而产生系列衍生效益。派拉蒙电视集团的《星球大战》特许经营已经衍生了一系列运作：4个电视节目，其中1个节目又导致联合派拉蒙电视网的问世；派拉蒙电影公司制作了9部关于星球大战的电影；西蒙和舒斯特出版公司出版了数百万册与星球大战相关的图书；西蒙和舒斯特交互公司发行了以此为名的光盘；派拉蒙公园开辟了星球大战主题体验娱乐项目。

没有版权保护就没有特许经营，维亚康姆非常善于保护自己的品牌。雷石东非常注意将版权保护变成自己利润的不竭源泉。他曾经说过，2001年，美国电影、录影带版权业一项就占到全美GDP的5%。[①] 有记者采访维亚康姆MTV中国区总经理李亦非时问道：维亚康姆在经营上哪一点最值得中国传媒借鉴？李亦非答道：我们MTV的老板在他美国的办公室里管理着世界各地分公司的运作，模式完全一致，就是不断地重复使用固定资本，把规模做大。我们每年付给五大唱片公司版权费，然后，就利用在全世界各国24小时播放的频道播出，每增加一个频道，就增加一笔收入。在这个时候，确实体会到知识产权的力量。每生产一个原创作品，一次性产出，多次使用，只要有需求，每重复使用一次，就会产生利润。

从以上分析我们可以看出，传媒业的进入壁垒相对较高，而考察国外的传媒业，很少有转移到其他产业的，但是倒闭破产却并不罕见，这表明它的退出壁垒并不是很高。相对较高的进入壁垒和相对较低的退出壁垒说明，传媒业的产业利润应在一个良好的状态下。在这种情况之下，想进入者不能随随便便地进入，营业状况不理想的企业可以自由退出。

2. 传媒跨国公司之间的竞争压力分析

在联合国跨国公司中心每年发表的《世界投资报告》中，是按照国外资产占总资产的比重、国外销售额占总销售额的比重和国外雇员占总雇员的比重这三项指标综合计算得出的跨国指数来衡量跨国公司的国际化程度。以这样的指标来衡量的话，传媒业跨国公司的国际化程度是非常高的，这也意味着传媒业

① 唐润华主编：《解密国际传媒集团》，第31页，南方日报出版社，2003年8月第1版。

的竞争也是全球平台上的竞争。

目前全球媒体产业由十来家势均力敌的跨国传媒集团公司控制着，它们中的大多数以美国为基地，另外还有三四十家重要的配套公司存在于全球的媒体网络之中。当一个产业高度集中化或统治于几家公司之下时，他们并非为价格而大力竞争，由于寡头专卖的共同利益以及巨头们之间一系列的合资项目，战略联盟以及所有权的交叉，自由竞争已被大大削弱了。如今全球传媒业几乎没有太大的误导性力量存在，居主导地位者通过互相妥协，在产业中建立秩序，同时起协调作用。在全球范围内，国外的竞争对手或对该产业出口，或通过国外投资直接进入该产业，给传媒业的产业竞争也带来一些变数。在很大程度上，如今传媒业的特征是以广告为主要的财政支持以及彻底的商业化。巨型的传媒集团都不再把新闻作为自己的单一业务，他们重视的几个有商业前途的领域是：音乐、新闻、体育、少儿节目、娱乐节目以及购物。如果作一下比较就可以发现，任何一家公司提供的节目内容与其他公司所制作的内容相比，并无多大实质上的区别。

当然，无可否认，传媒业整体上是竞争激烈的领域，主要是指各大传媒集团作为一个具有整体意义的品牌形象的竞争。比如时代华纳、维亚康姆、新闻集团之间的竞争。目前，大的传媒跨国公司之间的竞争主要集中在子公司在同一市场领域的竞争。在商业广播电视方面，属于通用电气的美国广播公司（NBC）、属于维亚康姆的哥伦比亚广播公司（CBS）、属于迪斯尼的美国广播公司（ABC）、属于新闻集团的福克斯广播公司（FOX）彼此之间的竞争非常激烈，此消彼长。在发育成熟的美国传媒市场，它们都拥有各自的受众市场，可供媒体拓荒的空间已不太大，导致一家媒体实力的增长往往伴随另一家媒体市场的削弱，甚至后者是前者的直接结果。要为企业制定竞争战略，首先要为企业作出准确的定位，使本企业能够在最大限度上区别于本产业的其他竞争对手。我们需要了解有哪些竞争对手，对手的所有者是谁，是从属于某个大城市的集团，还是当地企业家，他们还拥有其他什么资源，经营的方针是什么，他们是否将一个成功的模式带到一个新的市场上来，他们付给员工的薪酬是多少，是否让人觉得那里是工作和开始一个新职业的好地方。

维亚康姆：2002 年，维亚康姆公司在《财富》杂志每年一度的“全球最受赞赏公司排行榜”的娱乐类企业排名中成为冠军。从一开始维亚康姆的总裁雷石东就为自己确立了一个目标：要把维亚康姆建成全球最大的和极具创造力的传媒娱乐集团，如今这个目标已经实现。关于该公司的现行战略，最脍炙人口的说法就是购买、品牌、版权三大要素。雷石东认为，他们在建设维亚康姆时采取的步骤也就是建设国际传媒企业的三部曲——ABC。A 即 Acquire（购买）就是购买和开发最好的内容；B 即 Brand（品牌），就是对内容进行品牌建设；C 即 Copywrite（版权），就是为自己创建的品牌内容进行严格的品牌保护。[①]维亚康姆的业务结构：核心业务 MTV 全球音乐电视网、尼克罗恩儿童频道(Nickelodon)、哥伦比亚电视集团。维亚康姆年收入的 33%来自它的电影制片厂，33%来自音乐、录像租赁业务以及主题乐园，18%来自广播，14%来自出版业。[②]

维亚康姆已确定了在全球发展的计划，明确的目标是，近年内其 40%的收入须来自美国以外。就像华尔街的一位分析家所说的那样，雷石东想让维亚康姆与新闻集团及时代华纳“在同一个国际球队中打球”。雷石东及维亚康姆决策阶层的一位随员曾在 1996 年的前六个月穿行于欧洲、亚洲以及拉丁美洲以寻求生意合作。他们最显著的成就就是达成了一项协议，在 5 年内花费 15 亿美元为柯斯的欧洲电视网，包括柯斯的 DF1 数字电视服务体系提供节目。维亚康姆还与斯堪的纳维亚的 Kinnevik 及由贝塔斯曼拥有部分股权的法国 TPS 数字电视服务体系做过类似的生意。目前，维亚康姆在欧洲有一个势力强大的发行站，用以输出自己的产品。自 1992 年以来，维亚康姆将 7.5 亿—10 亿美元之间的投资用于国际扩张。维亚康姆的一位主管说：“我们不会把脚离开加速器。”其旗下的布洛克巴斯特（Blockbuster）录影带出租连销店计划到 2000 年会单独花费 6 亿多美元把美国以外的音像店从 1000 家增至 4000 家，目的在于有效地控制全球音像租赁零售市场，然后拓展到其他零售领域。由于美国市场已经饱和，维亚康姆期望“要让美国人整天泡录像的现象全球化”[③]。

时代华纳：时代华纳总部位于纽约，是美国第二大有线电视运营商，同时还是美国最著名的媒体娱乐公司。旗下的核心业务有：有线电视网、出版、音乐、电影娱乐。其收入主要来源于三个方面：订费收入，占 43%；广告及商务收入，占 22%；内容及其他收入，占 35%。时代华纳的经营理念是：必须掌握自己的命运，必须在业界独占鳌头，只有这样才能确保在竞争中说话的分量。时代华纳最让人津津乐道的是其成长过程的三次并购：1989 年，时代公司与华纳公司合并；1996 年时代华纳公司兼并了特纳广播公司；2001 年，美国在线公

① 高振强著：《全球著名媒体经典案例剖析》，第 12 页，中国国际广播出版社，2003 年 1 月第 1 版。

② 数据来源：该公司网站。

③〔美〕爱德华·赫尔曼、罗伯特·麦克切斯尼著，甄春亮等译：《全球媒体——全球资本主义的新传教士》，第 102 页，天津人民出版社，2001 年 2 月第 1 版。

司兼并了时代华纳公司。然而，正是获得无数美誉的第三次并购成了时代华纳的梦魇。第三次并购后的新公司一开始的财务报告就反映出亏损，2002 年度报告赤字更是达到了美国商业历史上最高的 987 亿美元，加上美国在线假账丑闻缠身，使之品牌毁于一旦，也使该公司在今后的发展背上了沉重的包袱。2003 年 9 月 18 日，美国在线时代华纳董事会一致投票决定，从公司的名字中去掉“美国在线”的字样，公司名称恢复为时代华纳，进行一系列的重组，准备迎接新的挑战。

在全球战略上，时代华纳将全球电视作为自己最大的经济增长点，但与其他传媒集团不同的是，它将主要的精力放在节目及频道的生产开发而不是在世界范围内的开发渠道。时代华纳是世界最大的电影院线拥有者，在美国以外拥有大约 1000 家电影院。其全球战略是以 HBO 国际公司、有线新闻网（CNN）及 TNT 卡通频道为主，向全球市场进行扩张，正如 HBO 的总裁杰弗瑞·比克斯所说，全球拓展是 HBO 别无选择的命运，这也正是时代华纳的命运。

维旺迪环球：2002 年中期之前，维旺迪环球作为传媒业的新贵，其表现令人刮目相看，一度成为仅次于时代华纳的第二大传媒集团。前任总裁梅西耶的威望一度盖过总统希拉克。他被法国媒体称为“法国最具实力和影响力的总裁”。法国《新观察》杂志更是把“2001 年最有实力人物”的桂冠送给了梅西耶。在自己的官方网站上，维旺迪环球这样描述自己：“作为一个在媒体和通信领域中占据领先位置的公司，维旺迪环球运营在所有对于现在或未来的数据通信事业具有关键性意义的业务中。”也就是说维旺迪环球妄图存在于所有对数字通信具有关键意义的领域——音乐、出版、电视和电影、电信和互联网，通过所有发送平台和设备，成为世界上首选的娱乐、教育和个性化信息的制作商和供应商。该公司拥有六种核心的业务，分别是音乐、出版、电影电视、远程通信、互联网和环境事业。

维旺迪环球的媒体发展目标，最突出的一点是试图建立一个无缝衔接的全传媒集团，以提供娱乐、教育、个性化服务为自己的目标，特别是瞄准消费者的个性化服务，以整合内容和渠道。这种理念还意味着随时追寻消费者的需求：“我们公司的战略梦想被消费者的需求驱动。当我们创造和发行让全世界的消费者满意的高品质服务和产品时，我们有责任预见到这些需求，并建立消费者的忠诚度。”这就意味着建立一个无缝衔接的产业链，它能够整合集团内部的所有内容和渠道，给消费者一个无所不能的接入平台，满足消费者随时随地以及任何渠道的需求。

维旺迪前任总裁梅西耶在接受法国经济大报《回声报》采访时这样表述他

的战略构想："我认为21世纪是电信的世纪。我的想法很简单：集团拥有的出版、电视和音乐这些文化产品，需要通过电信的互联网向世界传播。"① 他的战略目标是在一个完整的市场中获得绝对优势。而这个市场，就是全世界每一个人对任何一种可以被数字化的东西的需求。这样的发展目标必定不能仅仅局限在法国和欧洲市场，维旺迪环球在这种战略构想下进行了一系列的全球扩张，形成了覆盖音乐、电视、电影、电信、出版等各个领域的多媒体集团，拥有有线电视和卫星电视等多种渠道，并拥有一系列互联网门户网站。

但是，维旺迪环球似乎只是完成了多家公司的收集工作，成为一个"公司的收集者"，而没有拿出有效的整合方案，忽视了建立本集团的核心竞争力。2002年7月，公司危机开始公开暴露，公司市值一路急转直下，面临严重的危机。2003年9月，通用电气（GE）旗下的NBC与维旺迪环球将部分业务合并，成立价值超过400亿美元的NBC－环球。2007年12月，维旺迪集团宣布，将通过收购股份的方式控股美国游戏发行商Activision，从而打造一家全球最大的独立视频游戏发行商。

迪斯尼：作为一个历史悠久的老牌传媒公司，由于有着鲜明的特色，迪斯尼一直都是其他传媒集团最有力的竞争者。20世纪90年代初，迪斯尼将其核心业务由主题公园及旅游业转到了电影及电视方面。1995年耗资190亿美元收购大都会、ABC不仅是商业史上最大的收购活动之一，也让迪斯尼由一家全球最大的内容产品生产商转变为高度一体化的媒体巨头。目前迪斯尼的主要业务有：电视网、影视娱乐、主题公园与游乐场、消费品、因特网及直销。迪斯尼的收入构成：电影发行加上后续收入占30%，主题公园收入占20%，品牌产品销售50%。迪斯尼的海外业务已经十分可观，1998年，其总盈利中有38亿美元即17%来自美国本土以外的国际市场，主要来自创意内容、广播电视节目和主题公园与商品零售业。其中ESPN由于广泛开发国际市场，1998年的盈利增长了20%，达到约17亿美元，现金流动则增加了17%，达7亿美元。②

"低成本、高质量、重品牌"是迪斯尼长期以来形成的核心价值观。迪斯尼在经济运作时，非常强调成本控制，这已成为它的公司文化基础部分。公司总裁艾斯纳制定了制片原则：节省制片开销，不以大明星为号召，每一分钱都要用得恰到好处。1999年，迪斯尼成立了战略资源供应部，专门负责优化迪斯尼公司的购买和供应链。该部门2002年实现了年节约3亿美元的目标。迪斯尼一

① 胡正荣主编：《外国媒介集团研究》，第227页，北京广播学院出版社，2003年8月第1版。
② 胡正荣主编：《媒介市场与资本运营》，第69页，北京广播学院出版社，2003年8月第1版。

直都在坚持“内容就是上帝”的原则，对产品的质量精益求精。艾斯纳时代也是如此，他对细节非常关注，一直坚持高质量将赢得最终胜利的信念。迪斯尼更是品牌运作的典范，它通过充分发掘品牌的价值而成功构筑了一个商业模式：通过迪斯尼的品牌将主题公园、电视节目、购物等商业活动贯穿起来，从而实现其品牌的最大价值。

尽管迪斯尼一向喜欢独家经营，但在做全球市场战略计划时，它宣布要与当地公司或其他全球公司合建公司或通过进一步发展来大力开拓海外市场。迪斯尼一直在动画和娱乐两方面实力雄厚，在全球市场上运作顺利。从 ESPN、迪斯尼频道、迪斯尼电台、迪斯尼专卖店到主题公园，海外收入占公司总收入的比例越来越大。

新闻集团：默多克的新闻集团也算是传媒业的一个后来者。默多克在澳大利亚建立起新闻有限公司，通过一系列张弛有度的收购兼并之后，20 世纪 60 年代末 70 年代初已在英国市场站稳脚跟，到 80 年代已成为美国市场的强者。此后，他又将业务拓展到世界各地，建立起庞大的世界传媒集团。现在，新闻集团拥有近 800 家企业，还在其他集团中拥有股份。目前，在经营报纸、电影电视、图书出版、有线网络等业务的基础上，新闻集团正在加大投资力度发展全球电视业，特别是数字卫星电视，计划建立全球性的卫星电视网络系统；此外，还正在利用福克斯电视网为其数字电视业提供节目来源。其业务构成：电视占 27%，电影娱乐占 26%，报纸占 18%，杂志和图书出版占 14%，有线网络节目占 11%，其他产业占 4%。

重视产品内容、渠道建设及高效的决策机制使新闻集团成为目前经营状况良好的传媒集团之一。时代华纳的总裁理查德·帕森斯曾说，除了久经考验的电影娱乐和音乐影像以外，在全球电视中“稳操胜券的赢家是新闻、动画和体育”。在其中的每一个领域，新闻集团都在超赶着其他的一两家全球媒体巨头，并为提高各领域的地位投入了相当大的人力和财力。新闻集团总裁彼德·彻宁指出：新闻集团不像时代华纳、迪斯尼、维旺迪环球那样过分追求技术。放弃对内容的追求将使我们失去创新动力，内容是传媒企业的核心和支柱。新闻集团当然不仅是“提供传输内容”，在渠道建设上，它将其大部分的赌注压在电视上，尤其是数字卫星电视上。新闻集团计划将其经验用于创建世界上最可盈利的卫星电视网。默多克清晰地阐明自己的目标：“我们想要空际卫星公司成为世界任何地方都无所不在的大名品牌，我们期望福克斯公司也能这样。”以创造力以及一种促进而不是阻碍创造力流程的方式来管理公司是新闻集团一直追求的决策机制。新闻集团的管理者认为最好的创意来自作家、导演以及制片人员，而不是公司的行政管理人员。他们还表示对企业的决策机制进行放开，以便有更好的内容问世。

新闻集团的全球拓展计划瞅准的是那些最有利于发展商业媒体的地区，像欧洲大陆、亚洲及拉美。默多克期待，大约在2005年以前能在发达世界，尤其是欧洲和日本获取最稳定的收益。为此，新闻集团力求员工、市场、所有权的国际化，并且在全球范围坚持多媒体发展的道路。以2001年财政年度的收益为例：其中67%来自美国市场、26%来自欧洲市场、7%来自澳大利亚市场。

2007年，新闻集团收购道琼斯公司，包括其旗下拥有以商业和财经领域深度分析报道著称的《华尔街日报》报系和提供实时财经报道和市场评论的道琼斯有线新闻社。

贝塔斯曼：尽管贝塔斯曼的历史可以追溯到19世纪上半叶，但它成为真正意义上的全球传媒集团是在20世纪80年代以后，贝塔斯曼先是在欧洲全方位发展，继而与其他传媒集团在全球范围内展开角逐。贝塔斯曼集团建立在全球图书及音乐俱乐部网络基础之上，是全球第一的出版商，欧洲第一、世界第二的杂志出版商，全球第一的音乐产品零售商，其电视业务居欧洲第一，互联网业务居全球第二，分支机构遍布全球56个国家和地区。

贝塔斯曼的既定目标是“由一家参与国际活动的媒体企业”发展成“一家通讯集团”。2001年2月，贝塔斯曼集团通过与比利时投资商GBL换股，获得了欧洲最大的电视集团卢森堡广播电视公司（RTL）57%的股权，此举改变了贝塔斯曼在全球媒体竞争方面没有重要的电影或电视生产厂或电影储藏馆，对全球电视的参与也微乎其微的严重劣势，使贝塔斯曼向全球媒体领先者迈出了具有战略性意义的一步。

在长期的经营管理之中，贝塔斯曼形成了自己的精华理念：贝塔斯曼家族的第五代接班人莱因哈德·莫恩为积累资本，在公司内部实行“利润分享”的举措，公司将盈利分给员工，员工再将这笔资金返回投入以供公司发展。他倡导的“分权管理、权责分明、自由创新、遵守公司规章制度”的理念被誉为“贝塔斯曼模式”，一直沿用至今。1959年，在莱因哈德·莫恩的倡导下成立了独立利润中心，提出“分权管理结构”理念。次年，他将公司基本理念梳理成“贝塔斯曼原则和企业结构”。经过持续数年的实践，最后形成了“贝塔斯曼精华理念”，其中特别强调了贝塔斯曼精神：“企业团队精神、中心管理和社会责任。”[①] 2000—2001年财政年度，贝塔斯曼集团更是成立了管理委员会，控制公

① 唐润华主编：《解密国际传媒集团》，第352页，南方日报出版社，2003年8月第1版。

司战略性发展、兼并、收购、信息技术策略以及贝塔斯曼所有的资本运作。

2001 年 7 月以来，贝塔斯曼集团一直以新的企业品牌开展工作。它推出了一个新标记，下面标有“全球传媒”几个字，其寓意是：贝塔斯曼是一个现代的、开放和建设性的全球化传媒集团。2002 年，贝塔斯曼确定了新的发展战略：继续保证公司利润的持续增长，即保持图书出版销售、报纸杂志出版业务的稳定发展，并努力发展潜在的、动态发展的媒体市场。经过整个集团的一系列并购和重组后，将多媒体产业和娱乐业，包括电影、电视、广播电台和音乐作为今后发展的重点来抓，让科技与经济，产业和文化更好地结合：把一直亏损的在线业务卖给世界最大的经营在线业务的美国公司亚马逊，还想出售给美国图书零售商 Bames & Noble. com 35.2%的股份，力争“无债一身轻”。同时还将积极开展在东欧和亚洲的业务，力争在中国建立新的区域性发展中心。

谷歌（Google）：传媒领域的后起之秀，代表着新媒体的未来。Google 在国际知名品牌咨询机构 Interbrand 公司推出的“全球品牌影响力排行榜”中除在 2004 年度屈居第二，在 2003、2005、2006 年度分别位居榜首，其 NASDAQ 市值也高达 1500 亿美元。1998 年，Google 诞生于加州的一个车库中。公司成立时，Google 创始人加上雇员共 4 人，募集创业资金为 100 万美元，后来在 1999 年又获得 2500 万美元的风险投资。

自 2005 年年底斥资 16.5 亿美元收购了网络视频共享服务网站 YouTube 后，Google 就被媒体公司特别是电视媒体公司视为潜在的威胁。如果把 Google 的业务综合起来看的话，Google 的网页搜索引擎可以视作是为平面内容提供商的产品做宣传，图书搜索服务是为图书公司和出版社的产品做宣传，再加上 YouTube 为视频内容提供商的产品做宣传，可以说，Google 才是网络时代真正的新媒体。

全球媒体市场上的其他重要公司：除了上述巨无霸型的寡头公司以外，全球媒体市场还包含几十家其他主要的传媒公司，主要有：Seagram 的环宇、索尼、菲利普的宝丽金和通用电气的全国广播公司（NBC）。这四家公司中每一家的媒体资产仅是大规模产业集团的一部分，在纵向一体化程度上都不如上述七大公司，但是其中任何一家如果把传媒业作为今后该公司的发展战略延伸，其实力足以使它们毫不费力地克服传媒业的进入壁垒，从而跃居一线位置，成为有力的竞争者。

其他在美国的重要传媒公司还有梦工厂、直接电视公司（Direct TV）、西屋公司、考克斯企业公司、Comcast 公司及道琼斯、甘尼特、纽约时报等大的报业集团，在欧洲主要有德国的阿克赛尔·斯普林格公司、法国的 CEP 通信公司、英国的EMI公司、法国电视一台、英国路透社等。这些公司也都相当大，大多数的年销售额都在几十亿美元以上。作为全国性或区域性的传媒集团公司，它们拥有本土化的优势及地方渠道，有的还对当地的政治产生重大影响，凭借这些优势，它们能享受到寡头公司在全球范围内整合营销的利益，也可以受惠于它们的规模效益。

我们知道，任何一个竞争对手为达到它的目标或重振业绩，所采取的战略行动绝非一个偶然的事件。以上通过对全球传媒业主要竞争对手之间的业务结构、未来目标、现行战略、强弱项及全球化运作经验的简要分析可以使我们了解传媒业的基本竞争态势。由于传媒产业全球化的趋势，传媒集团必须开展跨国经营活动，创建全球传媒网络，既要面对全球整合的压力，又要承担不同国家或地区差异性所带来的行业风险。

3. 传媒业替代产品的压力分析（全球范围内的）

不同的媒介在多大程度上可以互相替代，决定着竞争的激烈程度。广义地看，一个产业的所有公司都与生产替代产品的公司竞争。替代产品设置了产业中公司可谋取利润的定价上限，从而限制了一个产业的潜在收益，从这个意义上来说，所有的媒介都在内容产品的市场上展开竞争。

在全球范围内传媒业替代产品的压力主要来自高速变化的传播技术发展。当前，对于全球的跨国传媒集团来说，来自其他媒体的竞争中，以互联网为代表的新媒体无疑具有极大的威胁，它们把文字、图像和声音结合在一起，利用计算机技术创造类似于，但又明显不同于传统媒介的一种新产品。尽管网络媒体的未来还不是特别明朗，像时代华纳、维旺迪环球和贝塔斯曼都因进军互联网而遭遇到企业发展的滑铁卢，但是任何新的技术转化过程都需要时间，新媒体的兴起是一个历史的趋势；另外，数字革命消除了媒体和电话业以及两者和计算机、信息产业之间的技术障碍，这也使传统的媒介市场出现了相对混乱的局面。

当然，新的媒介形式并不是忽然间横空出世的，它们和旧的媒介形式在一定程度上是一脉相承的。在相当长的历史时期，新兴媒介形式和传统媒体会同时发展。需要关注的是过去、现在和即将出现的媒体形式中的相似点和相互关系。比如说，通常人们认为网络媒介是报刊媒介的最大替代品，但报纸目前仍在蓬勃发展。报刊需要注意的是，一定要关注媒介融合的趋势，利用网络拓展受众渠道。电视节目目前也纷纷越过传统电视网络，把互联网当成新的发行渠道。美国国家广播公司（NBC）的招牌新闻节目《晚间新闻》（Nightly News）

是第一个在网络上完整播出的新闻节目。美国三大电视网的新闻部门都承认，要接触那些逐渐习惯从网络上取得新闻的观众群，宽频已是不可或缺的工具。因此，每一个电视网和有线电视新闻台，如有线电视新闻网（CNN）和福克斯新闻（Fox News）都在其线上内容注入更多心力。哥伦比亚广播公司（CBS）也在其网站上增加新的内容，CNN 也在网站上推出免费的影音服务。

但我们生活在一个注意力经济的时代。在这种经济时代中，资金、劳力、信息和知识都供应充足，短缺的只是人的注意力。如今，《纽约时报》周日刊一个版次所包含的实际信息比 15 世纪一个读者所能读到的全部书面材料还要多。那么，新的媒介技术的应用和推广无疑使受众注意力的争夺更加激烈。新的媒介加入广告市场后，并不是广告费总额增加，而只是导致这一市场重新洗牌，在不同的媒体之间重新分配比例。

从以上分析可以看出，对于拥有各种媒介形式的跨国传媒集团来说，尽管不同集团下属子公司在不同的专业领域内可能面对替代产品的挑战，但是从整体上讲，媒介集团所面对的产品的可替代性是十分有限的，主要来自技术变革。

4. 传媒业买方与供方的压力分析（全球范围内的）

为更好地分析传媒业买方与卖方的压力，我们必须首先考察传媒业的市场形态。传媒业是一个典型的二元产品市场。如下图所示：①

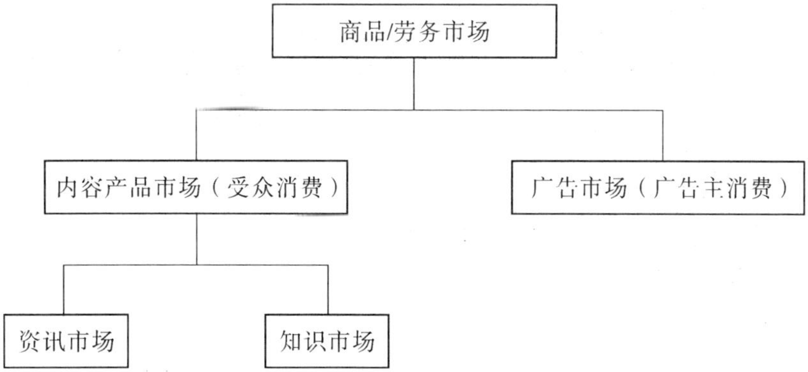

与其他产业相比，媒介产业的市场空间是非常独特的，正如上图所示，媒介生产一种商品，却运行在两个市场之下，首先是内容产品市场，其次是广告

① 支庭荣：《媒介管理》，第 88 页，暨南大学出版社，2000 年 9 月第 1 版。

市场，这两个市场都是买方市场。媒体须提供足够的信息，将内容销售给消费者。媒介的“产品”除了节目，还有广告的播放时间。广告商明里在买电视广告的播放时间，实际上买的是“观众”，即观众（受众）的注意力。这也是我们常说的，媒介不生产内容产品，媒介生产观众。广告传播服务为广告客户所提供的核心价值——受众注意力资源决定了广告传播服务的价格。在对广告传播服务的形式产品广告时段的定价过程中收视率是基本参考因素，收视率是从“量”上反映媒介对受众注意力资源的占有情况。对广告时段的定价起作用的另一个重要因素是受众构成，它是从“质”的方面对受众注意力资源的考察。英国的文化学者费西克在阐发大众文化理论时曾描述过电视台、受众、广告商三者之间的关系：电视作为一种文化产业，其中存在“两种经济”现象，即电视节目作为商品，生产和发行于两种平行而且共时的经济（金融经济、文化经济）系统之中，其中金融经济注重的是电视的交换价值，流通的是金钱，文化经济注重的是电视的使用价值，流通的是“意义、快感和社会认同”。① 在具体解释上述现象时，费西克认为，电视在金融系统中的商品交换（制片商与电视台、电视台与广告商之间）与其他金融经济系统相似，是简单的、直线式的，而电视产品作为文化产品，其交换（电视台与受众之间）要复杂得多。

全球传媒产业现在面临的基本都是买方的压力，广告主或者订户总是要压低价格、要求较高的产品质量或索取更多的服务，并且从竞争者彼此对立的状态中获利。

而供方的压力对于今天的传媒业来说并不是很大，像我们前面提到的传媒业的巨头们，大都在全球范围内实施了大规模的兼并，形成了一体化的产业链，把内容和传播渠道整合在一起，提高自己讨价还价的能力。例如：维亚康姆拥有派拉蒙电影公司，其库存影片超过 2500 部，该公司有美国最强大的电影发行渠道，而其旗下的维亚康姆影院集团又在 13 个国家拥有 1700 块电影屏幕。布洛克巴斯特录影带出租连锁店在美国国内有 4971 家经销店，在美国以外，有 2405 家连锁店；派拉蒙电视集团，拥有的节目时数超过 55,000 小时，除了在全球范围内发行派拉蒙电视集团大量的系列片和电影，派拉蒙国际电视公司还与国际上的合作伙伴合作生产并共同承担节目制作费用，为国际市场提供电视节目；维亚康姆旗下的哥伦比亚广播公司（CBS）和 MTV、尼克罗迪恩有线电视频道、黑人娱乐网更是为其各种节目提供了超强的传播渠道。

以上是对驱动传媒产业的竞争要素进行的逐一分析，初步对传媒产业的结

① 陆扬、王毅著：《大众文化与传媒》，第 111 页，上海三联书店，2003 年。

构进行了概括。产业结构强烈地影响着竞争规则的确立以及可供公司选择的战略。这些综合力量决定着传媒业中企业获取超出资本成本平均投资收益率的能力。从以上分析可以看出，传媒业产业结构中的主要作用力都在一个较为理想的水平，比如进入门槛高、退出门槛低，需要大规模经济，市场目前处于垄断状态，有效地控制了供方的砍价能力，这就形成了传媒业的高回报率。1998 年摩根斯坦利全球投资报告对 11 种产业中要成为具备世界级竞争力的大企业所需年限作了统计分析，发现传媒业所需年限为 8 年，远远快于医药业、日常消费品、银行、电力、能源和建筑行业，这进一步说明传媒业是一个充满诱惑的产业，而决定企业盈利能力首要的和根本的因素正是产业的吸引力，竞争战略的制定正是源于对决定产业吸引力的竞争规律的深刻理解。

二、西方主要媒介集团基本的竞争战略及框架

迈克尔·波特认为，企业有三种基本的竞争战略：总成本领先战略（overall cost leadership）、标歧立异战略（differentiation）、目标集聚战略（focus）。①只有在经营领域内选择上述三种战略中的一种，企业才能发展，才能在竞争中获胜。而美国的另一位管理学者海尔（Hall）则认为波特实际上只是提出了两种战略，即低成本战略和差异化战略，而集中型战略不能作为一个独立的战略。本书同意海尔的观点。

传媒业作为一个全球性的产业有许多战略选择，由于许多发达国家与新兴国家的差别正在日益缩小，在世界范围内实施更积极的传媒产业政策已成为一股潮流，更自由的技术转移给予传媒巨头直接投资现代化、大规模设施的能力。所有这些，都使传媒业的全球性竞争壁垒减少，促进了传媒业的全球竞争。由于传媒产业已明显具有全球化特征，传媒企业集团必须开展跨国经营活动，所以我们在讨论传媒集团所选择的战略时更多地从全球化的角度，从企业所面临的全球整合压力及企业必须就地方特殊性作出响应这两个方面，来考察传媒跨国公司的竞争战略。

传媒业是一个全球整合压力和当地响应压力都很大的行业，传媒集团在实施跨国战略时必须同时关注这两个方面，全球整合的要求使跨国传媒企业必须通过全球化扩展开发规模经济和范围经济的潜力，从而实现最大的效率，即实

① 〔美〕迈克尔·波特著，陈小悦译：《竞争战略》，第 33—39 页，华夏出版社，1997 年 1 月第 1 版。

施低成本战略；当地响应的要求使传媒集团要保持对于业务所在国家差异性的高度敏感，即要实施差异化的战略。另一个不可忽视的现象是，虽然美国由于其独一无二的巨大市场吸引力，长期以来一直是传媒业全球竞争的战略市场，但是由于中国、印度和俄罗斯经济的发展，这些国家都有可能为跨国的传媒巨头们提供潜在的、巨大的新兴市场，将来同时取得这三个市场或其中之一的准入已成为传媒巨头们关键的战略力量。

1. 低成本战略

低成本战略的核心就是采用一系列的具体政策使成本最大限度地低于竞争对手。这一战略要求企业积极地建立起达到有效规模的生产设施，全力以赴降低成本，抓紧成本与管理费用的控制，以及最大限度地减小研究开发、服务、推销、广告等方面的成本费用。在跨国传媒集团的经营实践中，低成本战略具体体现在两个方面：

第一，以价值链为基础进行全球资源整合以降低成本。一个企业的生产活动基本上是由一系列与其相关性的活动组成的。这一系列相互关联的活动就成为价值链，传媒业也有其独特的价值链。媒介产业链是由媒介市场上存在的各种不同的运作环节组成的，主要包括开发内容、渠道建设、广告运营、受众分析等环节。如果一个传媒公司把媒介产业价值链上的各个环节都进行了整合，就会有明显的成本节约。

1994 年，当维亚康姆购买派拉蒙时，向其提供建议的那位媒体顾问估计，仅这两家公司合并就可节约成本 1.5 亿美元。这完全得益于现有人力、设备以及“内容”资源的共享，这一并购使维亚康姆拥有两种主要武器：廉价电影节目和音乐电视（MTV）。廉价电影节目在全球一直很有影响，在 1996 年及 1997 年，拓展到了除南极洲以外的每一个大陆，并以多种语言播送节目。它已在全球少儿电视领域处于领先地位，覆盖了全球 70 多个国家的 9000 万电视用户，而在美国已有 6800 万用户。新闻集团更是整合传媒价值链各环节的高手：1985 年默多克以 5.75 亿美元从石油大王马文·戴维斯手中购得二十世纪福克斯电影和电视制作公司；1993 年，默多克从香港的李泽楷手里买过 Star TV，但此前，已经成功地控制了香港几家影片公司，这样就可以通过卫视播放其制作的电影、电视剧和 MTV 等；进军印度创办 Zee 电视台之前，他也先与当地合办节目制作公司，为 Zee 电视台提供节目源；为了为其商业电视转播打下基础，新闻集团耗费巨资竞购那些最受欢迎赛事的转播权，并积极地开发新的体育运动队和赛事。除了全美橄榄球联盟赛，福克斯还有权转播全美橄榄球联合会赛以及美国主要的棒球团体赛。此外，默多克还想收购好莱坞最大的电影厂、电影档案馆，购买美国最大的新闻纸生产厂。

另外，传媒集团也通过在全球范围内实行跨媒体的兼并来实现价值链的整合以节约成本，再以新闻集团为例。新闻集团持有的较为重要的媒体股份包括：大约 132 种报刊，这使其成为全球最大的三家报业集团之一；二十世纪福克斯公司，它是一家主要的电影、电视及影像生产中心，并拥有一座收藏 2000 多部电影的储备室可供利用；美国福克斯广播网；22 家美国电视台，成为美国最大的电视网络公司，电视覆盖了 40%以上的美国家庭；25 家杂志，以《节目导视》最为著名；图书出版业，包括哈伯·柯林斯出版公司；持有许多家美国及全球有线网 50%的股份，拥有美国电信公司的“自由媒体”包括 FX 网、FXM 网和福克斯体育网；福克斯新闻频道；亚洲明星电视台，通讯卫星服务及电视频道；持有英国空际广播（BSkyB）40%的收益权；英国空际广播（BSkyB）持有英国 Granada 空际电视通信卫星频道集团 40%的股份；持有德国沃克斯频道 49.9%的股份；持有空际拉美数字通信卫星公司 30%的股份；持有英国空际电视 40%的股份；持有日本空际广播数字通信卫星公司 50%的股份；澳大利亚 Foxtel 有线电视频道；持有印度 Zee 电视 49.9%的股份；在拉美以西班牙语广播的 EL 福克斯频道；英国空际无线广播公司；持有澳大利亚 Seven 网 15%的股份；印度空际广播数字通信卫星公司；持有亚洲音乐录像频道 50%的股份；持有设在香港的凤凰卫视公司 45%的股份。① 从这些列举可以看出，新闻集团几乎在传媒价值链的各个环节上都拥有了实力雄厚的公司。新闻集团这样的收购减少了有效竞争，同时实现了范围经济和规模经济，企业可以使用其强大的垄断权力来提高利润。

第二，建立战略联盟以节约成本。进入 20 世纪 90 年代以后，随着传播技术的飞速发展，开拓新领域的成本和风险都在急速增加，使得单个的跨国传媒集团难以独自承受。传媒跨国公司为了保持其在全球范围内的竞争性，显然需要建立战略基础设施——开拓多国的市场，完善各个生产系统，使系统整体成本最小化。如果一个传媒跨国公司不具备这样的基础设施，它就会试图同其他公司结成“战略伙伴关系”，从而建立所需要的基础设施。从表 3－1 中，我们可以看到 90 年代中期各传媒集团建立合作关系的概况：

① 〔美〕爱德华·赫尔曼、罗伯特·麦克切斯尼著，甄春亮等译：《全球媒体——全球资本主义的新传教士》，天津人民出版社，2001 年 2 月第 1 版。

表 3-1：主要的媒体公司与重要的合资企业（90 年代中期）

	第一等级媒体公司合作者	第二等级媒体公司合作者	电信和信息公司合作者
时代华纳	维亚康姆、TCI、索尼、NBC、贝塔斯曼、新闻集团	Kirch，EMI，Kinnevik，Cox，Hachette，United News and Media，PBL，Comcast	US West，Bell south，Ameritech，Oracle
迪斯尼	贝塔斯曼、NBC、TCI	Kirch，Hearst，CLT，Dreamworks，Cannal Plus，TFI，Cox，Comcast	Ameritech，SBC，GTE，Bell south，America Online，US West
贝塔斯曼	时代华纳、索尼、环球、Polygram、新闻集团	Kirch，Cannal Plus，United News and Media，Havas，CTL，EMI，Pearson，BBC	America Online，
维亚康姆	时代华纳、环球、新闻集团、Polygram、索尼	Kirch，Pearson，Chirs-Craft	Nynex，Sprint
新闻集团	时代华纳、维亚康姆、TCI、索尼、贝塔斯曼、Polygram	EMI，Cannal Plus，Softbank，Granada Globo Televisia，MGM，BBC，Carlton	
环球公司	NBC、贝塔斯曼、维亚康姆	Kirch，CLT	
NBC	时代华纳、迪斯尼	Cannal Plus	Microsoft，National Geographic
TCI	所有主要的媒介集团	Kirch，Cannal Plus，United News and Media，Havas，CLT，EMI，Pearson，BBC	American Online

可以看出，90 年代中期时，全球传媒市场已经形成一张复杂的相互关系网，更像一个企业联盟的形态。西班牙最大的传媒公司，也是欧洲排名前十二的[①]私有传媒公司 Sogecable 的首席执行官在被采访时曾说，他们采取的策略是“不和国际大公司竞争，而是加入他们”。而每年在美国爱达荷州举行的包括巨

① 〔英〕戴维·赫尔德等著，杨雪冬等译：《全球大变革——全球化时代的政治、经济与文化》，第 489 页，社会科学文献出版社，2001 年 4 月第 1 版。

型传媒公司的首席执行官及计算机行业的比尔·盖茨和安迪·格罗夫在内的“绅士聚会”更能说明这些巨型公司之间的关系非常密切。在竞争激烈的传媒行业中，没有哪家企业能在所有方面都居于领先水平。传媒集团的战略联盟是以技术、信息、知识共享为核心的利益共同体，可以把各个集团之间的优势结合起来，建立一个“全优”的组织体系。传媒集团建立了这样的战略联盟后，集团之间的许多交易就实现了内部化，降低了交易成本，增强了竞争力。不仅如此，通过彼此之间的联盟，也分散了行业的风险。美国最大的八家媒介公司，每个公司平均都要与其中五家公司有共同承担风险的协议。默多克的新闻公司与其他七家公司之间至少有一项共同承担的风险。① 当某一个领域竞争非常激烈的时候，这些互相结盟的公司就成为彼此潜在的客户，这样竞争的强度就会大大降低。

90 年代末以来，国际战略联盟更加成为跨国传媒集团增强国际竞争的重要手段。黑人娱乐电视网（BET）2000 年 2 月与微软公司、自由数字媒体、新闻集团以及美国电视网一起投入 3500 万美元创建了 BET. com。该网站提供在线内容，为 18—49 岁的非洲裔美国人度身制作他们特别感兴趣的信息。2001 年 7 月 23 日，迪斯尼公司以 53 亿美元资金，收购新闻集团和萨班娱乐公司拥有的福克斯家庭娱乐公司。该公司的“福克斯家庭娱乐频道”已经经营了 20 年，以儿童节目为主。加入迪斯尼后，福克斯改名为“ABC 家庭频道”。2001 年，华纳音乐集团积极寻求在数字领域向新媒体领域拓展的机会。4 月，贝塔斯曼、百代公司（EMI）与华纳音乐集团一起成为 MusicNet 网站的股东。该网站定位于在线音乐产品批发商。维亚康姆拥有的电影院包括著名演员院线以及国际联合影院院线，一共拥有 1700 家电影院，其中国际影院是与维旺迪环球合资的公司，在欧洲、日本和南美拥有 104 家电影院。派拉蒙电视集团、尼克罗迪恩频道以及英国的天空电视台（BSkyB）合资经营了派拉蒙喜剧频道。美国在线和微软公司合作的理由是，在网络上下载音乐等内容时，如何避免侵犯著作权是一个大课题，为此需要从软件阶段就防止盗拷，和微软联合开发则最有效益。美国在线时代华纳公司是全球最大的著作权持有人，音乐、杂志等各种网络著作权受到保障的架构形成后，美国在线时代华纳公司就是这个巨大市场的最大赢家。

在激烈的竞争环境中，最佳管理机制或组织机制的选择是以最可能实现低成本管理的效率来决定的。跨国传媒集团之间的战略联盟可视为最有效的交易

① Geraldine Fabrikant, *Cooperation Counts*, New York Times, Dec 15, 1997.

方式之一。特别是对于传媒业来说，知识资产交易的特殊性使企业之间的交易机制更偏向于企业内部交易机制，因为它在协调不同的经济活动时耗费的资金较少。传统意义上的内部化，是要通过所有权关系的扩张（兼并、收购或者创建）所形成的深层次一体化，来加强对价值链中所有环节的控制；而传媒业之间的企业联盟则是针对选定的项目，按照优势互补的原则，共享各自价值链上的战略环节，以集中优势的经营资源和能力，加强彼此的薄弱环节，从而实实在在地扩大了单个企业的边界，实现了成本最大限度的节约。

2. 差异化战略

对于跨国传媒集团来说，必须充分认识到本集团在适应产业结构方面独特的强项和弱项，这是实施差异化战略的前提。差异化战略首先是指传媒集团在全产业范围内提供具有独特性的节目或者是服务，形成自己鲜明的个性风格，借此来提高受众的品牌忠诚度以提高市场占有率。例如，时代华纳公司有世界上最大的影视片库，从而成为美国片源最为丰富的有线电影、电视频道，拥有美国最大的有线新闻频道，拥有世界最有影响力的《时代》、《财富》杂志；时代华纳和维亚康姆都凭借极富个性的卡通网络，建立了在全球儿童电视市场的霸主地位；新闻集团的体育节目是与其他对手竞争时的制胜法宝；迪斯尼更是凭借卡通片、主题公园及ESPN体育节目网立于传媒业的不败之地。传媒集团实施差异化战略是市场激烈竞争的产物，如今，媒介的专业化程度已经非常高，出现了像Discovery等成功的专业化频道。市场专业化程度越高，表明市场竞争越激烈。

此外，差异化战略还指传媒集团主攻某个特定的顾客群、某产品系列的一个细分区段或某一个地区市场。它是围绕着很好地为某一特定目标服务这一中心建立的，它所制定的每一项方针都要考虑这一目标。这一战略的前提是：公司能够以更高的效率、更好的效果为某一狭窄的战略对象服务，从而超过在更广阔范围内的竞争对手。维亚康姆旗下的MTV全球音乐电视网提供音乐及其他节目，定位于12—24岁的受众，力求为他们提供全方位的节目。MTV善于对市场进行深入调研，精确定位目标观众。它每年要花几千万美元去做市场调研，分析全球青年人时尚的构成、变化，通过性别、年龄、人种的分类去了解不同人群消费音乐的能力以及如何消费音乐。精确的定位使MTV拥有全世界12—24岁的观众。其现有的音乐频道都有清晰的观众群定位，便于广告商选择，从而使他们降低广告投放的单位成本，提高了投放效率。萨默·雷石东在“21世纪传媒业的发展研讨会”上讲话时就说，MTV已经有效地在全球3.77亿户人家12—24岁这个年龄段的人身上打上了它的烙印。而且，MTV凭着自己不断开拓的精神，不断创新，满足变动着的一代代处于这个年龄阶段的受众的需求。因此，它们拥有的受众不仅仅是12—24岁这个年龄段的一代人，而且是拥有12—24岁这个年龄阶段的每一代人。维亚康姆旗下的尼克罗迪恩儿童频道节目为儿童现场直播生动活泼、冒险性、喜剧性的情景节目。黑人娱乐频道专门为美国黑人提供高质量的娱乐、新闻以及公共事件报道。Noggin频道也定位于儿童。VH1定位于25—34岁的受众。

美国在线也在为挽回颓势积极开发新的在线服务，其市场定位对象是6—12岁的儿童。这些节目中的动画和美工等由母公司美国在线时代华纳麾下的DC动漫（DC Comics Inc.）制作，很多节目内容也来自美国在线时代华纳旗下的著名儿童刊物*Time for Kids*和*Sports Illustrated for Kids*。

对于在全球基础上竞争的跨国传媒集团来说，差异化战略还意味着传媒集团必须针对国家性市场的差别，创造出与之相适应的国家性市场战略，从而使本集团在全球性竞争中获胜。正是基于这样的战略思想，默多克才说：考虑到国情和读者群的差异，我认为在美国就不可能经营伦敦的《太阳报》。对于一个拥有全球知名内容品牌的跨国传媒公司来说，内容为王的战略是个能迅速见到成效，同时能超越国际壁垒的方式。通过内容的进入，不仅能够绕开与他国媒体在载体领域的竞争，而且能够利用自身知名品牌的品牌和节目优势，结合他国的本土资源，使其在全球拓展减少成本，提高收益，快速见成效。比如，MTV全球音乐电视频道在全球的拓展，往往与其他国家既有的频道合作，并根据“国际化思考，本土化经营”和策略针对当地观众的欣赏口味和管理规定对节目进行特别处理。

3. 新兴市场战略——以中国为例

在全球经济一体化的背景下，如果一个国家采取了有利于经济发展的政策、制度，它就选择了繁荣。虽然美国由于其独一无二的巨大市场吸引力，长期以来一直是传媒业全球竞争的战略市场，但是由于中国、印度和俄罗斯经济的发展，这些国家都有可能为传媒巨头们提供潜在的、巨大的新兴市场。普华永道发布的《全球娱乐与媒体展望：2005—2009年》（*Global Entertainment and Media Outlook*：2005—2009）报告称：亚太地区在未来五年仍将是增长最快的地区，原因为中国的强劲增长，中国在2008年之前有望超过日本并成为该地区最大的市场。中国将成为全球开支增长最快的地区，如果不计算互联网接入开支，中国的年复合增长率将达14.2%，如果计算互联网接入开支的爆炸式增长，中国的年复合增长率将达25.2%。该地区增长的推动因素为互联网、视频游戏、赌博游戏（Casino Gaming）、电视销售和唱片音乐（Recorded Music）部门的两位数增长。普华永道娱乐与媒体项目亚太区负责人 Marcel Fenez 表示：经济的快速增长和法规环境的持续改善正在促进中国更大的投资，从而在未来的五年中推动开支增长并加快地区增长。这些因素和宽带基础设施的大规模配置将使得该国超过其他任何地区实现媒体渗透率的最大提高。尽管美国仍然是最大的娱乐与媒体市场，但预计该国是增长最慢的地区，年复合增长率预计为5.6%，2009 年市场的开支将达 6900 亿美元。尽管美国的经济形势整体上将保持积极的态势，但是利率的提高和能源成本的上升将使得未来五年美国市场仅会实现小幅的增长。亚太地区仍是全球第三大市场。该地区预计将实现平均11.6%的年复合增长率增长，到 2009 年时达到 4320 亿美元。这个报告已经充分地显示获得亚洲市场尤其是中国市场已成为传媒巨头关键性的战略力量。

同时，由于这些国家已经意识到拥有富有创新能力的媒体，会使企业能够运行在健全的市场渠道中，它们可以充分运用媒体发展营销战略，只有在本国发展先进的营销战略，才能成为国际上的营销高手，因此，像中国、印度、俄罗斯这些国家已开始采用较为积极的媒体政策，所有这一切，为跨国传媒集团打开这些新兴市场开启了希望之门。

中国由于经济的持续稳定发展，庞大的潜在受众市场以及通信技术的飞速发展，近年来成为跨国传媒集团角逐的新战场。默多克在中共中央党校所作的题为《文化产业的价值》的演讲中说道，一个兴旺发展的传媒业可以将一个国家提升到世界大国的行列之中。他还说，中国具有成为一个新的全球性媒体和娱乐中心的潜能。以下以中国为例，具体分析西方跨国集团的新兴市场战略。

第一，政府公关先行，与中国各级政府保持良好的关系。对于西方的传媒集团来讲，中国无疑是一个巨大的新兴市场。但是，由于中国有着自己古老的文化传统，有着与西方世界迥然不同的文化价值观及社会运行机制，加上中国政府对传媒业的严格规制，这个市场对于他们来说又是神秘和高风险的。进军这个市场首先要在别人制定的大的游戏规则下才能运作，各大传媒集团无一例外地努力做好政府的公关工作。维亚康姆的总裁雷石东知道，一个国家的媒介政策是缔造该国媒介经营环境的最关键因素，在中国搞传媒一定要得到中国政府部门的允许和扶持，对于中国政府对传媒的限制也颇具耐心。雷石东这样说过：我们不会抱怨，我们是乐观主义者，目前正就此与有关部门进行探讨，相信适当的时机有关方面会让我们在中国市场上开展业务 。①

① 许晖：《雷石东——在中国没人能赢我》，《中国经济时报》，2002 年 6 月 21 日。

2001年3月，雷石东开始他硕果累累的第三次中国之行，他拜会了国家主席江泽民和有关政府官员。临走时，雷石东宣布维亚康姆公司与中国中央电视台以及上百家有线电视台合作的电视节目已经进入5400万个中国家庭。2002年7月，江泽民再次接见了雷石东。此后，维亚康姆及其旗下的MTV通过一系列的活动，推动中美两国文化的交流。通过一系列的举措，维亚康姆加强了与政府的有效沟通，博得了中国政府的好感。众所周知，默多克与政界打交道一直是左右逢源，在与中国政府的关系上，默多克及新闻集团也不输给维亚康姆。新闻集团的前（中国）首席运营官施朗然这样说过："我们在海外市场所做的大事，在中国因为有限制而不能做，但是我们正在允许的范围内积极寻找机会，同时我们也在耐心地等待着中国在有关领域政策的变化。"[①] 默多克早在1985年3月就首次访华，得到了副总理姚依林的接见。默多克本着要向这个10亿人口的市场引进娱乐业的目的，先将新闻集团旗下的福克斯公司出品的一些影片无偿提供给中央电视台。1998年12月，默多克应国务院新闻办的邀请再次来到中国，这次拜会了国家主席江泽民。尽管会见的详细内容没有向外界公布，但不难看出，次年3月新闻集团正式成立代表处就是此次会晤的一个结果。2001年1月，默多克率代表团对中国进行了工作访问，受到江泽民的再次接见。事后默多克回忆说："江主席告诉我，今后应该每年来中国一次，看看中国的变化。"此言被用来作为次年星空卫视在广东落地后一次酒会上默多克演讲的开场白。从中反映了默多克对于与中国高层关系的重视，也反映了双方确实存在着良好关系。在2001年的访问中，默多克率领代表团访问了北京、上海。同时期，新闻集团在中国最重要的公司Star经中国国务院新闻办和国家广播电视局的批准，成为首家获准在上海设立代表处的地区性传媒公司。上海的高层领导也作出了积极的响应。同年3月，上海市政府主要领导率领上海市政府代表团应默多克的邀请访问了新闻集团设在美国纽约市的总部。这表明，新闻集团为了绕开在政治中心北京的种种政策限制，将业务重心向经济中心上海转移。2002年3月，默多克再次来华，在北京和上海作了四天的访问，这次访问和新闻集团旗下的星空卫视终于能够在广东落地密切相关。在北京，默多克会见了国家广电总局局长徐光春及人民日报总编王晨。前者属于广电系统主要政策制定和管理部门，对星空卫视的前途将起到决定性作用；后者属于中国执政党的

① 辛华、寒波编：《解读默多克——从传媒帝王到中国女婿》，第269页，广东旅游出版社，2001年。

党报。与这两个部门的接触有深远意义。[①] 目前，新闻集团旗下的星空传媒已经被公认是深入中国腹地最深且与中国政府关系最好的国际传媒巨头。与新闻集团和维亚康姆相比，其他几个传媒集团尽管略逊一筹，但都积极进行了富有成效的努力。迪斯尼在成功开通中国网站以后，加快了中国战略的实施。在2001年8月28日至9月1日的中国之行中，迪斯尼公司总裁罗伯特·伊格尔于8月29日首先拜访了总理朱镕基。9月1日又在香港与行政长官董建华共进晚餐，承诺香港迪斯尼乐园在2005年落成后将提供8万个工作职位。2002年1至5月，贝塔斯曼总裁兼首席运营官比埃而霍夫两次来华，与中宣部和广电总局领导人举行会谈，并获得了一些政策方面的承诺。

第二，采取以本集团的优势进行边缘突破的策略。从跨国传媒集团的中国市场策略来看，几乎都经历了从边缘到中央、从非敏感行业到核心行业的渐进过程。默多克的新闻集团基本是采取渠道进入、外围渗透的方式。他们重视的是频道的落地，试图以蚕食的方式，从获得在珠江三角洲地区的有限落地开始，逐渐渗透内地市场。同时，外围渗透也是其重要举措，具体做法就是以香港为基地，购并电视频道，从而越过政策壁垒。在中国内地，星空传媒除了拥有北京、上海两个代表处外，另有成都和广州两个销售代表处，共有员工130人。2001年12月19日，星空传媒和中央电视台、中国国际电视总公司、广东有线电视网络公司签署了一项协议。星空传媒在广东有线电视系统推出一个全新的普通话24小时综艺频道——星空卫视。这是中国首次将有线网落地权授予一个全新的境外频道。2002年12月，星空传媒还与湖南广播电视集团结成战略联盟，约定今后在节目拍摄、世界发行和节目交流等方面开展广泛合作。2003年3月1日，星空卫视又获准有限落地，可以进入中国的三星级以上宾馆、涉外小区等相关单位。同时，星空与中国中央电视台、陕西电视台等都有合作，共同制作电视节目，或者把星空制作的节目提供给他们。[②]

迪斯尼在中国的发展，经历了三个时期：20世纪80年代，迪斯尼的名字就随着中央电视台每天傍晚播出30分钟的《米老鼠和唐老鸭》节目深深地印入了一代中国人的脑海里，米老鼠和唐老鸭的玩具、商标、招贴在全国盛行一时。而其后，由于双方在知识产权问题上的严重分歧，迪斯尼退出了中国。1994年是迪斯尼重返中国举动最大的一年。这一年，以播出最新迪斯尼动画片为主的青少年电视栏目《小神龙俱乐部》开播。《小神龙俱乐部》借ABC亚视的实力

① 曹书乐：《新闻集团进入中国媒介市场行为研究》，2003年中国传播学论坛论文。
②《南方视线》，2003年第7期，南方电视台内部资料。

和迪斯尼的功力红透半边天，覆盖了全国 31 个省市区的 49 家电视台，成为全国影响最大的青少年电视栏目之一。同年，迪斯尼控股的 ESPN 低价进入中国多家电视台。ESPN 管理层经过对中国政策的研究，突然以阵地战的策略分享中国体育转播市场的“大蛋糕”。经过调查，他们得知，广电主管部门对地方有线台没有控制权，中国足协对足球俱乐部出让转播权也没有实际控制力。于是以独享的英超、西甲、意甲、NBA 等世界著名体育赛事的体育转播资源和低价位的费用，敲开了一个又一个地方电视台的体育转播频道的大门。1999 年 12 月 10 日，香港特区政府与迪斯尼公司正式签约，迪斯尼在香港建立香港迪斯尼乐园，计划在 2005 年落成，这必然吸引一部分内地的顾客到香港游玩，通过搭便车方式传输迪斯尼的娱乐文化。另一个是整治迪斯尼在中国的代理商。2000 年前中国只有 3 家“米奇无限”授权商，但其各自为政，相互厮杀。在“明确经营目标、开发有效市场、投放有效广告、规范整体市场、与经销商共同发展”经营策略的指导下，进行了大刀阔斧的整治，使新加盟店和自营店在中国内地迅速发展到 115 家，同年底的目标是 270 家。

1995 年，由德国人控股的上海贝塔斯曼文化实业公司的成立使贝塔斯曼初步尝到了甜头，但随后印刷厂、CD 生产线以及 ICP 业务在中国的折戟使贝塔斯曼转入曲线突围的路线。利用手中王牌“书友会”及贝塔斯曼中国在线的开通，绕开政策壁垒，实现网上零售业务。在内容出版方面，贝塔斯曼则采取了更为巧妙的办法。由于外资企业不能直接与大陆出版社联合出版图书，于是贝塔斯曼在这两者之间架设了一座桥，这就是贝塔斯曼亚洲出版公司。书友会一旦需要某本海外图书，就可以用这家公司的名义引进版权，然后寻找国内出版社合作出版，此时，书友会再以购书者的身份出现，承销一定数量的图书。通过这种方法，贝塔斯曼引进了一批海外读物。比较知名的有，跟辽宁教育出版社合作出版的《探索》系列丛书、美国《国家地理》中文系列丛书。① 而维亚康姆在中国的战略主要是以内容建设为主。维亚康姆有知名的全球品牌，如收视率长期在美国居第一位的哥伦比亚广播公司，世界知名的 MTV 音乐电视网，拍出《阿甘正传》、《教父》等知名影片的派拉蒙电影公司。② 维亚康姆利用这些品牌媒体制作的品牌节目，进军中国市场，这样做不仅运行成本较低，而且由于节目本身的娱乐性和非意识形态化，它很容易通过中国政府的政策限制，高效率地进入中国市场。MTV 在打入中国市场时，就对中国观众的欣赏口味

① 马凌：《贝塔斯曼难题》，《南方周末》，2001 年 9 月 13 日。

② 唐润华主编：《解密国际传媒集团》，第 45 页，南方日报出版社，2003 年 8 月第 1 版。

和中国政府的管理规定，进行了特别处理，推出了富有中国特色的MTV，如MTV天籁村、MTV学英语和MTV光荣榜；从1999年起，MTV又与中国中央电视台联手举办了音乐电视颁奖晚会“CCTV－MTV音乐盛典”。另外，维亚康姆在亚洲市场对李亦非的重用，也是其在中国市场上领先一步的关键。美国在线时代华纳则以互联网和香港的华娱卫视为切入点，以香港为第一站，采取较为谨慎的策略进入中国市场。维旺迪环球则意欲在中国上海建立环球主题公园。这里需要说明一点的是，尽管各传媒集团在进军中国市场时都采用不同形式的边缘突破策略，但有一个共同的特点，都是以本集团的强势去开拓一个新的市场，也就是说没有脱离自己核心的竞争能力。像时代华纳旗下的华纳家庭录影公司继在广州等中国大城市成立影院之后，又与中国录音录像出版总社合作组建中录华纳家庭娱乐有限公司。该公司的主要业务是在中国发售由美国华纳出品的DVD/VCD并进行市场运作。中录总社是文化部直属的国家级出版发行事业单位，它与美国华纳的合作也成为外资进入中国音像市场的重要标志性事件。中录华纳在试运营的一年里，已经登陆上海、北京、广州、深圳和南京五大城市，在重要的零售商和音像专卖店，如沃尔玛、山姆俱乐部、家乐福、新华书店、大润发和美亚等发售了美国华纳的精选新片。中国音像市场的大门已经敞开，音像分销领域将会出现更多的国际化面孔。

各跨国传媒集团在实施中国市场战略时，都对这个市场的风险进行了较为充分的预计，而且表现了极大的热情和耐心。从他们的表现，我们可以看出这些传媒跨国集团高超的政治技巧和市场运作能力。

第四章

西方媒体集团全球经营的基本特征及存在的风险

一、西方媒体集团全球经营的基本特征

1. 媒体集团全球经营特征之一——选择有效的目标国进入方式

如果企业想要进行跨国经营，所面临的第一个问题就是选择什么样的方式进入日标国家。传媒集团在进行对外扩张的时候，首先要进入目标国，然后才是目标国的目标市场。在进行跨国经营时，传媒集团通常选用以下三种进入模式：节目出口进入方式、许可合同交易方式和投资渠道进入方式。通常的情况下，传媒集团会针对不同的情况和时机，以一种进入方式为主，但是如果考察整个跨国经营过程，常常是这三种方式同时并存。

采用节目销售的进入方式是传媒集团通过代理商或销售子公司向国外市场销售节目，是最常采用的目标国进入方式。比如，英国广播公司以《最薄弱环节》为代表的一系列电视剧在国际上成为抢手货使其能够轻松地进入许多国家。BBC节目越来越多样化也为其赢来更多的买家。它的节目，像《最薄弱环节》和《天线娃娃》这些为学龄前儿童拍摄的一系列电视剧，以及《电视显像管》等科普片，均大获成功。来自全球各地的买方们已不再认为BBC的节目仅仅包括最新时装剧、昂贵的战争文献片和始终走俏的自然发展史片。BBC节目的丰富多彩及其销售情况说明，它创作的重点已进一步向高档次的娱乐情趣片转移。长销不衰的电视片《通俗艺术之最》就比BBC那些传统的一向以传达信息、进行教化和娱乐大众为己任的节目更受青睐。2001年，BBC对外节目出口（其中包括节目模式销售）创汇已经连续第三年增长，全年销售额达2.38亿美元，比

上一年的2.07亿美元大约增长了20%。目前，BBC的节目外销已占英国电视节目出口量的一半。

采用节目销售的进入方式是传媒跨国公司对外国市场介入程度最小的一种方式。一般传媒集团在进入政府对传媒业规制比较严格的国家时，就通常首先采用这种形式。比如在中国，电视台数量多，但是实力不够雄厚。由于体制不顺，创作技巧和制作资金贫乏，中国的电视台的制作能力非常薄弱。过多的频道，缺乏足够的内容，这无疑给西方媒体进入中国市场带来了机会。维亚康姆MTV音乐频道通过与同类媒体合作把MTV的节目销售给了中国38家有线电视台。发现频道的纪录片也已销售给30多家有线电视台。从1999年开始与中央电视台合作的"CCTV—MTV音乐盛典"颁奖活动也是在中国有极大影响的节目。迪斯尼旗下的ESPN向国内电视台提供节目，并转播中国足球甲A联赛。如果仅从收视效果来看，西方媒体提供给中国电视台的节目获得的忠实观众确实不少。在欧美发达国家的媒介市场上，节目经营的专业化思路已经十分明朗，维亚康姆旗下的Nickelodeon是全美所有电视节目中收视率最高的专业频道，拥有全球儿童节目50%以上的市场，并在欧洲、北美、南美、亚洲太平洋地区、中东等地奠定了播出网络，节目收视率节节攀升。而像Discovery更是以纪录片起家，成为全球市场上知名的专业内容供应商。派拉蒙电视集团是喜剧节目的发源地。该电视集团是全球最大的电视节目供应商之一，制作的节目通过其6家制作公司，使用30种以上的语言，发行至125个以上国家和地区。国际节目销售始终是地位早已确立同时仍处在成熟完善阶段的美国电视网络的一项重要的补充业务，如"脱口秀"、电视喜剧、连续剧《谁要当百万富翁》、《法律和秩序》、《回到现在》、《急诊室》、《流氓医生》等。印度也是一个对外国资本进入传媒市场有着严格规定的国家，尽管传媒已经形成一个产业，但是所有的电视广播都属于国家。新闻集团成功打开这个市场首先采用的就是节目销售的方式。北印度语版的《谁想成为百万富翁》节目就是新闻集团在印度市场上成功的开路先锋，星空传媒在这一节目所获得的成功远远超过了最初的预想，它很快就上升到北印度语电视节目收视率第一的位置，为星空传媒其他北印度语节目的开发提供了强大的动力。在印度电视节目的前20名中，有15个节目来自星空传媒。

在中国，2004年11月间，《中外合资、合作广播电视节目制作经营企业管理暂行规定》经国家广播电影电视总局局务和国家商务部审议通过，相关规定指出，外资媒体公司可以入股国内广播电视节目制作经营企业，但中方投资人持股不得少于51%。同时，不得设立外商独资广播电视节目制作经营企业。

《规定》同时禁止私有证券基金等不具备媒体业务资格的金融投资者参与。《规定》的出台给外国传媒集团进入中国市场降低了门槛，也就是说在中国市场上外国传媒集团可以以参股的方式进行节目制作，这是另一层次上的节目销售进入方式。

采用许可合同交易方式是指传媒跨国公司通过向目标国家媒体转让版权、特许经营等方式进入目标国家，设在秘鲁首都利马的国际许可证交易业市场协会的执行理事 Charlesv Riotto 认为，许可证交易已经成为一项兴旺的商务交易，它不再只是与美国有关的事了。事实上，该国际组织已经拥有大约 1000 名成员，其任务就是将版权拥有者在许可证交易方面的机会告诉他们，而他们先前未必意识到这些机会或者熟悉此相关的业务。① 建立在完善的版权保护基础上的特许经营是指特许者将自己所拥有的商标、商号、产品、专利和专有技术、经营模式等以特许经营合同的形式授予被特许者使用，被特许者按合同规定，在特许者统一的业务模式下从事经营活动，并向特许者支付相应的费用。由于特许企业的存在形式具有连锁经营统一形象、统一管理等基本特征，因此也称为特许连锁。

以转让版权、许可证方式进入目标国家从而取得巨大成功的经典案例是维亚康姆旗下的 MTV 和迪斯尼：MTV 的老板可以坐在总部的办公室里轻松地管理着全世界各地的分公司，原因很简单，MTV 的管理模式就是“向各大唱片公司购买版权——在自己世界各地的 24 小时频道中播出”；迪斯尼用户产品的经营已经转向以丰富多样的首创性主导的经营，扩大许可证经营方面的产品创新，而且与世界最大和最可信赖的零售商发展了牢固的联系。

附：迪斯尼许可授权的妙用

沃尔特·迪斯尼公司一贯被认为拥有世界上最强大的品牌。它在许多方面都获得了成功，如电视、电影、主题公园及其他的娱乐项目。这些不同的产业造就了一批受欢迎的明星及高质量娱乐的声誉。迪斯尼的消费品经过精心设计，试图在以下七个行业中保持迪斯尼名称和人物在消费者心中的新鲜感。

1. 授权商品：有选择地允许一些高质量商品使用迪斯尼动画形象；

2. 出版：在图书、杂志、戏剧、美术中讲述迪斯尼童话故事；

3. 音乐、音像：发行录有流行的迪斯尼音乐、故事的磁带和 CD；

4. 计算机软件：将迪斯尼的“乐趣”编成软件供家庭电脑或计算机游戏系

① 《新闻出版报》，2005 年 3 月 9 日。

统使用；

5. 教育产品：为学校和图书馆铸造获奖影片中的动画人物；

6. 迪斯尼商店：将迪斯尼的魔力带到国内外的高档购物中心；

7. 目录营销：由迪斯尼的子公司“儿童工艺”公司用最高级的目录提供迪斯尼产品和有迪斯尼质量认可的产品。

这些产品的流行程度令人吃惊——仅每年儿童购买的米老鼠娱乐读物就达30亿册，相当于每天印刷800多万册。迪斯尼坚信，它的动画人物多年来在高质量产品上的亮相将极大地提高公司的声誉。公司创始人沃尔特·迪斯尼的经营哲学是，他的动画人物可用在真正具有游戏价值的玩具中或高质量的产品上，从而使影片中的乐趣得以延续并加强公司的优秀形象。第一个人工制作的授权许可协议，授权内容有标准动画人物（米奇、米妮、唐纳德、古菲、普洛托）和影视（影院中放映的《阿拉丁》、《狮子王》和电视片《家庭进步》等）。

为了有效地利用这些动画形象的声望，迪斯尼公司为授权产品开发了一组品牌，其中有米奇鼠、米妮鼠和其他著名迪斯尼人物。米奇公司则针对儿童和成人。这些产品都通过商场和专卖店销售。“迪斯尼宝宝”面向婴幼儿，“米奇儿童玩具”面向男孩、女孩，“米奇无限”则针对青少年和成人。这些产品通过大型超市销售。每一品牌都将名称和人物结合成一个独特设计的图标，每个图标都应用于许多产品种类，如服装、饰品、玩具、家具、新奇饰物、运动产品、礼物等。

授权资源开发部的艺术家和生产商在设计、样品制作、生产、包装、广告等产品营销的各个方面密切合作，每一个阶段都注意使产品与所有动画形象的外观、个性相符。为了保护并增加其品牌价值，迪斯尼还印发了一本厚厚的迪斯尼授权品牌认证标准，详细规定了图标的着色，规定在包装、零售标记及其他传播媒体中的使用方法，规定了无阻碍的周边区域最小化，规定了在图标外品牌名称的使用以及迪斯尼版权通告。迪斯尼有一批雇员，专门负责解释这些标准，并全面维护迪斯尼人物的形象。

迪斯尼最成功的授权动画形象之一是“小熊维尼”。迪斯尼拥有三条独立的小熊维尼产品线：为人们所熟知的，迪斯尼电影中穿红色衬衫的“小熊维尼”；100 Acre Collection，在百货商店中出售的更高档的产品系列；根据A. A米纳尔的《小熊维尼》丛书中的插图开发的经典“小熊维尼”系列产品。自1966年迪斯尼公司推出《小熊维尼和蜜蜂树》动画短片以来，小熊维尼的相关产品已经成为一座无形的金矿。1995—1998年，小熊维尼产品为迪斯尼带来了约60亿美元的销售额。相比之下，迪斯尼的其他核心动画形象——米奇、米妮、古菲、唐老鸭和普洛托——在同期只获得了 20%的增长。2001 年，迪斯尼以 3.4 亿美元的价格买了小熊维尼的版权以及所有相关的动画形象，这样，它就不再需要向以前的版权拥有者支付许可使用费了。

（资料来源：Bruce Orwall "Disney's Magic Transformation?" Wall Street Journal，4 October 2000.）

投资渠道进入模式是跨国传媒集团进入目标国的必要途径。传媒集团通过购并或创建的方式，在目标国家建立子公司，享有一定的控制权和所有权，直接建立自己的传播渠道。2001 年 12 月，法国维旺迪环球宣布向美国第二大卫星电视公司 EchoStar 投资 15 亿美元，从而获得该公司 10%的股份。维旺迪环球的投资目的并不是将该公司作为内容平台，而是将之作为渠道来建设，目的是在未来 8 年间将其电影、音乐和电视节目带给 EchoStar 拥有的 600 万卫星电视用户。作为走向世界的第一步，默多克将目光瞄准了自己熟悉的英国。1968 年秋天，英国的一家具有悠久历史的通俗星期日报纸《世界新闻报》终于向默多克开放。该报 1968 年发行量约 600 万份。1968 年年底，默多克购买了世界新闻有限公司 49%的股份。他对该报进行了彻底的改革，精简了报社的工作人员，以确保公司的正常运转和盈利。FOX 在加入美国全国性市场竞争时，默多克采取了一系列强势手段，打破了原有的稳定局面，一掷 5 亿美元，使新世界集团（New World Station Group）取消了和 CBS、NBC 的盟约，加盟 FOX。FOX 的作为不仅使自己迅速扩大了市场占有率，将同为新进的 UPN、WBTV 远抛身后，同时还胁迫老牌全国商业网络台改变了方针。例如，遭受打击的 CBS 把与地方台的盟约期由两年延长到了 5—10 年，并保证新签约的地方台每年至少获得 1000 万美元的补偿。

2001 年 12 月，贝塔斯曼以 13.3 亿美元获得了卢森堡广播电视公司（RTL）的控制权，该集团在欧洲 11 个国家都拥有广播业务。这一收购，使贝塔斯曼在整个欧洲都获得了广播电视渠道。在国外，维亚康姆旗下的 MTV 音乐电视网通过 31 家本土化的电视频道和 17 家网站，覆盖 140 个国家和地区的 3.4 亿多个家庭。维亚康姆的经营者也已经意识到渠道在中国的重要性。2001 年 9 月就有消息传出，维亚康姆旗下的 MTV 全球音乐网可能会效仿新闻集团的做法，买入一家广播公司，以期在巨大的中国市场站稳脚跟。维亚康姆对《亚洲华尔街日报》透露，它正在与包括香港 6 家以上的公司进行谈判。时代华纳旗下的 CNN International 是全球唯一一家 24 小时全天新闻网，它通过卫星已经进入到 212 个国家及地区的有线系统、广播机构、宾馆、机场以及 1.6 亿个家庭。2001 年，CNN 在老挝、尼日利亚、沙特阿拉伯等国设立了记者站，目前，CNN 在全球 42 个国家和地区设有新闻采集分支机构。

由于收购媒体的代价很大，涉及的金额很高，往往还会牵涉到目标国家政府的管制，传媒集团往往通过一种合同关系，确立与目标国电视台的非股权关系，来实现进入目标国的目的。传媒集团提供给目标国媒体有影响的节目，通常是“国际新闻”和新闻杂志，如《60 分钟》这样黄金时间收视率很高的节目，并给予当地电视台一定的补偿作为回报。地方电视台获得收视率高的节目，同时还获得网络的补贴。维亚康姆旗下的尼克罗迪恩（Nickelodeon）进入中国时，选择了与本土的唐龙公司合作。维亚康姆将本土化后的“尼克罗知识乐园”嫁接在唐龙的发行网络上，从而形成了外资传媒、中国本土发行商、中国电视台“三位一体”的合作方式。电视台负责节目拍摄许可、拍摄和终审，唐龙负责节目发行和广告经营，维亚康姆提供素材。①

2. 媒体集团全球经营特征之二——收购和兼并

从 20 世纪初至今，以企业为核心的市场体系处在一个大的结构性调整阶段。企业能否顺利调整到为整个世界的经济发展服务，成为全球各大公司所关注的首要问题。在此转折点，各个励精图治的企业家无一例外地选择了扩大经营规模，进行资本运作，从而舍弃了前资本主义时期以家族为核心，以手工作坊式的管理为手段的经营模式。与这些企业家的理念相适应，进行企业的收购和兼并成为他们的首选策略。从那一刻起，通过收购和兼并，诞生了一大批知名的跨国公司，世界 500 强的公司均是靠收购和兼并发展起来的。

在西方发达国家，并购现象已有百余年的历史，经历过数次高潮，到目前已经逐步走向成熟，并在总结经验的基础上，正向更高的层次发展。与其他西方发达国家相比较，美国的公司制度和法人治理结构较为完善，资本证券制度也较为成熟，因此，其公司的并购机制也较为合理。美国经济史上曾经发生过五次大规模的并购浪潮。

第一次浪潮发生于 1893 年至 1904 年间，以同一行业企业之间的横向兼并为特点。经过此次并购浪潮，美国经济形成了较为合理的结构，为美国经济后来的高速发展奠定了基础。第二次浪潮发生于 1915 年至 1929 年间，在此期间，不同行业的企业间的纵向兼并开始大量出现，许多工业以外的部门也卷入其中。

① 胡正荣主编：《外国媒介集团研究》，第 203 页，北京广播学院出版社，2003 年 8 月第 1 版。

1954 年至 1964 年间发生了第三次并购浪潮，其特点是把生产不同性质产品的企业联系起来的混合兼并数目大增，由此产生了许多巨型和超巨型的跨行业的公司。1975 年至 1991 年间发生了第四次并购浪潮，此期间敌意并购席卷了美国企业界，一些名列 500 家最大公司的超级企业也成为“袭击”的目标，大量上市公司被兼并，然后或被直接出售，或被肢解以后零散出售，或被重组后以新的面目重新上市。自 1994 年开始，沉寂数年的美国兼并市场又掀起了第五次浪潮，兼并热目前仍在继续。此次兼并浪潮的显著特点是基本进行主动的强强联合，显示出现代企业经营中的“联盟策略”。

如前所述，跨国传媒集团通常采用直接的收购和兼并建立进入目标国家的渠道，不仅如此，从跨国传媒的成长历程可以看出，自然增长并不是它们的成长之路，要在竞争中脱颖而出，购并是不可避免的。根据美国证券数据公司的统计，电信业和传媒业与银行业一道，是当今美国兼并收购最盛的行业。据统计，从 1986 年到 1990 年，美国有 400 个独立电视台和电台集团在产权市场上被出售，等于全美 75％的电视台被交换了一次所有权。而在 1993—1994 年间，又有 200 个以上的电视台进入产权市场，经历了产权并购和重组的过程。在这个过程中，许多设备陈旧、缺乏创意、竞争力不强的电视台被淘汰了，而充满活力的电视台则经过重组，注入了新的资本，成为大众传媒行业的优良资本。

我们来看一下国际传媒业的产业演进阶段。初创阶段，市场分散且集中度比较低，第一批兼并者开始出现。新解除管制的、新成立的或分拆的子行业在这一阶段处于主导地位。规模化阶段，企业规模开始越来越重要，产业领导者开始出现并领导着产业整合，传媒产业集中度将达到 45％。集聚阶段，成功的企业扩展它们的核心产业，出售或关闭附属部门，并持续地积极加强竞争。平衡与联盟阶段，少数几个企业在产业中处于统治地位，产业集中度很高。大公司与其他巨头建立联盟，因为在这一阶段增长已十分困难。每一个演进阶段都意味着特定的战略性和操作性的要点。自 20 世纪 80 年代到目前为止，西方传媒产业正一步步地经历规模化阶段、集聚阶段走向平衡与联盟阶段，在每一阶段中，收购和兼并都成为不可避免的手段。

在传媒业的规模化阶段，常常会发生暴风雪般的并购活动，但是超大规模的交易和并购常常发生在传媒业的集聚阶段，在这个阶段，往往该产业的巨型企业应运而生，兼并的规模往往比兼并的次数显得更为重要。美国在线与时代华纳的战略合并创造了据称是世界上第一家集媒体和通信业务于一身的公司，这一完全通过换股产生的组合在当时的价值是 1650 亿美元。

收购和兼并可立即把原本在本行业中处于相对弱势的竞争对手推到令人瞩

目的地位，如维亚康姆、维旺迪，或者加强已经不好对付的对手的力量，如时代华纳、迪斯尼、新闻集团。新闻公司总裁彼德·彻宁曾经这样说过："只要媒体实现集中与联合，不管利润流向哪里，准保你旱涝保收。"①

收购（Acquisitions）是指某企业以现金、债券或股票等购买另一家企业的部分或全部资产或股票（股份），从而获得对该企业在法律上的控制权。兼并（Merge）是指一个以上的企业为经营发展的需要并入另一个存续企业的法律行为，在兼并的过程中，被吸收的企业法人实体地位消失，而存续企业的法人实体地位依然存在，同时由于被吸收企业的资产、负债、经营业务等均并入存续企业，该存续企业的资产与债务等情况亦发生相应的变化。② 在目前的世界金融体系之下，公司在一定程度上被看成了金融实体，公司的管理层通过兼并收购这种运作方式，增加企业在股市上的身价。当然，公司的运作和经营也是一个重要目标，但过快的金融动作使得这些往往可以忽略不计，仅仅靠一个个的消息刺激股市上升。《时代》创始人卢斯曾说过："基本上，媒介企业与其他企业是有区别的，但这不影响其企业的本质，即充分运用手中的资本，使其增值。"

这里需要作一点说明的是，在本节中，我们把"兼并"和"收购"作为同义词来处理，这是因为在我们所关注的传媒业的现实中，完全意义上的兼并是很少的。我们所熟知的时代华纳、维亚康姆、新闻集团、迪斯尼、贝塔斯曼和维旺迪等传媒业的巨鳄无一不是通过不断收购实现了飞速增长并重新划分了国际市场份额的。20 世纪 90 年代中期以来，在美国及欧洲各国相继修改电信法后，全球范围内兴起了媒介所有权更迭的高潮，迪斯尼买了 ABC，西屋买了 CBS（后又被维亚康姆收购），通用电气接手 NBC。进入 21 世纪以来，媒介之间的收购更是方兴未艾，产生了对整个传媒格局都有重大影响的收购事件：美国在线和时代华纳的合并；Echostar 与新闻集团对 Direc TV 的竞购；Comcast 购买 AT&T；自由媒介集团对欧洲的 9 起并购行动，试图实现称霸欧洲的雄心壮志；迪斯尼以 52 亿美元购买福克斯家庭频道；维亚康姆以 30 亿美元收购美国的黑人娱乐电视网；2003 年 9 月通用电气旗下的 NBC 与维旺迪将部分业务合并，成立价值超过 400 亿美元的 NBC－环球。表 4－1 为 1988—2001 年涉及传媒业的部分并购交易：

① Marc Gunther, *The Rules according to Rupert*, Rortune, Oct. 26, 1998.

② 张金杰著：《经济全球化中的国际资本流动》，第 84、85 页，经济科学出版社，2000 年 1 月第 1 版。

表 4－1①

收购方	目标公司	交易金额（百万美元）	宣布日
Time Inc	Warner Communication Inc	14,110	1989. 3
Dow Jones &Co Inc	Telerate Inc	682	1989. 9
New York Times Co	Affilicated Publication Inc	1093	1993. 6
News Corp Ltd	Hutch Vision Ltd	525	1993. 7
Tele-Communications Inc	Liberty Media Corp	3411	1993. 10
Comcast Corp	Maclean Hunter Ltd-US Cable	1270	1994. 6
Tele-Communications Inc	TeleCable Corp	1261	1994. 8
Wait Disney Co	Capital Cities/ABC Inc	18,837	1995. 7
Gannett Co Inc	Multimedia Inc	2353	1995. 7
Tele-Communications Inc	TCI Pacific Communication Inc	2050	1995. 7
Comcast Corp	EW Scripps Co-Cable TV Systems	1574	1995. 10
Thomson Corp	West Publishing Co	3425	1996. 2
Pearson PLC	Harper Collins Educayional	580	1996. 2
US WEST Media Group	Continental Cablevision	11,398	1996. 2
Tribune Co	Renaissance Commun Corp	1094	1996. 7
News Corp Ltd	New World Commun Grp（Mafco）	2173	1996. 7
Clear Channal Communications	Eller Media Corp	1150	1997. 2
News Corp Ltd	Heritage Media Corp	1352	1997. 3
Seagram Co Ltd	USA Network（Viacom，Seagram）	1700	1997. 9
CBS Corp	American Radio Systems Corp	2441	1997. 9
Clear Channal Communications	Universal Outdoor Holdings Inc	1628	1997. 10
McClatchy Newspapers Inc	Cowles Media Co Inc	1346	1997. 11

① 资料来源：汤姆森金融公司证券数据公司的 SDC 数据库。

（续表）

收购方	目标公司	交易金额（百万美元）	宣布日
Premier Parks Inc	Six Flags Entertainment Corp	1855	1998.2
Bertelsmann AG	Random House Inc	1300	1998.3
Pearson PLC	Simon & Schuster-Educ，Prof	4600	1998.5
Liberty Media Group	Associated Group Inc	2985	1999.6
Clear Channal Communications	AMFM Inc	23,112	1999.10
USA Network Inc	Precision Response	688	2000.1
Clear Channal Communications	SFX Entertainment Inc	4171	2000.2
Liberty Media Group（AT&T Corp）	Ascent Entertainment Group Inc	749	2000.2
Vivendi SA	Seagram Co Ltd	40,428	2000.6
Vivendi SA	Canal Plus SA	11,866	2000.6
Gannett Co Inc	Central Newspaper Inc	2446	2000.6
News Corp Ltd	Chris-Craft Industries Inc	2986	2000.8
News Corp Ltd	BHC Communication Inc	888	2000.8
News Corp Ltd	United Television	790	2000.8
Liberty Media Group	United Global com Inc	2536	2001.2
Bertelsmann AG	RTL Group	1331	2001.12

注：本表只选择了交易额超过5亿美元的案例

收购与兼并在传媒集团发展壮大中扮演着重要角色，是传媒集团进行结构调整，实现内部一体化，抢占有利竞争地位的重要手段。比如，迪斯尼1995年7月31日以190亿美元收购了美国广播公司（ABC），这次合并使迪斯尼成为业务结构比较完整的巨型娱乐公司。合并使迪斯尼公司的动画片以及电视节目制作与ABC广播电视网络的传播能力有效结合起来，实现了公司业务结构的大转型。2001年2月，贝塔斯曼通过与比利时投资商GBL换股，获得了欧洲最大的电视集团卢森堡广播电视公司（RTL）57%的股权。此举彻底改变了贝塔斯曼在广播电视领域内的弱势，使贝塔斯曼真正成为综合性的传媒公司。通过购并，原有的传媒集团实现了公司内部结构上的调整和完善，而且这种并购往往体现在以产业链上的纵向并购和不同业务之间的横向并购，这样有利于业务结构向纵深推进。

成功的并购定义是什么？成功的并购定义是：兼并发生后三年内新公司的股价表现都比产业内各公司的平均股价表现好。当然，每一次并购所选择的对象都是那些价值成长型的公司。所谓价值成长型公司是指能在利润和成长之间取得平衡并从长期来看为股东增加价值的公司。默多克的新闻集团在判断公司成长性时有独到的眼光，总是能够看到其他人看不到的东西。他在进入美国市场时，收购了大都市媒体电视台（Metromedia Television Stations），没有人想到他会成功地建起一个电视网。关于这次收购，还有一个著名的笑话。华尔街分析家拉里·蒂什（Larry Tisch）在默多克收购时说，即使花上一个硬币就能买到福克斯他都不会要。而最近，福克斯新闻网的市值已经超过了哥伦比亚广播公司（CBS）。鲁珀特建立了福克斯新闻网，这个新闻网已经是美国第四大新闻网，而当初每个人都认为这是不可能的。不仅如此，他还建立了规模最大、利润最高的电视集团，只有维亚康姆公司（Viacom）可以与之抗衡。他买进二流的资产，把它们改造成一流的资产。目前，新闻集团已经成为一流娱乐节目的最主要生产者，到 2000 年年底，美国六大电视网大约 25%的娱乐节目是由新闻集团提供的。新闻集团状态良好，正成为主要的媒体内容提供商，为各种新的媒体企业提供非常有吸引力的节目。1999 年 7 月，彼得·彻宁主持会议，他向银行家们宣布：福克斯辛迪加几个项目的收入在未来几年会稳稳地给公司带来 15 亿美元的利润。在一次 CNN 的广播节目中，彻宁曾声明新闻集团的总体战略是："全力建设一个世界范围内的、出类拔萃的、垂直整合的全球传播公司，最大限度地开发电视、电影、体育领域内的信息资源，并最大限度地挖掘、传播这些信息的途径……不管是通过卫星、报纸、无线电视，还是通过有线电视频道。"①

兼并和收购只能是手段而非目的。企业如果没有优良的经营业绩作支撑，仅靠资本运作是无论如何都不能持续稳定发展的。换句话说，收购方不仅要有能力整合被收购的目标公司，还要能够有效率地经营它们。

从经济学的角度看，两家公司的合并或收购的直接目的就是通过并购产生

① 〔美〕温迪·古德曼·罗姆著，李慧斌译：《默多克的新世纪》，第 43 页，中信出版社，2005 年 1 月第 1 版。

的协同效应实现财富与价值的增加。所谓的“协同效应”，也就是“1+1>2”的效应，即并购后企业生产经营活动的整体效益大于并购前两个独立企业效应之和。经济学家密尔福德·格林的研究成果表明：20 世纪 80 年代的企业兼并高潮时期，并购公司平均每年利润是并购高潮前的 2.1 倍。然而在实践中，由于经济、运营、文化等各方面的原因，并购企业不能取得预期效果的现象也非常之多。国际公认的统计数据表明全球 100 多年来的企业兼并有 2/3 是失败了的，即企业兼并后并没有形成新的生产力，即没有形成“1+1>2”功能，兼并后还不如兼并前企业效益好。因兼并导致失败而轰动全球的，有世界通信公司的收购兼并（兼并 77 家）案例，结果债务高达 300 亿美元，最终导致企业出了 38 亿美元的假账。据西方咨询机构的研究，在 20 世纪 90 年代的兼并浪潮中，有 80%的企业不能收回兼并成本，1/3 左右的企业不得不重新卖掉已兼并的企业。究其原因，主要是并购后企业内部资源整合不力，不能实现协同效应。全球排名前两位的传媒集团公司——美国在线时代华纳公司和维旺迪公司目前的困境，都与其并购后资源整合不力有着密切关系。

与时代华纳和维旺迪相反，维亚康姆和迪斯尼则是集团并购行为的最大受益者。“9·11”之后，媒体集团的效益不断下滑，对传媒并购质疑之声不绝于耳。2002 年，维亚康姆在两年前以 460 亿美元收购 CBS 的举动却令华尔街对其非常看好，维亚康姆的市值一度超过美国在线时代华纳。原因在于合并后的维亚康姆公司仍紧紧抓住现有的业务并做得更好。公司总裁梅尔·卡尔马津自夸说：“在最近两年实施的并购计划中，维亚康姆堪称唯一一家获得成功、能够为股东带来收益的公司。”卡尔马津明确表示，该公司很希望能够再次实施并购活动，但前提是这一活动必须能够在短期之内为企业带来效益。迪斯尼的媒体网络业务基本上是通过 1996 年购并 ABC 大都会和 2001 年购并 FOX 家庭频道迅速建立起来的。由于 ABC 盘子太大，加上正逢经济增长趋缓，媒体网络业务一直没能实现足够的盈利，尽管如此，媒体网络业务仍然是迪斯尼收入增长最快的领域，尤其是 ABC 下属的 ESPN 公司目前的资产已经超过了当年收购 ABC 的价格。而 2002 年，迪斯尼的媒体网络业务也日渐好转，无论是节目销售收入还是广告收入都有了很大的增长。媒体网络已经成为迪斯尼公司最重要的业务组成部分。

另外一个值得注意的问题是，尽管全球化为传媒集团打开了通向新市场的大门，但这往往也会成为一个陷阱，在一个陌生的国度开展业务的复杂性可想而知。很多公司用国内市场的方式认识国际市场，忽视或低估了国际市场的复杂性，例如，产品或客户的增长、语言和货币的不同、文化差异、市场规则、政府干预、距离（和时区）差异等。维旺迪的经营不善很大程度上在于其在全球市场中对美国模式的机械模仿，其频频兼并，导致巨额的负债，导致信用评级和债券评级均下跌，最终致使公司面临清算危机。并购过程中最难解决的是不同公司的文化差异问题，不论这种差异是出在交易达成前还是交易达成后。这里的“文化”包括行为、目标、如何看待利益和自我精神等人们不太愿意公开讨论的很多因素。把不同的文化糅合在一起是兼并成功的关键。强势文化整合是一种通用的策略。在有些情况下，它非常有效，但在另一些情况下，它却毁掉了兼并本可以带来的价值。文化冲突问题经常出现在服务于两个完全不同文化市场的合并之中，此时最明智的选择就是保持两家公司各自的文化不受干扰。如果说只有两家公司完全合并才能带来价值，那就应该着手建立一个新的“混合”文化——从原来的两个不同公司文化中抽取积极因素融合在一起形成的新的文化。时至今日，时代华纳和美国在线的合并以失败告终，两家公司企业文化不同是非常关键的因素。作为传统媒介，时代华纳稳健而注重实际效益，而作为新生代传媒代表的美国在线则更加注重资本的运作，而非实际的业绩。

3. 媒体集团全球经营特征之三——稳固的核心竞争力

1990 年，美国著名管理学者普拉哈德和哈默尔提出了核心竞争力的概念，他们认为，全球企业面临着新的竞争态势，竞争强度日益加大，范围逐渐扩展，在时间和时空上都超越了以往的任何历史阶段。这决定了企业的成功不再主要决定于短暂的或偶然的产品开发或临时的市场战略，而是企业要形成核心竞争力，并且将这种核心竞争力外化在企业生产、经营的各个环节。按照他们给出的定义，核心竞争力是指行业内的某种竞争者很难复制或仿造的技能。

在跨国经营的过程中，传媒集团都在苦苦寻找在全球竞争中克敌制胜的最有效方式。从长远来看，竞争优势将取决于企业能否以比对手更低的成本和更快的速度构建核心竞争力。管理层有能力把整个公司的资源整合成核心竞争力，使各项业务能够及时把握不断变化的机遇，这才是优势的真正所在。巨型的传媒集团都是非常多元化的公司，多元化公司就好比一棵大树，树干和几个主要枝杈是核心构成，较纤细的树枝则是业务单元，叶、花与果实则属于最终产品。为大树提供养分和起支撑固定作用的根系就是公司的核心竞争力。

（1）建立稳固核心竞争力的战略意义

强大的核心竞争力对一个寻求长远发展的企业来说，具有不同寻常的战略意义，时代华纳、迪斯尼、维亚康姆、新闻集团、维旺迪环球、贝塔斯曼之所以能够在全球市场上攻城略地，左右全球媒体市场的走向，关键之一就在于它们都将建立稳固的核心竞争力作为长远的战略目标来完成。

首先，核心竞争力超越了具体的产品和服务，以及企业内部所有的业务单元，将企业之间的竞争直接升华为企业整体实力之间的对抗，所以核心竞争力的“寿命”比任何产品和服务都长，关注核心竞争力比局限于具体产品和业务单元的发展战略，能更准确地反映企业长远发展的客观需要，使企业避免目光短浅所导致的战略性误区。

其次，核心竞争力可以增强企业在相关产品市场上的竞争地位，其意义远远超过单一产品市场上的胜败，对企业的发展具有更为深远的意义。如迪斯尼公司在动画片制作上的创新能力和卓越的娱乐营销能力使其在动画片、主题公园等领域令别人难以超越；维亚康姆在注重内容建设的同时，版权保护和特许经营使其在所经营的各个领域都时时处于领先地位。

再次，企业核心竞争力的建设，更多的是依靠经验和知识的积累，而不是某项重大发明导致的重大跃进。因此，很难“压缩”或“突击”，即使产品周期越来越短，核心竞争力的建设仍需要数年甚至更长的时间。这一方面使竞争对手很难模仿，因而具有较强的持久性和进入壁垒。在建设核心竞争力的竞争中领先的企业，往往很难被赶超。很难想象有谁能白手起家，在短时间里超越时代华纳的刊物、贝塔斯曼的读书俱乐部、迪斯尼的动画制作和主题公园。

(2) 传媒集团核心竞争力在全球市场扩展中的运用

核心能力是企业竞争优势的源泉，它使企业能够降低价值创造的成本或者以提高价格的方式创造价值。

传媒集团在全球的扩展是进一步开发自己核心价值的创造潜能并将其运用到更大的市场上。这种战略中创造价值的潜能在以下情形是最大的：企业的技能和产品是最独特的，品牌价值是大的，在国外市场上很少有竞争者具有相似的技能和产品。企业将所具有的独特的和有价值的技能运用到竞争者缺乏相似技能和产品的海外市场上常常可以得到巨大的回报。比如，迪斯尼在最近几年里迅速向外扩张，其利用品牌整合资源的能力已被证明在世界上很多国家是有价值的。迪斯尼给那些国家带去了独特的节目和独特的技能。迪斯尼往往能聚合电影、传媒、唱片、体育、主题公园、剧场、游戏、互联网等强大的网络力量，通过品牌把各种业务联合起来，互相补充，赚取最大利润。1997 年，迪斯尼的产品销售额达到 250 亿美元，比 Toy’R’Us 在全世界的销售额多两倍以上；1998 年，迪斯尼在德国推出“米奇无极限”男女用香水系列，成功地克服了“米奇”儿童香水在德国的局限性。因此，迪斯尼计划在亚洲和美国大量生产香水。[1] 迪斯尼通过向用户出让迪斯尼各种版权、专利，已拓展为从玩具、服装、家庭装饰品、图书到互动游戏、食品、饮料、电子产品和美术作品可选择的品牌。

核心竞争力能够为公司进入多个市场提供方便，为客户带来可感知的价值。更为重要的是，核心竞争力是竞争对手难以模仿的。各大传媒公司为了保住核心竞争力的领先地位，都力图使核心产品——一种或多种核心竞争力的实物体现——在世界上的制造份额达到最大。从事核心产品制造带来的销售收入和市场反馈至少部分地决定了核心竞争力改进和扩展的速度。当代全球性的媒介集团有的是以报刊业为核心业务的，拓展至广播电视、电影以及互联网领域，如以出版业为主的时代集团通过收购华纳兄弟公司而进入电影和音乐领域，通过收购特纳广播公司而进入广播电视领域，通过和美国在线合并进入互联网领域；也有的是以娱乐业为主逐步进入媒体领域，比如维旺迪环球和迪斯尼。

（3）各媒体集团培育核心竞争力模式分析

新闻集团：卓越的管理和技术创新能力

管理能力是企业竞争力的核心内容，包括企业获得信息的能力、推理能力、决策能力和迅速执行决策的能力，也可以理解为狭义的“企业核心能力”。在一定意义上，企业的管理能力取决于企业是否拥有一支具特殊组织才能和企业家才能的经理队伍。由于管理能力至少在高管理层次上并不局限于某种产品，因此管理能力的提高有利于企业更有效率地利用其资产，扩大经营范围，提高在市场中的竞争力。新闻集团的发展历程已经显示了其优秀的管理能力，从澳大利亚起步，收购《泰晤士报》、《太阳报》，进军英国传媒。在高手林立的美国电视市场大胆创办 FOX，在亚洲的印度和中国市场攻城略地，2003 年又成功收购了直播电视公司母公司休斯电子公司 34%的控股股权，最终寻回了新闻集团天空环球计划唯一失落的链条。这一系列的令人有些出其不意的发展，步步为营，从不落空，显示出该集团优秀的管理能力，对市场准确的把握能力。

由于技术的进步，媒体产业发生了翻天覆地的变化，传媒业的发展对技术的依赖程度也越来越高，拥有自己的核心技术已经是传媒企业获得核心竞争力的必要条件。新闻集团具有非凡的控制技术的能力，其卫星电视业务早在 20 世纪 80 年代就已经开始运作了。新闻集团希望向全世界观众定向播放节目，非常需要某种技术保护这些节目的权益不受侵害。因此在全世界寻找这种技术。最

[1] Dagmar Mussey, *Disney Sniffs Out Profit*, Advertising Age International, July 13, 1998.

后在以色列找到了这种技术，并形成了为其提供全球技术服务的技术公司——NDS。NDS的迅速发展又促成了另一个新的技术产业诞生。一位来自中国的数学家袁子春及其拥有的宝石星公司牢牢控制了90项在电视屏幕上显现和控制信息的专利，其中大多数都涉及交互电视和电子商务的现在以及未来发展。而默多克又凭借其一贯的韧性，最终戏剧性地控制了这家公司的大部分股份。对这些技术的控制无疑对其天空环球计划和整个新闻集团的发展具有战略性的意义。

迪斯尼：卓越的产品开发和整合营销能力

迪斯尼的核心竞争力主要表现为卓越的产品开发和品牌营销能力。关于产品的开发能力，用迪斯尼总裁艾斯纳的话说就是："我们做每一件事都要依靠源源不断的创意，并把它们成功地变成电影、电视节目、舞台和娱乐场所的节目。"这里值得一提的是迪斯尼的"铜锣秀"（Gong Show）会议。这是一种马拉松似的会议，在会议上，所有的人都没有高低贵贱之分，可以畅通无阻地发表自己的意见，表达自己的创意。会议上融洽的气氛可以鼓励大家有勇气说出自己以为是不可能或是荒谬的创意。尽管大多数的创意会被否决，但这无伤大雅。迪斯尼有很多电影、优秀的动画片，都出自"铜锣秀"。

建立在迪斯尼良好的品牌基础上的整合营销沟通能力是迪斯尼最出众的能力，关于这一点，在后面的章节里将会有详细的论述。

贝塔斯曼：发达的营销网络

营销网点是企业推销产品和服务的前沿阵地，其主要功能是产品销售、市场调查、营销宣传、技术支持和市场开拓。营销网络是通过一定的管理技术将配送中心、营销网点、信息体系和信息系统等联系在一起，形成覆盖较大区域市场的营销网络。从企业竞争力的角度分析，企业一旦在消费者中形成了营销网络，就将成为后来者进入该市场的壁垒，从而在相当长的时期内获得超额利润；而后来者只有花费大量的投入与先入企业进行广告和销售网的争夺战，才有可能在市场上获得一席之地。成立于1950年6月的贝塔斯曼"书友会"以直销的理念为贝塔斯曼建立了发达的营销网点，形成了强大的营销网络，从而奠定了贝塔斯曼由一个中等规模的家庭企业迈向跨国传媒集团的坚实基础。

维亚康姆：企业文化实际上是企业经营理念及其具体体现的集合

从概念上看，企业文化非常简单，而通常的难度在于找到适合企业特色的文化理念和具体落实。良好的企业文化是企业整合更大范围资源、迅速提高市场份额的重要利器。

从整个集团的角度来看，维亚康姆是一个全面均衡发展的公司，其能够在短短的时间里成为全球最大的传媒公司，在于它有一个倡导稳健与创新并重且充满激情的企业文化，这种文化内在于企业的每一个管理环节中。有人这样评价雷石东："论个人魅力，他可能不及通用电气的韦尔奇；论创意能力，他可能不如迪斯尼的艾斯纳；论冒险精神，他好像与传媒大亨默多克也有差距。但是，已过古稀之年的他却领导着全球最大的传媒娱乐公司。50年，弹指一挥间。在这个充满青春激情的行业中，他稳守阵地，岿然不动。"① 这样的评价，同样适用于维亚康姆公司。

（4）各集团的核心领域及业务

各个传媒集团都非常重视自己的核心竞争力，都有自己安身立命的基础。首先，它们通常选择美国或欧洲作为自己的基地，然后再向世界范围内扩张。时代华纳、维亚康姆、新闻集团、贝塔斯曼等世界几大传媒巨头几乎都实行跨媒体、综合化的全球化战略，在它们的战略部署中，美国、欧洲等地是传统的优势领地。比如，欧洲和法国是维旺迪环球的立足点，但是，欧洲又是非常不够的。特别是法国，传统上商业媒体的扩展空间就不大，于是维旺迪环球把目光投向了美国，以美国为基地拓展自己的全球化理念。从2000—2001年的短短两年时间里，梅西耶用了500亿美元，进军美国，频频兼并，将一个默默无闻的水务公司打造成世界第二大传媒集团。为经营好本身处于美国的产业，赢得美国人的认可，梅西耶使自己的经营和管理充满了美国色彩。默多克麾下的新闻集团在2004年4月6日宣布，在年底之前把集团总部从澳大利亚迁至美国，整个集团在美国重新注册。美联社认为，这对新闻集团具有里程碑式的意义。虽然起家于澳大利亚，但美国却是新闻集团的最强大市场，创造了75%以上的营业额和利润。在20世纪70年代，默多克移民到美国，1985年放弃澳大利亚国籍成为美国公民。现在，新闻集团除了总部迁址外，集团的"第一上市"（Primary Listing）地点也从澳大利亚转移到纽约证券交易所，在澳大利亚仅保留"第二上市"（Secondary Listing）。像时代华纳、迪斯尼、新闻集团、贝塔斯曼这样的传媒巨人，它们在全球成功的关键在于它们在美国拥有一个强大的基础市场，这个市场是最大的、最稳定的。

其次，各个传媒集团都非常注重自己的核心业务，建立自己所独有的专属领地。

在20世纪80年代中期，华纳公司进一步廓清其发展战略，出售一些下属非核心产业，更加专注于核心产业：电影业、唱片、有线电视业和出版业。华纳公司经过精简后，收入倍增，核心企业迅速发展。时代华纳合并后拥有世界

① 雷顿：《幸福的斗士——Viacom董事长雷石东》，《经理人》，http：//www. sina. com.

最大的影视片库，从而成为美国片源最丰富的有线电影（HBO）、电视频道（CNN），拥有美国最大的有线新闻频道，拥有世界最有影响的《时代》、《财富》杂志，美国在线和时代华纳合并后又成为世界最大的互联网接入服务提供商，从而使时代华纳公司能称雄世界。

维亚康姆公司拥有全球最大的录像店、全球用户最多的有线音乐频道（MTV）。在美国90个城市和墨西哥、加拿大、英国、爱尔兰及欧洲大陆等地拥有公共汽车、地铁、火车、电话亭和路牌广告的专营权。

迪斯尼在动画儿童节目和体育娱乐节目上拥有雄厚的实力，在全球市场上一直运作很顺利。为保持自己的核心业务，迪斯尼转让了公司所有的报纸，并用转让费用购买了美国广播公司和ESPN。此外，迪斯尼充分利用其旗下的卡通人物及ESPN体育娱乐节目的协同作用，寻求多元的盈利点。

新闻集团在体育节目的传播上使其他公司难以望其项背，它已将最大的精力用于控制全球体育电视上。默多克视体育运动为跨越语言障碍、展开国际扩张的主要推动力，在世界范围内购买运动转播权与球队，在与其他各家媒体巨头竞购欧洲职业足球赛、世界杯、奥运会及主要的北美职业联赛的电视转播权的竞争中，新闻集团都竭尽全力。除了全美橄榄球联盟赛，新闻集团旗下的福克斯还有权转播全美橄榄球联合会赛以及美国主要的棒球团体赛。新闻集团拥有世界上大多数橄榄球比赛的电视转播权。此外，默多克认为卫星电视具有广阔的市场，新闻集团也把卫星电视作为自己的重点业务，在全球范围内构建卫星电视网络。维亚康姆公司一贯自我标榜“我们做的是内容”。这样的口号使得维亚康姆与默多克的新闻集团划清了界限，即一个是“娱乐生产公司”，一个是“新闻传送公司”。

维旺迪集团是由150年历史的通用水务发展而来的。1998年，梅西耶将公司改名为维旺迪，保持公司在供水和环保方面的优势，进军电信、网络、娱乐、传媒产业。维旺迪在兼并加拿大西格拉姆公司之后，廉价出售该公司70亿—80亿美元的饮料业，认为那些都是非战略性的资产，这充分说明了它建设传媒集团的信念。

贝塔斯曼在欧洲拥有最大的广播公司，是欧洲最大的电视制片商，占有美国音乐市场20%的份额。它还是世界最大的出版商并且拥有德国和东欧的14种报纸。

2002—2003年间，时代华纳、维旺迪、贝塔斯曼都由于频繁兼并而消化不良，经历了自身发展较为困难的时期。这些集团频频兼并不但发生在全球企业大兼并的浪潮中，而且发生在传统媒体与网络媒体整合，传统媒体之间、网络媒体之间互相整合的浪潮中。在这股浪潮中，扩张和收购此起彼伏，都渴望通过控股权掌握更多的资本，建立大而全的集团。可是，兼并浪潮过后，面对美国在线与时代华纳的世纪并购的失败、维旺迪环球面临清算危机等种种结构复杂的大公司目前的现实，回归核心产业和在础又成为一种趋势。贝塔斯曼的新任总裁冈特·蒂伦在接受德国通讯社采访时明确表示："贝塔斯曼今后要集中精力发展核心业务，10%的盈利计划依然继续坚持。"

4. 媒体集团全球经营特征之四——卓越的品牌战略

我们可以这样说，一家公司如果拥有了卓越的公司或产品品牌，就为公司制造了一个强有力的引擎，为公司的发展提供了源源不断的动力。"品牌"(brand) 源于古代挪威文字，翻译成中文的意思是"烙印"。古代西方游牧部落在私人的马背上打上烙印，用来区分不同部落之间的财产，上面写着"不许动，它是我的"，并且附上各自部落的标记。杰斯柏·昆德在《卓越公司》一书中，非常完整地描述了品牌创造对于一家公司成长的重要意义，并且认为旧经济的产品壁垒最终将被新经济模式下的品牌壁垒所打破，产生"品牌价值链"。他分析说，品牌对消费引导有关键的作用，如果人们能够很容易收看到"24 小时新闻"(属于时代华纳公司) 和 MTV 频道 (属于维亚康姆公司) 的音乐电视，谁还愿意在本土的电视台上消磨时间?

在我们的印象中，通常会下意识地觉得可乐就是可口可乐，胶卷就是柯达，咖啡就是雀巢，可见这些品牌多么深入人心。在传媒业，HBO、CNN、ESPN、MTV、迪斯尼、Discovery，这些品牌也是众所周知。维亚康姆总裁雷石东认为，传媒业的品牌战略就是对内容进行品牌建设，并在经济可行的前提下将这些内容在尽可能多的平台和市场上进行经营。如果把内容比作国王，那么已创建品牌的内容更是至高无上的王中之王。决定传媒企业最终能否在全球市场取胜的关键是这些企业采取哪些措施来创建、培育和拓展其品牌。雷石东把品牌权益看作维亚康姆最有力的资产。人们喜欢品牌，因为品牌不仅简化了选择，保证了质量，而且还增添了乐趣。正如雀巢的老板彼得·布莱贝克所说："在技术统治一切的乏味时代里，品牌带来了温暖、熟悉和信任。"[①] 品牌是消费者对产品的体验和感受。产品是在工场内制造的，而品牌是由消费者创造的，没有消费者，就没有品牌。品牌的特征就是高质量，其含义是在质量、款式、价格、服务、信誉等一系列方面为顾客提供最优异的消费。

① 唐润华主编:《解密国际传媒集团》，第 258 页，南方日报出版社，2003 年 8 月第 1 版。

全球范围内传媒产业的激烈竞争使节目内容及形式越来越呈现出同质化的倾向，在这种情况之下，传媒企业或节目品牌正以其所内含的独特价值影响到每一个受众，并且以低成本、高效率的方式快速地融入目标大众的生活。跨国传媒巨头们越来越依赖于品牌这个主导性的力量去分配和约束消费资源，从而实现其在全球范围内的迅速扩张，实现经济目的。

如果对主要的传媒集团的品牌战略进行一个综合的考察，就会发现，科学合理地规划品牌架构，是传媒集团品牌战略的一项重要工作，在一定程度上，也是传媒集团品牌战略成败的关键。在庞大的传媒集团形成之前，在单一的媒介产品格局下，营销传播活动都是围绕提升同一个品牌的价值而进行的。在媒介企业规模扩大、媒介产品种类增加后，就会面临很多的问题，如：究竟是进行品牌延伸，新产品沿用原有品牌，还是采用一个新品牌？若新产品采用新品牌，那么原有品牌与新品牌之间的关系如何协调？企业总品牌与各产品品牌之间的关系又如何协调？品牌化战略优选是一门非常深奥的学问，只有科学、深刻、完整地了解每一种品牌模式的内在规律，才能优选出经济效益最佳的品牌模式。我们可以归纳出如下传媒集团采用的品牌战略模式：

第一，统一品牌战略。指的是同属于一家公司，多种不同门类的媒介产品或非媒介产品共用一个品牌。采用统一品牌战略的传媒集团，既有门类很近的媒介产品用同一品牌的情形，也有差异很大、关联度很低的产品用同一品牌的情形。

采用这一类型品牌战略的经典案例是迪斯尼公司。作为一家综合型的庞大传媒集团，迪斯尼公司将“迪斯尼”这一品牌发挥到了极致。众所周知，迪斯尼的品牌来源于它的创始人沃尔特·迪斯尼，经过几十年的发展，特别在20世纪80年代聘用了创意天才迈克尔·艾斯纳担任迪斯尼董事会主席和首席执行官后，迪斯尼得到了空前的发展，2002年8月，迪斯尼的品牌价值高达292.6亿美元，在世界所有的品牌中排第7位，在传媒和娱乐业品牌中排行第一。迪斯尼旗下的主题公园、动画片、录像带、连销店、出版业和电子商务业务领域内的产品都共享着迪斯尼这个品牌的巨大内涵，迪斯尼以其独具特色的品牌形态不断为全世界的人创造着无限的欢乐，为企业创造巨额的利润。

迪斯尼集中所有资源首先塑造了“迪斯尼”这个大品牌，一个大品牌的高知名度、信赖感、安全感和高威望能带动很多产品的畅销。由于品牌建设成本很高，如果企业发展多个品牌，也许每个品牌旗下产品所获得的毛利全部投入品牌建设也保证不了品牌有很高的知名度。另一方面，统一品牌下的每一种产品的畅销都有利于品牌价值的提升。在人们心目中无论是电视剧、乐园，还是动画片，甚至包括消费品，迪斯尼都是最棒的，正如迈克尔·艾斯纳所说，“迪斯尼”这个名字代表着一种特定的体验：适合任何年龄的，有益身心健康的，代表全家欢乐的优质产品和价值期望。

第二，产品品牌战略。产品品牌战略也叫个别品牌名称战略，指的是给每一个产品或每一类产品都冠上一个或一个以上的独立品牌。表现形式有一品一牌和一品多牌两种形式。传媒企业采用一品多牌的最主要原因在于：各品牌具有不同的个性和利益点，能吸引不同的消费者。

传媒业逐渐由大众消费进入分众消费的时代，这个趋势迫使拥有多种媒介形态的媒介集团要深入科学地进行市场调查，在此基础上发展出多个品牌，每个品牌都针对某一细分群体（分众）进行内容设计、定位和营销活动，那么各品牌的个性和利益点便能更照顾到自己所针对的那部分受众的特殊需要，自然能获取这一群体的信赖和品牌忠诚，比面向大众、没有特色的品牌更有竞争力。在产品品牌战略这个层面上，各大集团都有着较强的战略部署。例如时代华纳，其旗下品牌云集，并且几乎涵盖了各种传媒形态，拥有的互联网品牌有 AOL、Netscape，电视网品牌有 CNN、HBO，电影业品牌有华纳兄弟，音乐品牌有华纳音乐（WMG），杂志有《时代》周刊、《人物》、《体育画报》、《财富》。对于时代华纳旗下的有线电视网来说，一提起 24 小时电视新闻，我们就会想起 CNN。无论其竞争对手福克斯和 MSNBC 取得多大的成就，在危机时期，CNN 仍旧是美国人观看 24 小时滚动新闻的首选，CNN 是时代华纳的宝贵资源。在 CNN 发布之前，斯科菲尔德这样立下宣言：“从今往后，总统和国王、首相和外相、五角大楼、国会、媒体、公众，都不得不（将电视）调到 CNN。”CNN 常以最快的速度、最准确的报道，将各个角落所发生的重大新闻，即时传送给全球 100 多个国家的 1 亿多观众。CNN 这个品牌就代表着公正、权威和及时的新闻资讯。另一个有线电视频道 HBO 是专门提供给宾馆、饭店等部门收视的电影频道，全天 24 小时循环放映，把最新、最好看的电影以最快的速度播放给受众。HBO 的品牌特色就是为订户提供轰动的电影、具独创性的原创节目、敏感题材的纪录片、音乐会以及拳击冠军赛。维亚康姆旗下的两个有线电视网品牌也各有自己独特的个性。如果提起音乐电视网，我们就会想起 MTV，通过精确的节目定位和成功的品牌战略，MTV 音乐电视网已成为全球最著名的和收视率最高的音乐电视网络，它 24 小时播放音乐节目。通过强烈的视觉效果和盛大的音乐比赛、独一无二的纪录片，MTV 几乎成为受众心中的音乐权威并领导着世界流行音乐及文化的潮流。而 MTV 这个频道最初创立的直接原因是广告商难以找到一个直接针对青少年群体的媒介，而 MTV 成功地实现了对这批受众的吸引，从而吸引了针对这批受众的广告客户，形成了今日“MTV”的品牌。而尼克罗迪恩则是为儿童提供内容的有线电视频道，它也是一个颇为有名的全球娱乐品牌，从节目策划、消费品、原创儿童动画片、杂耍演出、游戏节目以及历险节目，全方位向全世界儿童娱乐市场渗透。

第三，产品线品牌战略。媒介集团的产品线战略就是具有相同性质的媒介内容使用同一品牌，既突出了个性，又能由多个产品去支持一个品牌的维护，有利于一个较大的品牌的稳固。如 1985 年 CNN 创建 5 年后，频道品牌效应基本形成时，CNN 把它的国际新闻节目开发成一个独立的 CNN 国际频道。此后，CNN 又根据收视市场和它的品牌资源，逐步开发出 CNN 财经频道、CNN 体育频道、CNN 标题新闻频道、CNN 西班牙语频道、CNN 机场频道、CNN 互联网和 CNN 广播。

附：ESPN 的品牌等级

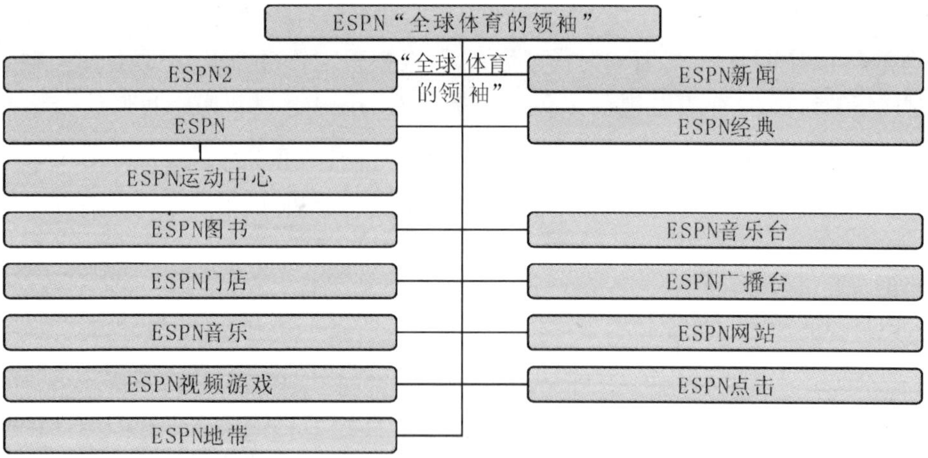

ESPN2、ESPN 新闻、ESPN、ESPN 经典为电视网络；
ESPN 图书、ESPN 门店为消费品；
ESPN 体育台、ESPN 广播台为其他媒介；
ESPN 网站、ESPN 点击为信息服务；
ESPN 地带为体验娱乐。
（资料来源：2000 Tuck Brand Audit Project）

第四，立体品牌战略。也就是说各个传媒集团其品牌有非常清晰的层次。几乎所有的跨国传媒公司都靠着卓越的公司品牌，逐渐地衍生出许多新的子品牌，并且在全世界获得成功。其中尤其以迪斯尼、维亚康姆、时代华纳、新闻集团最为显著。这几家公司都凭借自己强大的品牌引擎能力，向全球扩张自己的子品牌。2002 年 8 月，迪斯尼的品牌价值高达 292.6 亿美元，在世界所有的品牌中排第 7 位，在传媒和娱乐业品牌中排行第一。除迪斯尼这个公司品牌外，其旗下还有 ABC、ESPN、E！等著名电视网品牌，《早安，美国》、《晚间世界新闻》等品牌栏目。雷石东的国家娱乐公司兼并维亚康姆就是看中了维亚康姆旗下拥有的众多知名品牌，而通过与 CBS 的兼并，维亚康姆更是把世界知名广播电视公司纳入囊中。维亚康姆的品牌体系分成两个层次：一个层次是维亚康姆、派拉蒙影业和哥伦比亚广播公司自身享有的品牌声誉；另一个层次是各个公司旗下的频道和公司品牌，这些公司建立了一套公司品牌、节目品牌的推广体系。比如“无限广播公司”掌管着 180 家广播电台，而每一家电台的管理阶层中，除了总经理、销售总监、节目总监、商务总监、新闻主管、技术总监之外，还专门有一位推广总监，其职责是通过各种途径推广电台的形象、节目及活动。[①] 目前，维亚康姆旗下拥有的电影、电视、有线电视、广播和户外广告等各个层面的众多品牌都在世界上享誉已久，具有相当高的知名度，比如：CBS、MTV、尼克罗迪恩、黑人娱乐电视网（BET），品牌节目如“幸存者”等；时代华纳更是品牌云集，并且几乎涵盖了各种传媒形态，互联网领域有 AOL、Netscape，电视网有 CNN、HBO，电影业有华纳兄弟，音乐有华纳音乐（WMG），出版业有《时代》周刊、《人物》、《体育画报》、《财富》；新闻集团也极为擅长品牌经营，旗下的报业品牌有《泰晤士报》、《太阳报》，电视网有 FOX、国家地理频道、Channel［V］以及在华语区有名气的凤凰卫视。新闻集团旗下的哈柏—柯林斯出版公司是成功将品牌作为企业发展战略的案例。在几十年内，该公司将《草原小屋》（*The Little House on the Prairie*）从 20 世纪三四十年代的作品发展成为适合 8—12 岁儿童阅读的图书系列。提起体育电视网，ESPN 无疑是其中的翘楚，迪斯尼收购了 ABC 之后，一直投入巨大的资金塑造 ESPN 品牌，如今，ESPN 已具有极强的号召力，平均每星期有 8700 多万年龄在 12—64 岁的美国人（占该年龄段所有美国人的 44%）在观看、收听、阅读或登陆 ESPN 品牌的各类媒体。

---

① 高振强著：《全球著名媒体经典案例剖析》，第 13 页，中国国际广播出版社，2003 年 1 月第 1 版。

第五，合理的品牌延伸战略。品牌延伸是对品牌资源的深度开发和利用，这是各传媒集团获得利润最大化的重要法宝。我们知道，一个成功的品牌都有其独特的核心价值，若这一核心价值与基本识别能包容延伸产品，就应该充分地进行品牌延伸。AC尼尔森近期发布的一项研究显示：吸引当今全球消费者的超级大品牌须具备三大共性，即信任感、独特的专业性、品牌延伸范围较为合理。“专业性、信任感和合理的品牌延伸是创建全球超级大品牌的三大关键要素。”AC尼尔森全球服务董事长Jane Perrin评论说：“在品牌延伸到核心品类以外的其他品类，或者打入本国以外的其他国家、地区的过程中，这三大特性所带来的优势是非常突出的。”来看几个案例。迪斯尼动画片中“米老鼠”卡通形象受到广大观众的欢迎，迪斯尼公司看到了这个卡通形象所具有的巨大商机，及时推出了与“米老鼠”相关的各种图书、音像制品等，同时开发出具有“米老鼠”标志的各种商品，品牌延伸开发涉及主题公司、家具、日用品、仪器、服装、玩具、纪念品等各个领域。HBO制作的《黑道家族》（*The Sopranos*）和《欲望都市》（*Sex and the City*）等系列剧集已成为美国电视界最受欢迎的剧集：1998年首播的《欲望都市》被《今日美国》评为美国电视历史上的十大转折点之一，次年首播的《黑道家族》则让“HBO制作”的概念成为一个“前卫”、“酷”、“高质量”的品牌。HBO就充分地将这个品牌进行了延伸。2003年年底，制衣公司Zanzara International推出了许多款剧中人物所穿的丝绸衬衣以及运动装。带有“HBO”和“The Sopranos”logo的肉酱、沙拉酱、通心粉也已面市。在纽约第五大道，著名的梅西百货已开始提供源自《黑道家族》剧集的一系列商品，诸如黑帮老大东尼·索波诺式样的领带。*TOM and JERRY*（《汤姆猫和杰利鼠》）是美国时代华纳旗下的最著名的动画片，曾获8次奥斯卡金奖，是唯一获此殊荣的动画片。它幽默的故事情节，生动的场景制作，快乐的音乐，俏皮的猫和老鼠被全世界的儿童甚至成人所喜爱。时代华纳公司充分利用这一品牌，在全球开始推广，欲将*TOM and JERRY*做成儿童化妆品的知名品牌。

5. 媒体集团全球经营特征之五——整合营销

对于全球化程度很高的传媒集团来说，整合营销是一个业务战略过程，它通过制订本集团的品牌传播计划，深入地分析消费者的感知状态及品牌传播情况，最重要的是它实际上提供了一种可以评价所有投资活动的机制。在全球市场竞争中，缺乏整合营销能力的公司只能处于劣势。整合营销可以将企业内部资源整合后，对准最有价值的顾客。这不仅可以减少营销资源浪费，更能为企业赚得最高利润，而且同时又能借着整合营销的沟通，使顾客获得所需的信息，迅速作出最有价值的决定。

全球媒介产业中，像迪斯尼、时代华纳、维亚康姆，无一不体现出卓越的整合营销能力，在明确本集团使命的情况下，运用这一能力充分调动本集团甚至本产业在全球范围内的能量以实现既定的战略目标。整合营销对提高这些传媒集团的竞争力和核心能力，保证企业的可持续发展发挥着巨大作用。

（1）如何理解跨国传媒集团的整合营销理念

整合营销的过程包含一系列活动，这些活动的受众包括消费者、顾客、潜在顾客，它将重点放在商业过程上，从而最终形成一个封闭的回路系统。它强调营销即传播，即和客户多渠道沟通，和客户建立起品牌关系。与传统营销 4P 相比，整合营销传播理论的核心是 4C：相应于“产品”，要求关注客户的需求和欲望（consumer wants and needs），提供能满足客户需求和欲望的产品；相应于“价格”，要求关注客户为了满足自己需求和欲望所可能的支付成本（cost）；相应于“渠道”，要求考虑客户购买的便利性（convenience）；相应于“促销”，要求注重和客户的沟通（communication）。如果某传媒集团能够兼并电影公司，它就能够通过自己的网络促进电影的发展，随之又会通过电影进一步推动电视节目、音乐唱片、图书以及其他所有行业的扩张。西方学者对产品的整合营销观念作了详细的分析。他们认为，产品一开始是一个想法，指的是给予消费者一种感受和经历，而并不是产品本身。在这种思想的支配下，产品从设计开发起就要时时考虑到它对消费者意味着什么，能够带来怎样的顾客价值，因此顾客导向是产品开发的灵魂。[①] 其精髓就是：①不要卖你所能制造的产品，而是卖那些顾客想购买的产品，真正重视消费者；②暂不考虑定价策略，而去了解消费者要满足其需要与欲求所愿付出的成本；③暂不考虑采用什么样的渠道销售策略，应当思考如何给消费者方便以购得商品；④暂不考虑怎样促销，而应当考虑怎样沟通。换言之，整合营销传播必须具备的三个关键条件是：A. 是否以消费者为中心，是否以“消费者需要什么”，而不是以“消费者在哪里”来定位产品和卖点；B. 是否有“营销就是传播”的理念并将它付诸实践；C. 其核心环节——整合。

（2）跨国传媒集团整合营销的特征及操作

在当代西方跨国媒体集团的整合营销传播活动中，其理念上的重要转变是

① Kim B. Clark, Takahiro Fujimoto, *The power of Product Integrity*, Harvard Business Review, 1990, 11/12.

已经由传统的“消费者请注意”，转变为“请注意消费者”了。一切以消费者为中心，凡是与消费者相关的活动均纳入营销体系，使传播的空间扩大。

具体特征如下：

①消费者处于核心地位，传媒集团整合营销传播的核心工作是培养真正的“消费者价值观”，与那些最有价值的消费者保持长期的紧密联系。比如迪斯尼乐园的SESC服务理念：安全（Safety）、礼貌（Courtesy）、表演（Show）与效率（Efficiency），也就是“SCSE”。具体来说，所谓“安全”是指游客可以放心地使用游乐设施、购买商品、享用美食，诸如此类，让游客安心地享受在迪斯尼里的每一秒美好时光。这是提供服务首先应该考虑的要素。例如，如果一个游客带着一个小孩，他身高不到1.1米的话，那么有一些惊险性的设施是不能够玩的。这个时候，该处服务员会非常严格地给游客所带的小孩测量身高，而且会告诉游客这个小孩还不能参与。但是他并不会让游客的小孩失望，而是给小孩提供一个证明书，证明小孩今年已经来到这儿了，不过因为身高，今年还不能挑战这个项目，等小孩将来身高到了这个高度的时候，欢迎小孩再次来玩，这就等于给小孩一个梦想。那么小孩过一年后，可能就会说，我今年身高是不是已经到了，我还要去迪斯尼乐园，这个时候大人肯定要带着小孩再次去迪斯尼乐园，完成这样一个类似使命的东西。[①] “礼貌”是指待人处事的态度。服务是人对人所做的行为，因此就存在着一些必须遵守的礼仪。“表演”是指娱乐界所说的“表演必须继续”。在每天的节目表演中，演员们都要带着第一次演出的心情，舞台建筑上也绝不允许有油漆脱落或是灯光不亮的情况发生。迪斯尼的每一名员工都是表演者，不仅自己穿着各种迪斯尼卡通外套进行表演，还和观众一起进行互动表演，这样的表演，让游客有一种身临童话世界的美妙体验，常常流连忘返。“效率”是指让尽可能多的游客享用到乐园的娱乐设施。游客是专程前来游乐园游玩的，如果他们没能来得及参与几个游乐项目就要离开的话，主题公园也就失去了存在的意义。同时，迪斯尼的每一位员工都会在第一时间成为顾问解决游客提出的问题。

②以本质上一致的信息为支撑点进行传播，传媒集团不管利用旗下的何种媒体，其产品或服务的信息一定得清楚一致。以各种传播媒介的整合运用作手段进行传播，凡是能够将品牌、产品类别和任何与市场相关的信息传递给消费者或潜在消费者的过程与经验，均被视为可以利用的传播媒介。

具体的操作示例如下：

---

① 倪宁著：《迪斯尼娱乐攻略》，第85页，南方日报出版社，2005年1月第1版。

A. 讲求系统化管理：整体配置企业所有资源，企业中各层次、各部门和各岗位，以及总公司、子公司，产品供应商，与经销商及相关合作伙伴协调行动，形成竞争优势。2001 年 6 月，维亚康姆公司和宝洁公司签署了一笔价值达 3 亿美元的广告协议。这个协议就是推动消费品巨头宝洁公司通过维亚康姆的多媒体平台进行销售。根据此为期一年的协议，宝洁公司将在维亚康姆的 12 家电视台播出其产品的广告。这种营销传播活动集中化的目的是通过整合各种活动以获得更大的协同效应。对于这些大媒体公司来说，目前挣钱的拿手好戏是所谓的“多平台”广告——将无线、有线、互联网、杂志进行“捆绑”式的销售。维亚康姆公司称他们已将广告以“Viacom－Plus”的套装形式向 20 个左右不同的广告客户销售——将商业品牌在维亚康姆旗下的广播电台、广告牌、有线频道和 CBS 电视网络中同时推出。天才的市场营销家麦卡尼克还想出了一个新鲜的营销策略，即把迪斯尼和大企业、大公司捆绑起来，例如和麦当劳、美国牛奶业协会合作，购买美国牛奶业协会牛奶的顾客，买每盒迪斯尼录像带可以少花 4.5 美元。这种营销策略大大开拓了迪斯尼的市场前景。美国在线时代华纳最近也向大陆航空公司用相同手段销售 Kinko 的广告。

B. 着重以消费者为中心并把企业所有资源综合利用，实现企业的高度一体化营销。整合既包括企业营销过程、营销方式以及营销管理等方面的整合，也包括对企业内外的商流、物流及信息流的整合。传媒集团往往制订统一架构来协调在全球范围内的传播计划，形成一个窗口对外说话的效果。迪斯尼公司在整合营销方面一直被视为业界的领袖。每推出一部新片，迪斯尼都充分调动集团上下所有环节——迪斯尼电视频道、ABC 电视网、迪斯尼网站和全球迪斯尼乐园的能量——为新片进行宣传。凭借众多的卡通形象和电影明星，长期以来迪斯尼在玩具业始终保持世界最大特许品牌的地位。尽管有好的品牌和动画明星，但迪斯尼从不直接生产这些品牌的产品，而是充分利用这些品牌的优势，依靠自己的设计和营销队伍，向厂商出售迪斯尼品牌产品的特许经营权，因为迪斯尼公司认为“这是最简单快捷的盈利方式”。如今迪斯尼已在全球拥有数以千计的迪斯尼商店，业务遍及玩具业、服装、游戏，甚至拓展到了儿童食品和饮料业。

C. 强调协调与统一。企业营销活动的协调性，不仅仅是企业内部各环节、各部门的协调一致，而且也强调企业与外部环境协调一致，共同努力以实现整合营销。

新闻集团推出了《X 档案》电视节目，公司将节目制作完之后，通过福克斯网进行推销，然后在 22 家福克斯电视台和福克斯有线电视网播放。之后新闻公司又推出了《X档案》图书和其他相关商品，其旗下的二十世纪福克斯公司又于1998年制作了电影版本。新闻集团甚至举办了《X档案》产品的巡回展览会，这个展览会在1998年3月访问了美国10个城市，所有活动都通过新闻公司的其他媒体进行了及时报道。

维亚康姆旗下的派拉蒙1995年出品的电影《独领风骚》（*Clueless*）在MTV电视网滚动播出广告和宣传片，首轮上映后的录像带在百视达连锁出租店出租，西蒙与舒斯特出版了有关百视达电影节目的图书和以音乐电视人物为基础的丛书。维亚康姆还计划出版一套以派拉蒙电影人物为主的喜剧图书，研发出一种唱片标签，更大限度地开发MTV的品牌。

迪斯尼在1994年耗资5000万美元制作了《狮子王》，最终收益达到20亿美元，其中票房收入7.7亿美元，视频产品和电影音乐唱片收入均达到几亿美元，把《狮子王》改编成音乐剧又创造了1998年的最高票房纪录。

好莱坞影业对整合营销传播理念的深刻体悟和准确把握，堪称世界营销业界的典范。好莱坞电影营销是跨越职能部门进行整合营销的典范。具体来说，好莱坞出产一部重点电影，它几乎用尽所有的营销手段，采用一切可能的营销渠道。有资料表明，美国电影业总收入中约20%是从影院的票房收入中获得的，而有约80%则是由非银幕营销所得。这似乎意味着，只要有一部影片在世界影坛打响，电影后的营销将是一笔源源不断的、远远高于影片本身票房收入的财源。《哈利·波特》除了可观的全球票房收入外，它的电影原声带在世界各地供不应求，电影小说、影音光碟再加上主题公园或影城，为电影公司取得了巨大利润，还有来自录像带市场和有线电视的更加丰厚的获利。

（3）全球化传媒集团实现整合营销的效果

由于全球化的市场没有统一的环境，不可能有同样的广告传播机会，因此其他的沟通策略被广泛地应用。全球化传媒集团的整合营销策略可以让广告、促销、直销、公共关系等所有的传播程序具有整合感；适当地减少或整合几种传播程序，必然使企业的组织能力有改善和进步；在目前传媒市场竞争激烈，强烈要求减少成本的状况下，整合营销最大的贡献就是减少了企业交易费用；整合就是通过市场使传媒业本身与目标受众沟通得“更好，更有效率”，把包括广告在内的所有营销活动和传播活动的焦点尽可能移向目标受众群。但是有一点必须注意，那些非传统的沟通方式所表达的内容必须与已有的品牌定位和形象相一致。迪斯尼的主题公园不仅盈利丰厚，而且也成为迪斯尼整个集团极佳的广告载体，传达出“有趣的家庭娱乐”的品牌联想。

附：

Nickelodeon（维亚康姆旗下的儿童频道）的 Marquee 卡通片 *SpongeBob SquarePants* 的推出，对所有年龄段的孩子来说都是件大事。剧中的主角是一个方形的居住在大海里的海绵，名叫 SpongeBob，它的穿着打扮像人类一样。这一简单虚构的形象使得此片获得了极大的成功，并且产生了许多衍生授权产品。从营销的角度看，SpongeBob 的成功得益于推动和拉动的联合策略。推动策略是 SpongeBob 成功的关键。Nickelodeon 逐步推出此片，在 1999 年 5 月年度儿童评选颁奖会后开始预演。Nickelodeon 的现场促销也促进了此次预演。其后，Nickelodeon 开始推出之前的拉动策略，比如，在主要市场上的户外广告。Nickelodeon 将大学定位为目标市场，在大学里开始网上直播 SpongeBob 预演系列片，并且赠送 SpongeBob T 恤。当时的营销副总监鲁思·萨林解释道："当我们的片子正式推出时，观众已经非常渴望看到此片。"一年内，SpongeBob 系列片的收视率就比星期六早晨的"Pokemon"卡通节目还要高。直至 2001 年，SpongeBob 位列第二大受欢迎的儿童节目，仅次于 Nickelodeon 的"Rugrats"。在那一年，每个月都有超过 2800 万名观众收看 SpongeBob，而且 1/3 的观众在 18 岁以上。

由于 SpongeBob 的成功，它开始成为促销活动或者许可经营的对象。自 2001 年开始，SpongeBob 和它的朋友 Patrick Starfish 已经出现在一系列印刷品和电视广告上。在一则电视广告中，SpongeBob 试图粘贴胡须，但是因为其多孔的结构，结果失败了。同年，汉堡王和 Nickelodeon 签署了一个交叉促销协议，在汉堡王的儿童套餐中加上 SpongeBob 玩具。此外，塔吉特商店取得了 SpongeBob 的使用许可权，销售大量的相关产品，有学生用品、玩具，等等。塔吉特通过电视广告、印刷广告、促销活动来支持这一新产品，比如店内身着卡通服装的 SpongeBob 人物形象。塔吉特还在其 Target Grand Prix 汽车比赛中，将 SpongeBob 塑造成伟大的车手。

（资料来源：Mary Wargner，*SpongeBob Square Pants*：*Ruth Sarlin*，Advertising Age，26 June 2000.）

6. 媒体集团全球经营特征之六——寻求当地化与全球一体化之间的均衡

跨国传媒集团经营的一体化要求传媒集团在持续经营的基础上对分散在全球不同地域的活动进行集中管理，而针对地方性的竞争和消费需求，传媒集团分散在当地的子公司必须作出自主的资源配置决策，这种全球跨国经营的现实要求传媒集团必须在全球一体化和经营当地化之间寻求最佳的平衡点。

在寻求全球一体化与经营当地化之间的平衡点时，几大传媒集团贯彻这样一种理念：全球化眼光，本土化经营。全球化思考对于保证公司总部和各国子公司的资源配置在竞争和战略方面的一致性往往是至关重要的，是确定、创造以及保持长期竞争优势所必需的。比如维亚康姆旗下的 MTV 在开发国外频道时就力求在推进当地的本土文化和音乐人才的同时，保持 MTV 的综合风格、设计理念以及 MTV 商标的完整性。跨国传媒集团是通过推广当地的一流人才来赚钱，而绝不会帮助、扶持当地的文化企业成长壮大为世界一流的公司，成为自己的竞争对手。当有人批评老默多克是个文化毁灭者时，他的儿子詹姆斯·默多克坚信：与任何其他媒体公司不同的是，新闻集团每到一地，必定会研究当地市场，用当地语言做节目，并聘用当地的优秀人才做事情。

全球化的理念意味着传媒集团将企业的核心能力依据当地的特点从一国转移到另外一个国家。跨国传媒在进行全球化战略时要处理的重点问题就是如何进行跨文化的管理。国家界限对巨型的传媒集团的管理来说已经不再是障碍，但是，比起国家界限来，文化的界限更加难以逾越，尤其是与文化息息相关的传媒企业。从企业内部的组织结构上，分散在世界各地的子公司必须依靠当地的人才进行运作，这就是管理者必须面临文化差异造成的不同的工作态度和追求。而传媒公司的产品内容，实际上就是一种文化，根源于又改变着目标国的传统文化。文化并不是一个抽象的概念，它涉及许多细节，有时候，它内在的许多规则甚至是所在国的成员都无法觉察的，因此，对于一个跨国企业来讲，进行跨文化的管理，其难度是可想而知的。这需要跨国公司的管理表现出巨大的柔性，界定合适的战略目标、选择恰当的整合方式、建立完善的沟通机制。前新闻集团（中国）首席运营官、Star TV 常务副总裁施朗然先生在接受记者采访时，谈到了国际传媒巨头默多克进入中国传媒市场时说："新闻集团最大的特点及与其他公司的最大区别是：我们是一个国际化观点更强的公司……我们在致力于本地化的投资方面与其他公司是不同的，比如一家美国传媒公司，引进到中国的可能只有美国版的东西，不管怎么调整，基本上还是美国的节目，而我们却要做出地地道道的本地节目……但是我们也不会将自己当成一个土生土长的单位，这样做也很傻，毕竟我们与国内的电视台还是不一样的。"① 新闻集团有着悠久的全球运营传统，在收购新公司时，汲取新公司企业文化的精髓，同时从新闻集团其他部门调进一批管理人员参与新公司的管理，让原有公司的企业文化尽快地转化成新闻集团自己的企业文化。新闻集团充分认识到不同文

①《小默多克来了：新闻集团枕戈待旦挥师中国》，《文化周刊》，2001 年 1、2 月合刊。

化的异同点，通过文化间的相互补充和协调，形成一种全新的组织文化，获得多元文化的交叉优势。

文化市场是民族性非常强的市场，一家媒体在本国行之有效的做法，在他国未必行得通。民族心理决定消费习惯，跨国媒体面对陌生的环境，必须首先熟悉目标国的媒体市场，致力于经营目标的本土化。当地化经营促使传媒集团对不同国家市场的不同需求保持敏感并可以随时应对压力。对于跨国传媒集团来说，要想在海外取得商业媒体运营的成功，关键的一点就是本土化，本土化应该是传媒集团的天然属性。总部设在德国的贝塔斯曼，在全球 50 多个国家拥有 300 多家公司、82,000 多名员工，公司覆盖面广、各地文化差异大促使贝塔斯曼对于不同地区实施不同策略，由当地人经营，针对不同的产品，推出不同的经营模式是贝塔斯曼一贯的主张，当地公司的一些高层经营管理人物也由当地人担任。贝塔斯曼更不惜花费大量的时间和资金去培养当地劳动力成为符合贝塔斯曼要求的合格员工。因为他们深信当地人比他们更加了解当地的文化、当地的文化口味以及当地人的消费水平。

本土化包含两方面的主要内容：一是内容的本土化，二是管理的本土化。国外的文化与传媒公司发现，自己的文化产品若要在目标市场生根、发芽、开花、结果，产品本身必须本土化，即必须依照目标市场大众的需求与口味，投其所好，制作他们喜欢的内容。文化资源本身没有界限，成功的传媒公司都善于从各地文化资源中撷取精华，生产加工为适应全球市场的文化产品，以从中盈利。但是由于各个国家独有的历史和文化传承，即使在好莱坞席卷全球的今天，人们还是对与自己文化最为接近的节目感兴趣。比起其他几个集团来说，新闻集团在海外市场的经营本土化程度非常高。默多克控股的面向中国的凤凰卫视，面向印度的娱乐频道 Zee TV 以及针对印尼观众开办的体育频道 Star Sport 等，从节目生产到管理，从编辑到记者、主持人，从语言到风格，皆实行本土化。曾任时代华纳中国首席代表、现为新闻集团中国区常务副总裁的刘香成曾表示：新闻集团务实的作风更有可能在中国取得成功——尊重并且努力适应当地的习惯。新闻集团往往拥有当地市场中的独立品牌，而其他公司则更多地与母公司相关联。在亚洲市场，隶属于新闻集团的 Star 被视为一个亚洲公司，而 CNN International 更多地与母公司的品牌相关联。默多克曾说：如果你忘记了人们在他们自己的国家里想观看的基本上是地方节目、地方语言和地方文化，那你就大错特错了。当年需要在美国发展时，他把总部从澳大利亚迁到纽约，并加入了美国国籍。他还有效地平息了保守的英国的抵触怨恨情绪，《泰晤士报》和《太阳报》等至今仍保持浓重的英国味。由于拥有一家全球性媒体公司，默多克不得不考虑各国之间差异巨大的风俗习惯。“比如，在美国，几乎所有我们认为消费者希望阅读和收看的印刷品都可以出版和播出，这种权利得到宪法和法律的保障。”默多克说，“而在英国，政府有权对每天晚上9点以前播出的节目内容进行限制，而且可以限定报纸对纯粹私人性的问题报道到什么程度。”在前来福克斯参观的客人们面前，默多克对西方媒体集团进入外国文化领域的困难作了如下表述：“我们必须认识到，我们所从事的娱乐和媒介行业与其他行业不一样，我们所做的一切都与当地的政治、社会及文化生活密切相关，我们一定要尊重当地文化，否则就会变成文化帝国主义。”①

维亚康姆也是实施本土化经营战略的一个典范：收购外国公司时有目标国的本土知识能为在新市场开展业务提供坚实的立足点，因此，收购者必须克制自己忽视本土文化和知识的倾向。像所有的业务一样，国际业务同样遵循古老的80/20原则：所有业务中的80%是相同的或者是十分相似的，不论该业务发生在哪里，其余的20%与国外市场必须做的业务是非常不同的。在美国本土取得成功的维亚康姆当然要谋求在全世界范围内拓展，选择正确的方向和手段无疑是最重要的。世界上有多少个国家就有多少种不同的国情、社会制度、经济发展水平、宗教信仰、民族心理等，不管哪一个都会对跨国企业的进入造成影响。维亚康姆在全球166个国家和地区都有业务，用18种语言向全世界播出节目。在世界各地为维亚康姆工作的员工当中，99%都不是美国人，而是当地的人才。充分利用当地资源、当地人才，尊重和采纳当地的意见，并反映当地的文化、历史和欣赏品位，是维亚康姆把内容本土化的关键。与此同时，还要先把本土的事情做好，在当地站稳脚跟，成为当地的知名品牌之后，再考虑向全球发展，这样既把本土文化推向世界，又把世界文化带回本土，形成一个良性的循环。对于维亚康姆这样的娱乐产业集团更是如此，有关文化侵略、媒介帝国主义的争论日益激烈，有着广阔市场的发展中国家对此难免会有戒心。维亚康姆选择MTV作为前哨是一个明智的选择，音乐的意识形态色彩相对较淡，能够被各国接受。音乐也可以跨越语言、文化交流的障碍，直抵人心。更为关键的是维亚康姆一贯的本土化策略又使得MTV在所在国经营、宣传当地的音乐，显示出了自己为所在国服务的诚意，树立了相当好的品牌形象。

多年以前，MTV全球音乐电视的老板比尔·罗迪就意识到：当年轻人说

① 〔美〕温迪·古德曼·罗姆：《默多克的新世纪》，第133页，中信出版社，2005年1月第1版。

"我要我的 MTV 时"，他们的真正意思是，"我要我们自己的 MTV"。对于该国受众而言，一个使用自己母语播出、蕴含本国文化以及有自己国家音乐人才的频道是有心理和地域贴近性的，这为 MTV 迅速占领市场创造了很好的条件。①

7. 媒体集团全球经营特征之七——核心能力基础上的多元化经营

自"二战"以来，多元化经营成为大公司迅速扩张的重要方式。特别是在 20 世纪 60 年代和 70 年代，随着美国第三次兼并浪潮的出现，一些大公司纷纷通过兼并来实施多元化经营，从而掀起了一股多元化经营热潮。今天我们所研究的跨国传媒集团都在进行着多元化的经营，正如默多克在回答传记作家提问时所说：不管是为地区服务的地方新闻，还是向全球转播的重大事件，或者重要的体育赛事，不管出版图书还是发行报纸，这是一个永远充满竞争的领域，在当今的传媒世界，根本不存在独自发展的事业。

考察西方跨国媒体集团的经营可以知道，他们所进行的多元化经营基本上已经发展到一种产业内部的以核心能力为基础的多元化经营。尽管其内容不同（按传统观点，甚至是不同行业的内容），但其生产对象的实体是同一的（信息、服务），其运作平台也是互通的（全球媒体网络）。因此，这种业务融合具有很强的资源整合性、人员和机构间的协同性、业务之间的互动性。我们可以从下表考察一下主要传媒集团所从事的多元化业务领域：

表 4－2：第一等级媒体集团所涉足的领域（2002 年）②

	电影	广播电视	有线电视	卫星电视	报纸	娱乐业	节目制作	唱片业	零售	出版杂志	在线
时代华纳	√	√	√	×	×	√	√	√	√	√	√
维亚康姆	√	√	√	×	×	√	√	√	√	√	√
迪斯尼	√	√	√	×	×	√	√	√	√	√	√
新闻集团	√	√	√	√	√	√	√	×	√	√	√
维旺迪	√	√	√	√	×	√	√	√	×	√	√
贝塔斯曼	×	√	√	×	√	×	√	√	√	√	√

① 唐润华主编：《解密国际传媒集团》，第 35 页，南方日报出版社，2003 年 8 月第 1 版。
② 资料来源：各公司网站。

需要说明的是，这种业务融合带来的业务结构的多元化，与跨产业经营的多元化相比是不同的。跨产业的多元化由于它们生产对象的实体、技术手段及运作平台是完全不同的、相互分割的，其资源无法有机整合，人员和机构间不能协同，不同业务之间无法融合起来。西方主要的传媒集团的多元化经营是业务融合的合理结构，强调的是各种内容资源经营开发的多元化。

传媒集团多元化的结构主要体现在两个方面：第一，节目内容的多元化；第二，传播渠道的多元化。维亚康姆旗下的尼克罗迪恩儿童电视频道于1974年4月1日启动，拥有超过8100万的美国家庭订户。其目标受众是2—11岁的孩子，自1995年以来成为美国收视率最高的有线电视网之一。作为这一行业居领先地位的儿童原创节目制作商，该电视频道制作了数量惊人的原创儿童动画片、杂耍演出、游戏节目以及历险节目。该频道是一个全球娱乐品牌，业务涉及节目规划、制作、消费品、在线、娱乐、出版以及故事片。这些全面增强了该电视频道在全世界儿童娱乐市场的渗透力和影响力。从上表中我们可以看出，所有的跨国传媒集团都有自己的节目制作能力，他们通常通过制作电影、电影节目，延伸出许多其他形式的节目以在自己的全球媒体网络上最大地利用，从而获利。

节目内容的多元化是传媒集团制胜的法宝之一，但是如果没有多元化的渠道建设，就在很大程度上会受制于人。多元化的渠道建设使各个传媒集团能够实现“独立经营，联合作战”。特别是同时拥有定位不同的电视节目频道，使大公司一方面可以在内部进行资源共享，另一方面也可以瞄准不同年龄、层次的观众群。由于大媒体公司将不同媒介统于一身，节目资源可以进行共享和互动。维亚康姆2000年收购了老牌电视网CBS后，将部分观众吸引到MTV中去，MTV则在其频道中推广CBS制播的以青年为主要收视对象的《幸存者》。两个频道有时联合制作节目，例如联手报道滥用药物的故事。每个大电视网都拥有大的制作公司。这些制作公司可以为本电视网制作节目，降低购买成本，播出后再卖给其他电视网和独立电视台；也可以和一些著名的制片人签约制作名牌栏目直接推向市场。

巨型的跨国传媒公司在全球范围更是十分注重整合内容和渠道，维旺迪公司在全球跨越式的发展更是体现了这个原则。维旺迪拥有位于欧洲的Cannal Plus集团，该集团拥有40多个不同的频道，这是维旺迪1983年参与创建的。1997年，维旺迪又收购了欧洲第二大付费电视运营商Nethold，并且通过他们的数字化启动和扩张，维旺迪环球在欧洲大陆形成了付费电视网络；通过兼并西格拉姆公司，维旺迪环球在美国拥有了强有力的电影和音乐制作系统；通过购回美国电视网（USA Networks）的有线频道，维旺迪环球电影在美国和欧洲都拥有自己的发行渠道。2001 年，维旺迪向美国第二大卫星电视公司 EchoStar 投资 15 亿美元，获得 10%的股份，意图将自己的电影、音乐和电视节目带给 EchoStar 在全球拥有的 1.6 亿用户。此外，为了建立自己的无缝链接传播渠道，维旺迪通过子公司 Cegetel 和维旺迪国际电信使用户能够通过移动设备接入网络，掌握电信渠道；通过与全球领先的移动通信集团沃达丰合建 Vizzavi 门户网站，建立了强大的网络系统以利用互联网的销售渠道作用。这样从付费电视、有线电视、卫星电视、电信到互联网，维旺迪环球建立了全面的渠道系统。其他的传媒巨头如时代华纳、新闻集团几乎都已放手把自身打造成为全媒介的跨国媒介集团。

需要指出的是，在集团发展的过程中，即便是在传媒产业的范围内考虑业务结构的多元化，也还是要注意形成核心竞争力。因为，业务融合不是削弱专业化程度，而是要求更精细的专业化运作，以形成核心业务和拳头产品。过快地进行多元化经营，势必造成主业不强、多元经营、整体业务规模很大却又形成不了规模效益的局面。应该看到专业化经营是多元化经营的基础，一个合理的多元业务结构的形成必须从专业化做起。巨型传媒公司的危机与衰亡都与公司的多元化扩张战略有关。这种现象的出现有其内在原因，像前面所提到的维旺迪环球目前的困境就在于该公司没有处理好核心业务和新进业务的关系，没有在传媒领域建立自己的核心竞争力，那么多元化也就失去了赖以支撑的基点。还有合并后境况不佳的时代华纳也在反思自身多元化经营中的失误，新任 CEO 帕森斯的想法非常明确，他要学习联邦快递（FedEx）的经验，“独立运营，联合作战”，让时代华纳和美国在线两大事业群之间形成既有合作又有竞争的格局，简化美国在线时代华纳的内部结构，使其业务形成优势互补，试图重现这一传媒巨人的辉煌。

迈克尔·波特在研究了 33 个主要的多样化经营公司的组合后发现，在 1950 年到 1986 年间进行的兼并和收购中，1/3 以上最后被剥离。而多样化也应该依据三个策略：行业吸引力、进入方式的成本效率和收购者使合并公司增值的能力。[①] 多元化公司必须拥有一个具有竞争性的公司远景战略与具备筛选功能的业务模型，将业务运营系统与变革思想融为一个整体的综合能力，从而保证多元化背后的持续支撑动力，使公司业务“多而不乱”。而维亚康姆、新闻集团之所以能够在多元化经营，壮大自身的进程中保持稳健的步伐，得益于其有

① 〔美〕戴维·贝赞可等著：《公司战略经济学》，第 204 页，北京大学出版社，1999 年。

一个衡量企业核心竞争力的“核心盈利”指标，它将按不同会计方法计算出的企业盈利进行调整，消除仅仅阅读企业财务报表给人造成的误导，从而使其对各类企业进行评估时具有较强的可比性。维亚康姆的首席运营官曾说：在过去的几年中，他不止收到上百份商业计划，都是要求维亚康姆开始互联网战略的。但他们认为，投巨资在互联网上会缩小公司的规模。所以你应该坐下来对自己说，为什么我们付出了很大的代价，到头来它只是在未来五年成为公司业绩的一小部分。所以，他们坚持以电影、电视、音乐产业为自己的核心业务。新闻集团在20世纪80年代才开始崭露头角，到2002年，其多元化的业务几乎覆盖了世界的每一个角落，涉足报纸、杂志、图书出版、电影、有线及无线电视网、数字卫星网、体育产业。尽管如此，新闻集团的核心竞争力仍旧是非常突出的，比如报纸、卫星电视网和体育节目，以及其善于利用社会资源而突入某个领域取得领先的能力，等等。

二、西方媒体集团全球经营存在的风险

本书中的各章节已多次提到，从1980年以后，世界传媒集团的发展已经由单一的传媒形态过渡到家族传媒再进入到全球化的传媒集团阶段，这种迅猛的增长态势主要是通过传媒集团大刀阔斧地兼并收购实现多元化经营而得以实现的。企业的任何一种增长模式都是要经得起时间检验的。从目前的发展状态来看，西方媒体集团的全球经营存在着相当的风险，只有建立起相应的风险防范机制并能够有效地进行资源利用与整合，才能够使整个集团的发展进入一个长期良好的运营之中。

1. 传媒企业资源分散的风险

传媒集团的迅速扩张以及其多元化的经营战略选择必然会分散企业的资源。维旺迪环球集团的历程就正好印证了这种风险。维旺迪的前身是法国自来水总公司，是法国最大的自来水供应、垃圾处理和环保设备制造商。2000年以来连续收购了西格拉姆公司、美国网络公司的电影与电视业务，并购入EchoStar 10%的股份，成为世界第二大传媒集团。维旺迪集团很快便在60多个国家和地区建立了2600多个公司，业务涉及音乐、影视、出版、电信、环保等六大部分，进入了全球最大的传媒公司行列。传媒业的有效运作一定需要一个长期经验积累的过程，这正是维旺迪公司所欠缺的。因经营不善及公司资源的不断分散，该公司负债累累。2002年7月初，因为涉嫌假账以及巨额债务缠身，公司

股票于 7 月 2 日在巴黎证券市场上遭遇抛售，3 天之内市值缩水 1/3。从 2002 年 11 月开始，维旺迪集团已陆续将其在维旺迪环境中的股份出售给 17 家法国主要机构的联盟。2003 年，维旺迪将其在美国的电影和电视业务出售给通用电气。

2. 资源整合能力的风险

多地区、多元化的经营策略需要企业具备相当高的管理能力。资源的有效整合是传媒集团扩张的理论基础和现实道路，但是企业管理能力的欠缺使得很多传媒集团很难从外部通过并购来有效获得迅速提高竞争力所需要的技术、人力资源、销售渠道，等等。在实际运营过程中，媒体集团之间的跨媒介运作往往并不流畅，阻力重重，内部之间的摩擦也会消耗企业巨大的精力。维亚康姆集团曾预期，收购哥伦比亚广播公司之后，集团拥有的派拉蒙电影公司、MTV 公司可以向哥伦比亚电视网、电台提供节目，哥伦比亚电视台、电台则可以通过播放维亚康姆公司提供的精彩节目来吸引更多的青年受众。但是合并之后的实际情况是：如果派拉蒙电影公司制作了一部劣质影片，根据集团规定，电影会毫无阻碍地在电视网和有线网播出，这无疑会降低电视台和有线网的收视率。同样，当电视公司制作了劣质节目时，同样也会损害其他部门的形象。另一方面，当派拉蒙电影公司制作了一部卖座影片之后，公司的体制又不允许集团之外的买家参与竞购，影片只能在集团内部的渠道流通，其市场价值就不能得到最大限度的体现。《华尔街日报》的一篇报道这样描述媒体集团内部的资源整合：“随便请教一位媒体集团的员工，他们从兄弟部门中得到了多少合作？你得到的都会是一阵大笑。”在维亚康姆集团，如果广告时段卖给集团外的客户能挣更多钱的话，广播部门是不会给唱片部门任何优惠的。也就是说，集团内部各部门都只会盯着自己的利益，而很少考虑资源的共享及集团的整体利益。组建媒体集团时，讨论得最多的优势之一就是可以实现广告捆绑销售和各媒体优势互补：集团旗下多样化的媒体能够满足各类广告客户的需求，客户能在各个媒体之间交替、互补广告内容，集团可以通过捆绑销售获得巨大的广告利润。然而经验表明，广告商似乎仍然更喜欢在某一种形式的媒体上做广告，而不是购买集团捆绑销售的广告套餐。其实这种想法也很好理解：既然我的目标受众就在 CBS 的覆盖范围之内，为什么我还要多花 10 美元去派拉蒙主题公园做广告呢？尽管这 10 美元的广告确实也非常便宜。[①]

① 资料来源：http：//news.xinhuanet.com/newmedia/2005－06/17/content_3099072_1.htm.

3. 财务风险

传媒集团大规模的收购和兼并形成的迅速扩张发展模式，必须借助于金融工具，这就意味着要应对财务风险。财务风险主要来自融资而产生的财务杠杆作用。股份公司在营运中所需要的资金一般都来自发行股票和债务两个方面，其中债务的利息负担是一定的，如果公司资金总量中债务比重过大，或是公司的资金利润率低于利息率，就会使股东的可分配盈利减少，股息下降，股票投资的财务风险增加；反之，当公司的资金利润率高于债务的利息率时，就会给股东带来收益增长效应，所以说财务杠杆作用犹如一把双刃剑。德国最大的影视集团——基尔希集团的破产完全归结于其过于激进的财务政策。

基尔希集团（KirchGruppe）是除贝塔斯曼之外，第二个跻身国际级别的德国传媒企业。在它的麾下共有65家子公司，分别归属3个子集团：基尔希媒体公司、基尔希付费电视公司和基尔希参股公司。其中基尔希集团的核心部分是基尔希媒体公司，它拥有4家在德国颇有影响的电视台，其中包括德国第二大私立电视台SAT1和第三大私立电视台PRO7以及德国体育电视台DSF和新闻电视台N24。它的主要业务是开办商业免费电视节目、经营许可证和版权交易以及电影、体育节目、娱乐节目、文献纪录片和音乐节目制作等。它的大股东包括陶鲁斯控股公司、意大利总理名下的贝卢斯科尼媒体公司、雷韦零售集团等。

但是，基尔希过于冒险的经营手法使得集团债台高筑，到2002年仅经营体育转播权的基尔希传媒（KirchMedia）的债务就高达22亿欧元。而基尔希的收费电视节目尽管使出浑身解数，也始终无法在德国顾客群中打开局面，订户数字徘徊不前，无法使得企业产生盈利。在40余年的快速扩张中，基尔希集团过分倚重银行贷款，单银行欠债余额一项就高达55亿欧元，虽然公司的业务构成多样，但多数资金套牢在缺乏流动性的体育赛事转播权上，从而导致企业内部资金周转趋紧。2001年前9个月里基尔希传媒的税前利润只达到1.78亿欧元，资金来源日益见绌。

2002年上半年，在基尔希的收费电视台中拥有股份的国际传媒大亨默多克，根据合约要求退出股份，使得基尔希必须向默多克支付高达15亿欧元的贷款和利息。同时，德国另一传媒集团施普林格出版社（Axel Springer Verlag）拒绝延长对基尔希的贷款期限，坚持要求基尔希集团按时偿还贷款。雪上加霜的是，包括德意志银行在内的金融界这一次也拒绝向基尔希继续输血，使得基尔希集团的破产危机在2002年夏天全面爆发，最终导致德国战后最大的企业破产案。①

4. 集团内部各企业文化与经营模式有效融合风险

企业的并购重组不仅仅是跨国公司实施全球化战略的主要手段和形式，同时，也是不同国家、不同企业之间的文化和经营管理模式融合和再造的过程。美国时代华纳和美国在线两家企业并购重组后，不同文化和经营管理模式的冲突一直困扰着公司的经营管理者。

在管理上，时代华纳公司作为传统的内容提供商，拥有成熟的运营模式，主张分散的管理，而美国在线是在全球资本市场中受到追捧的媒体新贵，主张集中式的管理；在企业文化上，作为传统媒体的时代华纳相对刻板保守，而美国在线的 IT 精神通常是张扬不羁的。双方内在本质上有许多难以共融的矛盾，时代华纳的员工认为网络只是一种新的传播平台，只是一个新兴的市场，如果充分挖掘其价值，可以为现有的媒体业务增加收入；美国在线一方的员工则认为，时代华纳有线电视、电影公司、音乐集团等创造的产品只是网络的一个内容提供商而已。

合并之初在人员结构及股权分配上双方也存在不平等。尽管时代华纳公司的 CEO 杰拉德·李文（Gerald Levin）担任了合并后公司的 CEO，但主要高管多是美国在线公司的旧部，如公司董事长史蒂夫·凯斯（Steve Case）、联合 COO 鲍勃·皮特曼（Bob Pittman）、CFO 麦克尔·凯利（J. Michael Kelly）以及几个非常重要的副总裁。时代华纳方面，除了保住了首席执行官的位置外，其他值得一提的职位只有联合 COO 理查德·帕森斯（Richard Parsons）了，像泰德·特纳（Ted Turner）只保留了公司副董事长兼高级顾问的头衔。合并后，时代华纳公司股东获得新企业 45％的股权，美国在线公司股东则包揽剩下的 55％。随着互联网经济泡沫的破灭，2002 年合并后的新公司亏损高达 987 亿美元。这也进一步引起了整个公司的动荡和不稳定性以及经营模式的不确定性。

附：各集团的瘦身计划

迪斯尼集团：2004 年 11 月，迪斯尼将其在美国的 400 余家连锁店卖给了儿童乐园（Children's Place）。2005 年 2 月 25 日，迪斯尼集团以 6000 万美元的价格卖掉了 Mighty Duck 曲棍球队。对迪斯尼集团来讲，这是笔十足的亏本买

---

① 参考各媒体报道。

卖，因为集团在1992年组建球队时就花费了5000万美元。多年来Mighty Duck一直只能勉强维持生计，董事会早就有出售的意向。目前，迪斯尼集团下属的Mouse House正在考虑卖掉其在欧洲的零售连锁店。

自由媒体集团：自由媒体集团2004年3月上旬卖出了50%的探索传播有线网络公司（Discovery Communications）股份。在此之前，该集团刚刚卖掉了其下属的国际业务公司Ascent Media。自由媒体集团总裁约翰·马龙希望通过这些举动向股东证明，自己的控股公司具有更高的市场价值。

索尼公司：索尼公司美国地区新任总裁霍华德·斯特瑞吉尔说，公司可能会考虑在将来适当的时候卖掉在美国的盈利丰厚的电影和音乐资产，以更充分地发掘其价值，同时平衡公司资产分布。

维旺迪：2004年，维旺迪环球集团将其下属的有线网络和在好莱坞的制片厂卖给了由通用电气公司控股的NBC电视公司。

（资料来源：2004年6月17日《经济参考报》）

第五章
西方传媒公司化、全球化运营的影响

一、传媒公司化、全球化运营对新闻业的影响

1. 以公司运作的方式管理新闻业

20世纪80年代以来，传媒业的兼并浪潮此起彼伏，商业广播网及报纸被不断地纳入庞大的跨国公司实体之中。从前文的梳理中我们可以清楚地看到这一现象，哥伦比亚广播公司（CBS）归入维亚康姆旗下，时代华纳拥有美国有线电视新闻网（CNN），美国全国广播公司（NBC）隶属于通用电气，迪斯尼拥有美国广播公司（ABC），贝塔斯曼收购了卢森堡广播公司（RTL），维旺迪环球收购了法国的Cannal plus有线电视网。置身于如此庞大的跨国公司运作之中，传统新闻媒体所制作的节目就直接关乎公司的利润，必须服从于这些公司的全球化运作。当巨型的传媒公司利用市场权力从它们的产品中获取最大利润的时候，公司文化及其操作规则与新闻业长期以来形成的职业理念不可避免地会产生冲突。1987年，《哥伦比亚》新闻评论指出，“MBA正成为新闻业的新老板”。那些受商学院训练的人不再有传统新闻人当年的那种情怀。他们把新闻理解为与汽车、化妆品、洗发水毫无区别的商品。他们对于利润、对于广告商、对商业数字图表的关心，远远大于编辑理想和杰出的新闻作品。

公司文化的首要原则就是商业利益。商业主义不是什么新东西，它在美国历史上始终是一个重要主题，自美国大众化报纸产生之日起，新闻业的商业化业已产生。在美国，新闻是商品，需要盈利，大多数人认为这是自然秩序，对此毫无异议。但自从进入80年代以来，传媒业进入了一个全球媒体网络的时代，这个时代的标志就是巨型跨国公司牢牢地掌握了新闻业的命运以及未来走

向，公司文化超越新闻文化。在今日世界，人们更加追捧的是像默多克、雷石东、约翰·马龙、艾斯纳这样的传媒大亨，像默罗、克林伍德和克朗凯特这些新闻史上的巨星似乎已相形见绌。

新闻业的公司化管理的首要表现是媒体所有者对新闻的影响日益增加。现在我们所研究的巨型传媒集团多数是掌握在拥有足够股权来对公司进行绝对控制的人手中，例如新闻集团的默多克、维亚康姆的雷石东、自由媒体公司的约翰·马龙。他们在自己的公司里拥有绝对权威，铁腕执行自己的一切政策。默多克坦率地承认：世界上的主要问题是税收、商业管制、政府官僚以及工会，而不是其他问题。[①] 迪斯尼、时代华纳和通用公司，他们的首席执行官分别是米歇尔·艾斯纳、杰拉尔德·莱文和杰克·韦尔奇，他们在本公司的地位非常巩固。这些都是将理想与现实的职业活动严格划清的职业经理人，在传媒市场上奉行商业主义的原则是他们的理性行为。媒体所有者们经常在其他领域拥有众多的利益，身为一个巨型跨国集团的领导者，考虑更多的是整个集团的利益，而不会把新闻业本身的职业理念太当一回事。他们把一系列的现代管理手段引入到新闻业的管理中，经理人比传统意义上的新闻人更加受到重视。

我们从哥伦比亚广播公司及《华尔街日报》等媒体的人事更迭中可以看到上述现象：哥伦比亚广播公司的帕雷（Paley）知道做新闻是要倒贴钱的，但同时也知道哥伦比亚广播公司新闻部是公司的招牌，因此他不遗余力地发展新闻部。但到了 80 年代，帕雷的权力衰弱了，竞争的规则就改变了。现在的记者学到一个新的词语——利润中心。他们手握计算器，精心算计最大限度降低成本，提高利润。继帕雷之后，1981 年，生意人万·桑特（Van Santa）掌管了哥伦比亚广播公司新闻部，他是第一个深切感受到收视率压力的部门负责人。朝着收视率目的，他进行了一系列的改革：首先是早间新闻的搞笑化，接着是晚间新闻的轻松化。他告诉新闻部职员："我想让新闻使人们感到开心。"他还迫使职员接受《今晚娱乐》节目。随后，劳伦斯·提希上任了。提希并不关心新闻，只关心怎样才能降低成本。首先是关闭了哥伦比亚广播公司在全球的新闻分部：巴黎和罗马，关了；华沙和约翰内斯堡，停了；香港、孟买、柏林、贝鲁特，也歇业了……1987 年，提希又大幅裁减新闻部职员，其中一次就解雇了 200 人之多。现场报道曾经是哥伦比亚广播公司的传统，现在不再如此了，大家无意于再去努力地跑现场，因为这样太浪费金钱了。记者们现在要做的事情就是包

---

① Christopher Parkees, *Murdoch Rails against Regulators*, Financial Times, June 28－29, 1997.

装，经常自我解嘲地说“好啦，看上去像新闻了”。头儿只要求搞得像新闻，一半真实，一半虚假，这太好了。无独有偶，美国广播公司新闻部也是在故事的基础上报道故事。观众稍加留心便会发现美国广播公司新闻报道的格式，无时间、地点，这意味着记者当时不在现场。[①] 世界第一财经日报《华尔街日报》的编辑部也在不断经历类似“生意人的冲击”。2005 年年底接任彼得·康CEO 一职的理查德·赞尼，是道琼斯集团数十年来第一位由非新闻部门产生的日常主管。长期担任道琼斯集团 CFO 的赞尼，对经营数字极其敏感，不仅大刀阔斧削减成本，还支持日报拓展时尚等报道领域。这些举措，引起了编辑部不小的震荡。面对来自内外的质疑和嘲讽，赞尼坚持其对道琼斯集团的“生意化改造”。他说：“《华尔街日报》的经营，同样可以像其内容一样‘伟大’。”来自《洛杉矶时报》的做法同样引人注目。1997 年，时报—镜报公司的主报《洛杉矶时报》任命一位商务经理为“新闻总经理”，并且监督编辑工作，确保新闻与该报的商业利益最大化原则相一致。他计划用“火箭筒”拆掉横亘于编辑与商业职员之间的万里长城。

公司的所有者及那些职业经理人为维护整个公司的利益，遵循利润最大化的商业主义原则，他们将商业主义内化到每一个记者的理念中，在公司内部建立检查制度，禁止播放或刊登不利于公司其他部门的新闻而使用能推销其他部门的新闻。下面是一个关于 ABC 和迪斯尼的例子：来自得克萨斯州的农业专员吉姆·海托华风趣、和蔼，他的广播节目在 150 个地方播出，拥有 200 万听众。ABC 与迪斯尼合并后，海托华向他的听众透露迪斯尼用从无家可归者避难所雇来的合同工代替了在“迪斯尼乐园”工作的全日制工人，而且还攻击 ABC 电视台向菲利普·莫里斯屈服献媚。逐渐地，ABC 不再为这个节目签订新的广告并在没有通知的情况下突然取消了这个节目。ABC 坚持说这个节目没有获得足够的广告收入。海托华则指出如果允许他接受 25 万美元的联合广告，这个节目将获利丰厚。但 ABC 却不接受这些广告。[②] 另一个例了来自 NBC：曾经因报道海湾战争而扬名的全国广播公司记者阿瑟·肯特最终离开了公司，并且发表了一篇批判性的文章，揭露通用公司如何不惜代价来削弱新闻价值、审查新闻。“现在，那些具有新闻意识的记者对每日新闻议程的真正影响比以前要小得多，”肯

① Richard M. Cohen：*The corporate Takeover of News*：*Blunting the Sword* in conglomerates and the media，New york press，1997.

② 〔美〕罗伯特·拉罗斯、约瑟夫·斯特劳巴哈著，熊澄宇译：《今日媒介：信息时代的传播媒介》，第 230 页，清华大学出版社，2002 年 4 月第 1 版。

特写道，“如果他们斗胆道出真情，他们将面临来自管理层粗暴的礼遇。”

接受过商学院严格训练的职业经理人进入传媒业的管理层必然将一系列的现代管理法则引入新闻业，这是新闻业公司化的又一重要原因。《时代》杂志曾对杂志社编辑和经营之间的关系作了精辟的概述，它把报纸编辑与经营的关系比作教堂与国家政治之间的关系。经营部不可以设立条规条令来影响编辑的政策，更不可用这些条规来限制新闻报道的自由。这种比喻有点夸张，但这夸张的比喻表明了新闻记者对这一问题的感受。不受经营干扰的编辑自由是需要斗争才能获得的一种信念。[①] 编辑权和经营权的分离是西方新闻业为确立新闻的客观独立，维护新闻真实性所进行的制度上的安排。新闻集团在收购了英国的《泰晤士报》后，为避免过多争议，也多次重申要维护编辑权和经营权分离这一制度。20 世纪 80 年代以后，随着现代管理制度的引进，新闻业的这一传统被打破了。

现代公司管理制度涵盖了许多层面，其中目标管理体系和整合营销理念从操作层面上使商业利益真正开始成为新闻业的首要法则。目标管理观念在 20 世纪 50 年代早期由管理学大师彼特·F. 德雷克最先提出，其主要意思是：通过设定目标和按完成目标的业绩进行奖赏，可以最大限度地发挥管理者的才能以及促进管理人员之间的协同合作。1980 年，学者肯尼思·爱德华兹在《通过评估新闻部门的效率改进盈利计划》一文中提出将系统管理方法引入新闻部门。[②] 这一管理体系的引入，让记者不再单纯地是一个新闻从业人员，他们必须时时刻刻为这一套考核系统而战，因为大家了解现在的奖励系统，都想领先。没有任何东西能比分期付款更有说服力，没有任何东西能比金钱更能磨灭人的斗志、更能磨钝新闻这把利刃了。那么整合营销的思路和精髓又是什么呢？“整合营销观念”着重以消费者为中心并把企业所有资源综合利用。将系统的观念和方法运用于企业的营销活动，将企业营销各个方面、各个环节、各个阶段、各个层次、各种策略加以系统的规划和整合，使之前后成线、上下为经、左右为纬、纵横成网。这种营销理念能够整体配置企业所有资源，企业中各层次、各部门和各岗位，以及总公司、子公司、产品供应商、经销商及相关合作伙伴协调行动，共同构筑竞争优势。这一理念的精髓其实就是：不要卖你所能制造的产品，

---

① 〔美〕杰克·富勒著，陈莉萍译：《新闻的价值——信息时代的新思考》，第 206 页，新华出版社，1998 年 5 月第 1 版。

② Doug Underwood，*When MBAs Rule The News Room*，Columbia University Press，1993. 转引自李良荣《当代西方新闻媒体》第 130 页。

而是卖那些顾客想购买的产品，真正重视消费者。这种理念也导致市场调查成为创办节目或报纸时必须做的功课。如此联动的策略，新闻的编辑权怎么可以躲在“教堂”之中呢？整合营销概念的引入使新闻变成一种纯粹的商品，它的整个生产过程早已被纳入到一个制造体系之中，你制作的新闻一定要是顾客想看的新闻。一方面你必须面对两个市场，讨好受众和广告商两个消费者；另一方面，就必须采用追逐高额利润的基本方式，降低成本。这两种倾向现在表现已十分明显：世界上最大的广告商之一 Procter and Gamble 公司已经与哥伦比亚三星电视台和维亚康姆电影公司签订了合作制作电视节目的合同。另外一家巨型的广告公司 Interpublic，受客户的委托，非常热心地涉足节目内容的制作。正如它的首席执行官所言，“时间越久，广告公司、客户和节目制作之间的关系越密切”[①]。

在过去的十年中，电视广告的绝对数已经有相当可观的增长。20 世纪 90 年代，所有电视网都增加了广告的播出时间。迪斯尼的美国广播公司在这方面名列前茅，1989 年以来，美国广播公司在原有的基础上增加了 34%的广告时间。1998 年，美国的广告总投入是 2000 亿美元，而广告商在媒体上的广告投放量就高达 1200 亿美元，电视逐渐被广告和商业主义所主宰。[②] 最大限度地降低制作成本，在整个传媒业的竞争中也成为一个惯常的手段。在报纸行业，减少新闻版面。在电视业，要求所有记者不作第一手的、富有创新意义的新闻报道。处在整个产业中的新闻实体再也无法把全部精力投入到追求严肃的新闻报道中，他们付不起这个代价，为了生存、发展，新闻必须转化成能挣钱的商品。三大电视网纷纷裁减员工、关闭国外记者站，以减少成本开支，他们用一些逸闻趣事和娱乐报道来稀释昂贵的新闻报道，总之，成本越低越好。

这种趋势愈演愈烈，连 BBC 这样作为英国公共广播楷模的公司，在 2005 年 7 月也公布了重组“减肥”方案。这是 BBC 成立 82 年来最大规模的一次人员和机构调整，预计将有 5000 个工作岗位被取消。同时 BBC 还将计划采取系列措施，廉价卖掉商业风险较大的机构，力争每年节约 3.2 亿英镑的预算，以更好地改善节目质量。此次裁员是 BBC 历史上规模最大的一次，将破坏整个公司的核心。

---

① Benedict Carver，*Hollywood Going Native*，Varity，Sep. 1997.

② 〔美〕罗伯特·W. 麦克切斯尼著，谢岳译：《富媒体　穷民主》，第 47 页，新华出版社，2004 年 1 月第 1 版。

2. 新闻业“公共服务”的职业理想日益衰落和边缘化

以公司运作的方式来管理新闻业所带来的影响是显而易见的，尽管传统的新闻机构在巨大的传媒公司管理下，经济上取得了惊人的进步，但是大部分的新闻机构却在现代市场的摧残下失落了自己。商业利益成为首要法则，新闻业“公共服务”的职业理想日益衰落和边缘化。在西方，新闻事业一直被所有的商业媒体视为具有“公共服务”性质的事业，它们通过播放丰富的新闻为公众提供服务。电视和报纸都是重要的公众服务机构。电视向观众介绍一些重大事件，让大家都能参与到历史中来，让观众目睹政府官员、名人、体育明星以及发生在远方及周围的重要事件。报纸为公众服务，除了给读者一个详细、丰富的报道，还要解释大事，分析其来龙去脉，而且不断地监督政府。能否拥有一份好的报纸，是一个社区是否是一个好的社区，是否是一个真正适合居住的地方的标志。

商业和追求利润促进了美国社会和经济的发展，几乎所有的美国人都认为公司行为是一种自然秩序，因此他们愿意接受由市场完全主导的美国乃至全球的媒体与通信，商业利益的原则也无可非议。在相当长的时间里，美国新闻业所确立的商业利益原则同时也能够包容新闻业公共服务的价值，新闻业一直被商业媒体视为公共服务机构。在历史上，报纸、杂志、广播公司和新闻学院这些新闻事业被看作是一项非营利性的活动，它是民主政治的基础，不能被买卖。职业新闻是建立在这样的观念基础之上的，即新闻内容不应该服从公司所有者与广告商的指示，或者受到编辑与记者的偏见的影响，它只服从公共服务的核心价值。

在20世纪的大部分时间里，媒介公司一直将新闻事业的最高理想挂在嘴边，以此来解释为什么它们应受到《第一修正案》的保护，为什么在政治、经济生活中居于特殊的地位。[①] 自从大多数报纸、电视网和地方电视台、广播电台隶属于一些大型联合公司后，新闻业就被纳入强大的巨型跨国公司体系中，面对强大的公司金融权力，新闻业的“公共服务”湮没其中，这些大型的跨国公司很少再去关心他们所服务社区的利益，华尔街使他们必须面临冷酷无情的盈利压力。许多电视台希望利润可以保持在50％，保持如此高额的利润可以轻易地颠覆“新闻还是一项公众服务事业”的观念，必须使商业利益成为首要法则。另外，西方国家工业经济本身的迅速发展也成为一个重要的推动因素。如

① 〔美〕罗伯特·W. 麦克切斯尼著，谢岳译：《富媒体　穷民主》，第57页，新华出版社，2004年1月第1版。

果没有消费需求的刺激，工业经济很快就会减速，广告公司为了其客户——美国和西欧的消费品生产商——需要参与自由市场竞争的媒介，国家控制下的反对商业化的广播制度在公共关系和形象宣传中不断处在广告商的围攻之中。

当新闻业“公共服务”的职业理想日益边缘化，商业利益成为首要法则时，所产生的直接后果就是新闻内容商业化，严肃新闻边缘化。我们先来听听那些长期从事新闻报道的记者、主持人对 20 年间变化的切身感受。CBS《晚间新闻》的主持人丹·拉瑟全神贯注地盯着自己念的 1981 年 3 月 25 日的新闻。使他吃惊的是简讯的条数——总共有 8 条，每条都有 50 秒长——他还只是在镜头前宣读，没有别致的表格，也没有其他形式的内容。这种事情，拉瑟说，绝不会发生在今天。首先让他感到吃惊的是旧新闻上的第一条，一条发自圣萨尔瓦多的 80 秒长的报道，美国大使在那里遭到恐怖主义者的袭击；另一条发自华盛顿，长 4 分 40 秒，讲的是新组建的里根内阁的权力之争，当时的国务卿亚历山大·M. 黑格也被牵扯在内。之后，一个记者从波兰发回了 2 分 30 秒的报道。“如今，三大电视网中没有一家会把这种内容这么长的报道放在头条，”拉瑟说，“也不会有如此多的国外报道。”如果他还尝试作这样的报道，CBS 的负责人就会告诉他：“丹，你不能把萨尔瓦多的新闻作为头条，不能报道华盛顿的内部权力之争，也用不着对波兰来那么一段报道……有一段时间你或许可以这样做，1981 年可以，但如果今天你还这样做，你死定了，我们也死定了。”这是美国《华盛顿邮报》的两位顶尖记者伦纳德·小唐尼和罗伯特·G. 凯泽向我们描绘的场景。[①] 作为 CBS 的王牌新闻节目主持人，丹·拉瑟提出了著名的“后院篱笆原则”（back－fence principle），按照拉瑟的解释，就是设想一天结束的时候，两位家庭主妇倚在后院的篱笆上聊天时会讨论的新闻。例如 20 世纪 80 年代有三大新闻事件：英阿福克兰群岛之战、中东战争和英国黛安娜王妃的新生王子。应该对哪件事更多报道呢？拉瑟认为应该报道王了的新闻，理由就是依据“后院篱笆原则”。以前新闻室在演播前争论的焦点集中在什么是最重要的信息，而现在关心的是“观众想听什么？他们想看什么样的节目”。记者和编辑在选择新闻时，已偏离了传统的新闻选择标准。尼尔森（Nielson）用 10 个水平来测量收视率，在电视行业里，收视率的每一个百分点都代表着数百万美元的广告收益，因此收视率的竞争是相当激烈的。为了在激烈的竞争中幸存下来，为了吸引观众，人们制作收视率取向的新闻去奉承、取悦观众，而不是去告知

① 〔美〕伦纳德·小唐尼、罗伯特·G. 凯泽著：《美国人和他们的新闻》，第 131 页，中信出版社，2003 年 4 月第 1 版。

和启发观众。NBC的新闻节目主持人汤姆·布罗考回忆起1983年9月23日NBC晚间新闻时，一点也没有流露出拉瑟那种怀旧情结。布罗考已经对新形式的电视网新闻作了轻松调整。他没有像拉瑟那样频繁地谈到往日岁月，而是为新的节目形式作了辩解。1983年新闻只是给中年白人看的，所以也着重吸引他们。现在做的新闻他自己都觉得改变方向了。定位的观众经常是妇女，“因为我们知道，妇女仍然可能是我们最忠实的观众基础”。布罗考关于国际新闻的理念也已经发生了改变，不断加大力度跟踪发展中的事态并不是必要的，甚至都不需要。“我们在每一阶段，都努力把这两分半钟的节目的前因后果都搞清楚，并把它包装起来。”① 在接受采访时，布罗考阐释了他的理念，我们也从中知道为什么今天，“新闻”成为NBC的摇钱树。现在，NBC已被誉为“电视史上最有利可图的新闻公司”，年广告收入超过1亿美元。NBC委托一家高科技公司统计机构分析它的新闻报道情况，精确地把握受众对不同新闻和广告的反应。它的目的就是使那些掏钱看电视的人满意。再看看ABC的彼得·詹宁斯在同样的采访中是怎样表现的。彼得·詹宁斯坐在1983年10月6日他主持的《今晚世界报道》的录像面前，开始试着进行分析。这个办公室就在ABC总部的新闻编辑室里。与20世纪80年代CBS和NBC的传统相似，ABC非常重视国外新闻。詹宁斯承认，现在我们所涉及的话题已经产生了重大变化，电视台在1983年的确有许多国际新闻报道，而在今天的晚间新闻里已经不存在这样的常设节目的基础了。他还说道：“如今我们派遣一名记者到现场，在记者出发前就必须作好预算……换句话说，如果我们想派记者去利比亚，会计部门就想预先知道这样的花销到底有多少。”② 而ABC在美国主流大众中很有影响力的一档夜间新闻栏目《夜线》由于收视率由10年前的600万降至目前的400万而面临重新包装，其主持人泰德·科佩尔，被认为是美国为数不多的真正严肃的新闻记者，他表示，在2005年年底的合约期满后他将离开ABC，离开他主持了25年的栏目。这样，65岁的科佩尔就成为2004—2005年间第四位以某种方式退休的美国电视新闻界重量级人物：先是ABC的芭芭拉·沃尔特斯，再到全国广播公司（NBC）的汤姆·布罗考，然后是哥伦比亚广播公司（CBS）的丹·拉瑟。2005年8月，自1983年以来一直担任ABC主播的彼得·詹宁斯因患肺癌不治，于

① 〔美〕伦纳德·小唐尼、罗伯特·G. 凯泽著：《美国人和他们的新闻》，第136－140页，中信出版社，2003年4月第1版。

② 〔美〕伦纳德·小唐尼、罗伯特·G. 凯泽著：《美国人和他们的新闻》，第136－183页，中信出版社，2003年4月第1版。

当地时间 8 月 7 日在纽约家中去世，享年 67 岁。这些资深主持人和记者的离去，标志着美国电视新闻界一个时代的结束。

此外，像 BBC 这样一贯不受政府和商业影响的公共广播公司也时常陷入危机之中。2003 年英国国防部生化武器顾问戴维·凯利在此前 BBC 有关唐宁街就伊拉克大规模杀伤性武器秘密档案的报道当中被卷入其中，后来英国政府认为是凯利向 BBC 记者安德鲁通报英国政府有关伊拉克大规模杀伤性武器问题的秘密档案的，而后 BBC 报道说英国政府在对伊开战之前是有意扩大伊拉克大规模杀伤性武器的威胁性。英国政府也声称，戴维·凯利已经向英国政府自首，称是自己向记者泄露政府的机密的。英国法官赫顿在 2005 年年初公布了调查报告，该报告批评 BBC 关于此事的相关报道“没有根据”。赫顿报告把矛头指向英国广播公司，英国政府同时也对 BBC 的报道表示了坚决否认，令其陷入八十多年历史以来的最大危机中。2001 年上任的总裁戴维斯也递交辞呈，新任总裁马克·汤普森的机构调整行动和改革计划预示着 BBC 向商业利益低头的那一天终于来到了。

如果新闻业日趋注重商业利益，它的内容必然走向非政治化、个人化和煽情，最终导致把娱乐当新闻，把新闻当娱乐。20 世纪 90 年代中后期，美国传媒狂炒辛普森杀妻案、戴安娜王妃之死以及克林顿总统的绯闻案，这已成为新闻娱乐化的三大标志性事件，传媒对它们的关注前所未有。媒体极端关注辛普森案不在于反思美国的种族问题和司法问题，而是要炒作名人凶杀案；媒体关注克林顿总统的绯闻案和独立检察官斯塔尔的报告，不是要反思美国总统的品行和美国的司法制度，而是着眼于炒作总统的风流韵事。2002 年 1 月美国总统布什被饼干噎住并晕倒的事件也被全球传媒炒得沸沸扬扬，“小饼干噎倒大总统”、“布什吃饼干晕倒谁高兴?”等煽情标题随处可见，就连生产此种饼干的食品公司也大大火了一把。同样，与取材的娱乐化相匹配，在新闻表现技巧上，20 世纪 90 年代以来，美国传媒业一度盛行“新闻故事”，在写作中尽量以文学故事的笔法描述新闻事实，在报道手法上借鉴各种文学手法，强调运用场景描写、细节刻画、重视对话、内心独白等，传统的事实与观点严格分开的“客观性”报道原则正被无情抛弃。如 ABC 的《没有公开的故事》和 NBC 的《没有结果的秘闻》，着力挖掘联邦调查局二三十年前的内部阴谋、犯罪、流血事件的秘闻，以真实新闻加之道听途说编成故事来吸引观众，使新闻、实录类节目和娱乐性节目之间的界限变得更加模糊。正如《纽约时报》编辑麦克斯·弗兰克尔所描绘的：“美国人忘记了在美国疆土以外还有另外一个世界。三大电视网全都吃错药般地将镜头对准美国国内的各种传闻和戏剧性事件。”[①] 在美国新闻工作协会的调查中，美国 16 家重要媒体中的“硬新闻”与娱乐性新闻之比 1997 年为 25%比 40%，而 1977 年这一比例是 32%比 15%。美国三大新闻网 1990 年花在娱乐性新闻上的时间比两年前增加了一倍多。电视新闻网的国际新闻报道数从 20 世纪 70 年代早期的 45%下降到 1995 年的 13.5%。

经过十几年的整合和商业化过程，传媒业已进入一个以巨型跨国传媒集团为特征的全球媒体网络时代，这张网已使商业利益至上的原则逐渐成为新闻业的主导原则。随着传媒业的企业化和集团化以及由此而产生的对于利润的疯狂追逐，传统新闻理念受到根本性动摇和否定，传统的新闻价值取向和标准在变迁，新闻业原有的“公共服务”性逐渐边缘化。

3. 新闻集团收购道琼斯：关乎新闻业未来的买卖

2007 年 12 月 13 日，经过长达三个月的拉锯战之后，美国道琼斯公司宣布，该公司股东批准了新闻集团对该公司的收购计划，此举为这一备受关注的传媒业收购案的顺利完成扫清了最后的障碍。“要找到与我们这个时代所面临的巨变相类似的环境，那只有回到 500 年前的印刷机时代。那是诞生大众传媒的时代，它彻底摧毁了由国王和贵族统治的旧世界。如今，技术正在动摇由编辑、出版人和媒体精英建立起来的制度。相反，掌控传媒的是大众。”这是为收购 myspace.com 开香槟时，默多克对媒体说的话。他对历史和现实的描述十分精确。

新闻集团并购道琼斯之所以引起颇为广泛的关注，不仅因为其涉及金额庞大，买卖双方都是在传媒业举足轻重的巨型公司，更为重要的是，人们都在思考新闻业的未来是什么。众所周知，默多克的发家史已经证明他是新闻专业主义理想的大敌。在以公平正义为职业理想的英美记者和西方左派的视野里，这位澳大利亚出生的大亨的跨国兼并生涯充满商业伎俩。他 1969 年在英国买下原来与工党关系密切但江河日下的《太阳报》，把性（sex）、丑闻（scandal）、体育（sports）这三 S 当作三板斧，使之起死回生，成为欧洲发行量第二大的日报，而且更要紧的是财源滚滚。他在 1981 年买下最有影响的报纸《泰晤士报》后又用瞒天过海术战胜强大的工会。即便在左派不时兴的美国，新闻工作者们也普遍不把默多克看作是尊重新闻专业主义的典型媒体老板。自由派人士相信，默多克之所以加入美国国籍，不是真要效忠星条旗，而是因为舍此就难以进军美国媒体市场。事实也似乎验证了这样的看法：默多克买下二十世纪福克斯电

① 李良荣：《娱乐化本土化——美国新闻传媒的两大潮流》，《新闻记者》，2000 年第 6 期。

影公司以后借这个牌子创办了福克斯广播公司，成为美国第四大电视网，其明显的保守派倾向虽然赢得了亲共和党观众的认可，并且收视率节节上升，却明显有违新闻专业主义的核心价值——客观性，在伊拉克战争中的表现尤其遭人诟病。在近日整个社会保守倾向日益发展，知识界和新闻界中自由派色彩浓厚的美国，大学教授和媒体记者一提起布什、默多克和福克斯广播公司，就难免大摇其头，甚至高声斥责。① 这次并购的过程一波三折和出乎意料的高价也正体现出华尔街日报人对默多克能否尊重新闻独立性的怀疑和高品质新闻媒体的价值。

2007 年 5 月，新闻集团开出了 60 美元一股、总计 50 亿美元的收购价提出收购道琼斯公司。这个价格，为 5 月 1 日收购动议正式曝光时道琼斯股价的 160%多。5 月 1 日收盘时，道琼斯股价直线上升 55%至 56.20 美元一股。这一收购动议一经提出，搅乱了华尔街日报编辑部的一池水。2007 年 6 月 28 日，华尔街日报记者和编辑拒绝上班，此举是在抗议新闻集团董事长默多克收购母公司道琼斯的计划。接近 200 名记者参加此次抗议行动。报纸在亚特兰大、波士顿、芝加哥、达拉斯及其他地方的编辑部几乎没人上班。很多记者公开对默多克的收购行为表示强烈不满，认为新闻集团很可能难以保证《华尔街日报》今后的新闻报道客观公正。在道琼斯集团最终控制方班克罗夫特家族召开电话会议之前，默多克给道琼斯董事会写了第三封信。在信中，他并没有过多提及高收购价格。但他却反复重申将捍卫日报 100 多年的独立精神和新闻至上理念。班克罗夫特家族 30 多个分散在全球各地的成年人，借助像《华盛顿邮报》、《纽约时报》等美国古老媒体家族共有的一种 A、B 股权力不对等机制，牢牢控制着道琼斯集团 64%的投票权。在 2007 年的 5 月间，班克罗夫特家族的大多数成员对于新闻集团的收购都反应冷淡。

班克罗夫特家族和日报编辑部首要关心的问题不是金钱。在 2003 年的一篇长文中，《纽约客》杂志对当时道琼斯公司业绩表现长期疲软导致董事会和控股家族内部产生裂痕一事，作了详尽描述。在那篇文章中，2007 年 4 月 18 日刚辞去道琼斯董事会主席一职的彼得·康，描述自己是“一个表现突出的新闻人，却并不是那么称职的生意人”。2003 年，尽管班克罗夫特家族内部有人出于金钱因素而考虑出售道琼斯股权，但大部分家属成员，至今仍信守其祖辈的遗训：“不要卖掉祖辈的报纸。”从 20 世纪 40 年代日报传奇主编基尔戈尔发扬光大日

---

① 展江：《默多克并购道琼斯：新闻专业主义堪忧》，http：//news. cnfol. com/070801/101，1278，3209177，00. shtml.

报“自由市场、自由人民”的理念，开创性地创立“商业故事”报道体裁以来，《华尔街日报》准确、客观的报道风格，优美的文字，更重要的是，其始终坚持的独立编辑原则，迅速推动其超越狭义财经领域，转变为如今美国最“伟大”的报纸之一。20 世纪 80 年代的《华尔街日报》很好地证明了：好新闻和好商业是携手并进的。当时的《华尔街日报》有不少精通商业之道的人才，更有优秀的记者与编辑做他们的坚强后盾。根据数据公司（ABC）的统计，《华尔街日报》美国版日发行量在 180 万份左右。若算上仍在不断上升的网络版付费订户（2003 年只订阅网络版的用户已有 40 万），《华尔街日报》已经是美国发行量第一的大报。尽管 5 月 1 日股价飙升后道琼斯 47 亿美元的市值，面对新闻集团 700 亿美元市值，仍然差距悬殊，但受益于班克罗夫特家族绝对不干预日报编辑方针的原则，《华尔街日报》高品质的新闻和评论所达到的高度，是默多克新闻集团下众多媒体所无法企及的。

在默多克决定收购道琼斯的四个月里，整个谈判过程异常曲折和艰难。班氏家族的 30 多名成员陷入了激烈的争吵和对抗之中，他们对默多克的收购计划产生了严重的分歧，老一辈的班氏家族成员大多反对默多克的收购，而年轻一代则看重默多克远远高于股票市值的收购价格。由于班氏家族的成员分歧严重，直到收购的最终截止期限也未能作出决定，收购不得不因此延期。在经过持续近一整夜的电话会议后，各方终于达成妥协。新闻集团和道琼斯公司的董事会于 2007 年 7 月 31 日最终批准了这项收购交易，这意味着班克罗夫特家族对道琼斯公司一百多年的统治宣告结束。

如果简单地从商业收购行为来看，默多克开出的每股 60 美元的价格，溢价 67%，对任何一个股东来说都极具诱惑。但是国外舆论对此次收购多作出负面评价的原因在于：美国新闻界新闻专业主义的传统试图在抵制现代商业对传媒越来越大的压力。但是结果却是无奈又令人沮丧的：新闻业越来越由市场操盘了。这次收购的成功再一次向世人显示，新闻专业主义的前景不妙，根子就在于西方尤其是美英媒体的高度商业依赖上。20 世纪以来，随着市场化、产业化、集团化的推进以及广播电视和近期互联网的加入，“越来越多的媒体掌握在越来越少的人手中”，同时报纸读者被大量夺走，广告经营业绩持续下滑。在媒体内部，长期占优势地位的新闻文化受到日益强大的商业文化的挑战；越来越多的媒体由单一业主转为公开招股公司。成为上市公司的媒体受到董事会和股民越来越大的盈利压力，并且不一定能够抵挡商业中不乏其例的恶意收购。

《华尔街日报》在进入默多克时代以后，关于政治、国内国际事件的报道开始出现替代财经报道占据版面显要位置的苗头。2008 年 4 月 4 日，《华尔街日报》在头版报道了希拉里竞选团队的首席分析师马克·佩恩擅自会见哥伦比亚官员，与之商讨希拉里反对的自由贸易协定的事件，该报道最终导致佩恩辞职。道琼斯集团在 2008 年 4 月 22 日宣布，集团旗下的《华尔街日报》主编马库斯·布劳克利已递交辞呈，默多克首次获得了任命《华尔街日报》主编的机会，这将有助于大亨鲁珀特·默多克加强对《华尔街日报》的内容控制。

二、传媒公司化、全球化运营对文化的影响

1. 消费文化在全世界范围内成为主流文化

在本书的导论中已经提到过，全球化时代的资本主义利用全球媒介在世界范围内建立一种消费意识是后垄断时期资本主义的一个重大成就。所谓消费文化，就是打破旧有的交易关系，以消费欲望或消费癖好取代特定、明确的需求，将消费蔓延为生活的重心，并且使商业活动渗透到生活的每个领域。因此，消费不是特殊阶级才有的特殊交易形式，而是社会里任何一分子的日常生活方式。美国社会的主流文化是消费文化的典型代表。

所有社会都存在文化，文化渗透在公共节目、传统习俗、艺术和宗教里面，也体现在电视、书本和电影中，不仅如此，文化更连接着广泛的社会标准。以美国为主的西方资本主义国家在跨国公司里拥有巨大的资本，具有创造和维持一个推崇消费文化的国际传播体系。当跨国公司将美国当代的生活方式和它所生产的商品首先以广告、电视节目或图书的形式通过遍布全球的媒体网络在世界范围内广泛传播后，它就客观上为自己在其他国家的出现作好了准备。在各类广告夜以继日的轰炸之下，某一社会主流的文化意识逐步和跨国公司所倡导的由广告所体现的消费文化趋于一致。现代消费的两大动力是广告和营销，都与传媒是共生关系，都在传媒集团大规模的跨国经营后，得到了最为充分的发展。跨国媒体公司通过它们的节目打乱人们正常的、各层次的需求和情趣，为广告发挥最大效益打下基础。进入 20 世纪 80 年代后，在全球化背景下，跨国公司和跨国广告公司是在经济上相互依存的商业伙伴，他们和跨国媒体公司有机地结合在一起，在全球化的进程中把世界市场上的文化空间填满。①

跨国传媒集团首先通过旗下的媒体直接激发受众对“物”的强烈欲望。从某种意义上来说，传媒本身是广告的另一个维度，它仅次于推销员亲身出场，

① Al Mohammadi：*Introduction*，in International Communication and Globalization，edited by Mohammadi，Sage，1997.

是一种让推销者挨家挨户进入每个家庭的方法，从而让受众足不出户就直接购物。这种方法，在哥伦比亚广播公司（CBS）的《家庭购物俱乐部》这个节目中得到了最佳的体现。一位观众这样描述观看《家庭购物俱乐部》的感受：我第一次收看《家庭购物俱乐部》的时候，连续三个小时都无法离开自己的座位。我坐在那里，目瞪口呆。项链、耳环、瓷鸟、微波炉……目不暇接，把我深深地迷住了。我动用了全部的意志力，才没有拿起电话来拨号……我对自己说，别忘了你的银行账号目前可怜的状况。然而——两个柚木托盘 10 美元，还可以减去 5 美元的首次购物折扣！我并不真的需要柚木托盘……但是……那可是便宜货啊……最后，公共广播公司（PBS）的广告词在我的脑海里萦绕："电视值得一看。"这种现象当然不仅仅在美国出现，英国天空广播公司也播放着类似的节目《家庭购物电视网》，其宣传广告词是"你回家后的百货商店"。购物是消费社会形成的关键因素，媒介尤其是电视通过对物品的直接展示，通过它本身传达的综合信息，使消费决策得以传播，让受众成为一个处于狂喜状态中的快感追求者。媒介促进了受众冲动消费的产生，就像上面那位观众所描述的那样，甚至在事先并不想买的情况下就随意地想拿起电话来拨号，去购买。这里面包含着消费文化所呈现的一个重要现象：媒介将购物改造为消费。购物的性质从拿着一张必需品的清单去采购，转变为一种无意识、无限制的、个人化的、风格化的消费活动。

其次，巨型的媒介集团在全球营造一种消费的符号。在当代社会，符号和形象在人们的日常生活中可谓无处不在。在这个社会里，由于现实和想象之间的区别越来越无法理清，日常生活被美化成想象的世界。当传媒利用难以计数的符号和想象呈现给我们无数的现实模拟的时候，受众往往迷失在里面，失去自己对现实的把握。传媒集团利用其遍布全球的媒体网络，给全世界受众营造一个想象的世界。在各种各样的广告中，媒介自由地将商品与文化想象结合起来，这种商品因此不仅具有了使用价值，同时具备了符号价值。这些商品通常就是我们的日常生活用品，比如化妆品、首饰、运动用品，当这些普普通通的用品和各种各样浪漫、美丽、奇异等的文化特性联结在一起时，这些商品的符号价值就体现出来了。以驰名世界的"万宝路"香烟为例。60 年前，"万宝路"只是一种一般的女士香烟，它的广告词为"像五月的天气一样温和"。之后，为了提高销量，"万宝路"改为男士烟，并选用了很多的形象代言人，像农夫、潜水员、马车夫，但是一直达不到预期的目的。直到后来，改用了一个西部牛仔的形象：目光深沉，皮肤粗糙，袖管高高举起，露出多毛的手臂，手指中夹一支冉冉冒烟的"万宝路"，浑身散发着粗犷、豪迈的气概。结果，销售量直线上升。到现在，全世界四支烟中就有一支“万宝路”。人们甚至说：要想欧洲化，需要买一辆奔驰车；要想美国化，则要穿牛仔裤、抽“万宝路”。“万宝路”烟本身并没有实质性的改变，关键在于广告给了人们一个想象的空间，“万宝路”成了美国人崇尚的西部开拓者的一个身份象征。“万宝路”完成了它符号价值的生成，由此我们不难理解，流行和时尚都是可以被制造出来的，媒介通过广告，勾起你对这个世界的欲望，看到广告，你才知道：原来世界还可以是这样的，原来我的头发不够黑，我的皮肤不够白，我应该每周去做一次健身、护肤，这才是职业女性的标准。

对此，其实辛克莱尔也作了重要的表述：文化产业生产出的产品或服务，比如电影或电视，在某种程度上反映着一个社会的生活方式……文化产业以声像、语词和画面等形式表现社会生活。文化产业提供给我们各种术语和象征，我们生活中的思考和交流无时不在运用这些术语和象征：社会差别的形式、群体认知和认同的热望、社会价值与理想的肯定与挑战以及社会变化的经历。① 媒介跨国公司正是在全世界不遗余力地推销着这种生活方式。MTV 的诞生正是传媒业创造符号价值的杰作：20 世纪 70 年代末，华纳—阿迈克斯公司在对一个市场调查报告的分析中发现，在市场上有一群人的消费能力很大，但广告商却很难招揽他们，因为他们的口味十分特别。有位广告商曾大发感叹：“我们无法把广告灌入他们买的唱片，而他们也不太看一般的电视节目。”为了适应这一要求，经过一系列的市场调研，1981 年 8 月 1 日，华纳—阿迈克斯公司联合了 300 家区域有线电视网，对 250 万户观众输出一种全天候播放的音乐影片，这就是后来的 MTV。MTV 营造了一个世界，它代表着一种思考和生活的方式。它让人沉浸其中，消解所有的意义，剩下一种情境和心情，“MTV 诱惑某部分的美国人，撩拨起他们的热情，惹起他们心理上的反应——让这部分有钱的年轻美国人，掏出腰包买些东西，如唱片、糖果、电子游戏带、啤酒与面屑去除霜之类的商品。”② 自从 MTV 归属于维亚康姆旗下后，它撩拨起的可就不只是美国青年人的消费欲望，毫不夸张地说，全世界的年轻人都在 MTV 的指引下，体验着 MTV 式的生活方式，体验着消费的快感。

今天，传统的媒介都已归置于大型的跨国公司之下，新闻和其他的媒介内容都被置于商业利益这个目标之下，这为跨国媒体公司向全世界扩张扫清了节

① 〔加〕考林·霍斯金斯等著：《全球电视和电影——产业经济学导论》，第 5 页，新华出版社，2004 年 1 月第 1 版。

② 加力：《广告的符号》，第 149 页，台湾远流出版社，1981 年。

目制作指导思想上的障碍，一切都要为跨国媒介公司的全球化运作负责。不仅如此，通过自身的全球化运作，巨型跨国传媒集团还为非媒体跨国公司的全球化进程做开路的先锋。伴随着消费文化在全世界范围内的盛行，跨国公司的产品销售在全世界也所向披靡。这也正像传播学家巴格笛坎早在 1991 年时就深刻指出的一样：跨国媒体公司对世界上不同的种族在思想、文化和商业上行使着在历史上前所未有的权力。无论恺撒、希特勒、富兰克林、罗斯福或任何教皇都没有像媒体跨国公司那样能左右传送给民众的信息。民众根据这些来自媒体跨国公司的信息作出从选举时该投谁的票到吃什么东西最合适等各种决定。

2. 文化成为一种竞争力

1973 年，美国未来学家丹尼尔·贝尔在《后工业社会的来临》一书中预言，20 年后，“经济转而生产那种由文化所展现的生活方式”。贝尔的预见无疑是深刻的，历史的发展也证明了他的预见。我们可以看到，随着跨国媒介集团的日益强大，遍布全球的传播体系将美国式的生活方式渗透到世界上的每一个角落。奥斯卡、NBA、星巴克、Google、可口可乐、麦当劳、MTV、迪斯尼乐园、托福考试、哈佛、TIME、CNN……强大的传媒网络为美国在全球建立了文化强势地位。这种状况使当今世界的竞争不仅局限于经济、科技、国防实力，文化已突显出日益强劲的竞争力。美国国际战略专家热布津斯基在专著《大棋局》中认为美国文化“有一种磁铁般的吸引力”，这种“吸引力可能来自它宣扬的生活方式的享乐主义特性”。美国电视节目和电影大约占世界市场的 3/4。美国的通俗音乐居于同样的统治地位。同时，美国的时尚、饮食习惯甚至穿着，也越来越在全世界被模仿。因特网用的语言是英语，全球电脑的绝大部分点击动作出自美国，影响着全球会话的内容。美国已经成为那些寻求高等教育人的圣地，在世界各大洲几乎每一个国家的内阁中都能找到美国大学的毕业生。显然，文化的竞争力已成为综合国力竞争的一个突出方面。

美国在今日世界的“超强”地位，除了依靠资本、科技、军事之外，美国的全球传媒网络及其竭尽全力在全世界所传播的美国文化和生活方式功不可没。十多年前，美国学者就乐观地预言：“假如将来有一天，美国的原材料枯竭了，美国的工人也不愿工作了，但只要全世界还向往美国的文化，我们在市场上就仍是不可战胜的。”尽管这话初听起来还是有失偏颇，但是有关世界贸易量的数据却清楚地表明，就对美国流动资金的平衡所作的贡献而言，美国的娱乐产业仅次于它的航空业。表 5—1 是各国从 1985 年到 1992 年的电影和电视出口、进口和净贸易平衡的数据。

表 5－1：电影和电视节目的国际贸易（百万美元）①

	1992 年			1985 年		
	净收入	收益	支出	净收入	收益	支出
美国（仅电影租赁）	2031	2115	84	406	478	72
日本（仅电影租赁）	（449）	—	449	（109）	—	109
西班牙（仅电影）	（75）	30	105	13	15	2
德国	（1087）	74	1161	（127）	31	157
法国	（268）	632	901	—	—	—
英国	25	1067	1043	184	434	250
意大利	（458）	235	692	（139）	50	189
加拿大	（321）	167	488	（122）	19	141
比利时—卢森堡	（66）	63	129	（12）	17	29
丹麦	（16）	5	21	（5）	2	7
荷兰	（148）	705	853	（51）	90	141

注：1. 许多国家的数据仅限于电影和电视片的租赁。加拿大和荷兰的数据包括电视广播节目，英国和丹麦的数据包括电影生产，加拿大的数据是 1991 年的。

2. 表中括号代表净收入为负数。

从表中的数据我们可以一目了然地看到美国在娱乐产业中的霸主地位。1992 年，在主要的西方国家中，仅有美国和英国有盈余，美国仅电影租赁一项的盈余就超过了 20 亿美元，英国只有 2500 万美元。其他国家都处在赤字状态中，并且这种状态比 1985 年时都有成倍的增长。再看一组数据：

① 资料来源：《OECD 服务，国际交易统计 1970－1972》，转引自〔加〕考林·霍斯金斯等著，刘丰海译：《全球电视和电影——产业经济学导论》，第 40 页，新华出版社，2004 年 1 月第 1 版。

表 5－2：欧洲和美国之间的电视节目的贸易流量（1993）①

	美国到欧洲（百万美元）	欧洲到美国（百万美元）	美国的贸易顺差（百万美元）
故事片	2507	256	2251
电视节目	1559	90	1469
总数	4006	346	3720

欧洲视听和电信传播研究所估计美国 1992 年在与欧洲进行的视听产品交易中获得的顺差达 34 亿美元（约 45％产生于电视节目，32％来自录像，23％来自电影院影片的播映），这一收益在三年中提高了 14 亿美元。我们从上表中可以看出美国对欧洲的贸易顺差在 1993 年进一步提高至 37 亿美元。美国的故事片对欧洲的出口约是欧洲出口到美国的 10 倍，电视节目的出口是进口的约 17 倍。总的来说，美国的贸易流量是欧洲约 13 倍。② 美国的文化产业 1983 年在国民经济中仅居第 11 位，到 1994 年就上升为第 6 位。随着文化产业在国民经济中地位的不断提升，文化产品在国际市场中的竞争也日益激烈。世界九大媒体巨头（时代华纳、迪斯尼、贝塔斯曼、维亚康姆、新闻集团、索尼、TCL、维旺迪环球、日本广播公司）支配着全球文化市场。在这些文化巨头的引导下，全球 50 家媒体娱乐公司占据了当今世界上 95％以上的文化市场。目前，传播于世界各地的新闻，90％以上由美国等西方国家垄断。美国控制了全球 75％的电视节目的生产和制作。许多发展中国家的电视节目有 60％－80％的栏目内容来自美国。这还不仅仅是出口节目本身的问题，美国媒介的影响远远地超出了这个范围，全世界其他国家的媒介要么取得美国电视样式的特销权，要么照抄美国电视样式。例如，世界很多国家都有本国牌的《初次约会》。除此之外，美国还制定了国际电视“法则”——美国制订的电视样式准确地说，已经给其他大多数国家的电视制作定下了框架。

以上所列的数据仅仅代表着在娱乐产业中，美国获得的实际利益，文化所

① 资料来源：《有什么不对》（*What's gone wrong*），媒介经营学院 1995.5，24，P2，使用欧洲视听和电信传播研究所（IDATA）数据。

② 〔加〕考林·霍斯金斯等著，刘丰海译：《全球电视和电影——产业经济学导论》，第 41 页，新华出版社，2004 年 1 月第 1 版。

提供给一个国家的竞争力远不止这些。在综合国力的竞争中，人们往往更关注的是硬国力的竞争，忽视了以文化力为焦点的软国力竞争。如果我们说硬实力是建立在实物的基础之上，那么软实力就是建立在价值观的基础上。美国的软实力——电影、流行音乐、电视、快餐、时装、主题公园——传播、确认、强化着人们共同的规范、价值观、信仰和生活方式。硬实力发挥威慑功能，软实力起诱惑作用；硬实力发挥劝诫作用，软实力起着说服作用。

布热津斯基在论述美国作为唯一超级大国的霸权地位时指出，美国的民族文化绝无仅有地适宜于经济增长。而以美国为主的巨型媒介集团的跨国运作深刻影响到全世界各个民族国家的文化、生活方式、价值观。也正是由于传媒跨国公司加入到经济全球化活动中，经济全球化与文化全球化进程才紧密地结合在一起。像《蝙蝠侠》、《泰坦尼克》、《狮子王》、《魔戒》、《哈利·波特》、迪斯尼乐园这样流行于全球的文化产品正是这种紧密结合方式最有力的体现。很多跨国传媒公司都不约而同地要表达一个信念，他们的产品是世界性的。欧洲迪斯尼乐园园长称，迪斯尼人物是世界性的。他指责道，“你们试图让意大利孩子确信 Topolino（意大利语里的米老鼠）是美国老鼠”。美国有线新闻电视网（CNN）的一位代表是这样描述的：经济全球化已经造成了文化和社会革命，美国的蓝领工人受到的影响跟莫斯科的党派领袖或是东京的主管人员受到的一样，这意味着我们对美国所做的事在美国以外也有效力，我们的新闻是全球新闻。英国天空电视网将节目发射到“没有疆界的世界”，卫星覆盖面突破了过去完整的国家领土。这一切带来的影响就是，世界文化开始走向趋同，随之就是消费趋同。文化产品和其他产业都会为之欢呼和振奋，这意味着他们不再只是依靠地理的接近性去销售他们的产品，更可以在全球占领那些拥有趋同文化及消费观的市场份额，商人们渴求的是没有边界的领域。

文化已成为一种国际性的竞争力，文化以其生产的精神产品以及日益发展的文化产业等，列入国民经济发展序列，推动着社会生产力的发展。据统计，美国 400 家最富有的公司中，有 72 家是文化企业；英国文化产业的平均发展速度是经济增长的两倍以上；日本的娱乐业产值仅次于汽车工业。在英国，制鞋厂商强烈抗议要求他们生产与美国电影中明星穿的鞋类相类似的产品；在欧洲各地，时尚的发型、衣服、帽子、丝袜等都是好莱坞电影明星在电影中的样式。1925 年，《星期六晚邮报》更是宣布“贸易随着电影走”。

从世界上一些大国文化产业发展的趋势看，文化建设已经成为社会产业的重要部分，这是不可低估的社会财富。正因为如此，美国政府才不遗余力地推动文化产业的发展。1945 年，根据《韦布—泼美瑞恩法案》（*Webb-Pomerene*

Act），美国动作片出口协会（MPEAA）成立了。该法案允许美国公司组织出口协会来分配外国市场的顾客、规定价格、制定交易条款以及诸如集团预订和匿名投标等发行业务。该法案准许美国的公司在国外市场上联合起来。长期担任美国动作片出口协会主席的杰克·瓦伦提和美国几届政府管理部门保持着特权关系。美国政府热情地在双边和国际的贸易谈判中推动好莱坞的事业，政府使用贸易制裁施加压力来维护版权。2003 年 1 月 21 日，总统布什颁布政令，正式成立“全球传播办公室”。这一举措的目的在于利用其全球传播体系来推行消费文化，这既是美国历届政府一贯坚持的政策，也是这个“新帝国”不同于历史上任何一个帝国之处，而布什政府的举措又使这一政策的实施有了国家机器和政府机制的保障。

美国的战略目标就是维持一个根植于美国生活方式的世界自由市场，所以美国不像欧洲列强那样掠夺殖民地。它要求的是世界各国对美国的“门户开放”。只要美国在为世界创造着生活方式，只要世界对这种生活方式开放，美国就会永远主宰世界。2000 年，美国国务卿奥尔布莱特在对朝鲜的正式访问中送给金正日的见面礼是一个篮球，上面有美国篮球巨星迈克尔·乔丹的亲笔签名，奥尔布莱特出访之前特意准备了这个礼物，她获知金正日是迈克尔·乔丹的追星族。而金正日的家庭成员也痴迷美国文化，他的儿子金正男对迪斯尼乐园情有独钟。金氏父子对美国文化的迷恋正显示出美国软实力的强大吸引力。

配合强大的巨型跨国公司在全球的运作，美国在全世界推销着他们的生活方式，这使美国不仅仅是一个地理上的国家概念，而转化成为一个文化、心理认同。当今世界，这个抽象意义上的“美国”无处不在，在美国以外的世界各地，在各种社会结构和心态中，很少有哪个国家和民族可以完全独立于这个美国中心的历史和文化空间之外而存在。文化除了能够直接利用其产品创造经济利益以外，更是内植于每个民族内心深处的价值观，这个价值观直接影响到每个人、每个企业、每个国家的行为模式，不同国家成功的经历必有其长期形成的文化积淀作为推动力。文化的力量，深深地熔铸在民族的生命力、创造力和凝聚力之中。

三、传媒公司化、全球化运营对社会政治的影响

1. 无处不在的公司帝国

今天的跨国企业已在全球范围内形成了一个庞大的公司帝国，他们超越了民族国家的界限，意图在任何疆域内攫取财富。巨型传媒公司已成为这个帝国

不可或缺的组成部分，跨国传媒企业日益成为控制社会运行的权力体系的重要组成部分。

伴随着全球范围的放松管制、市场自由化以及信息技术的迅速发展，跨国企业获得了前所未有的发展。有人认为他们是无情的剥削者，也有人认为他们是繁荣背后巨大的引擎。今天的跨国企业与他们的先辈们已经没有什么相似之处，他们正以各种不同的方式再造自己，使得批评和拥护者都倍感困惑。跨国企业的真正实力在于他们超越其法定的“疆界”行使控制权的能力。作为一名律师及美国福特汽车公司的前任副总裁，威廉·葛塞在40年前便指出，现代化的大型企业将成为我们国家的主宰。20世纪80年代以来，巨型的跨国公司正逐渐地形成控制着社会运行的权力体系，作为这一体系的组成部分，跨国传媒集团扮演着重要的角色。随着传媒系统越来越商业化、集中化和全球化，跨国传媒公司不再只是扮演文化载体的角色，他们同其他行业的巨型跨国公司一起，构建新的社会资源生产、分配和消费体系。全球传媒巨头是典型的多国公司，他们的股东和业务都分布于全球，他们和其他行业的跨国公司在本质上是一致的：提倡商业的利益和价值观，贬低或忽视与追逐利润这个终极目标不相容的东西。又由于他们所生产的产品本身的文化及意识形态特性，其在国家的政治舞台上拥有着极其强大的影响力。

强大的企业网络是巨型跨国公司形成影响社会运行的权力体系的一个重要特征。美国人常把内战刚一结束至20世纪初的时代称为“镀金时代”。在那个时代，像约翰·D. 洛克菲勒、安德鲁·卡内基以及J.P. 摩根这样的工业和金融巨子们率先把拥有巨大权力和影响的企业带进了美国社会。历史总是有着惊人的相似，进入20世纪90年代后，美国又进入了企业力量迅速膨胀的时期。美国通用汽车公司的年销售额已经超过了以色列的国内生产总值。埃克森石油公司的年销售额则远远大于波兰的国内生产总值。大约有161个国家的财政收入不敌沃尔玛公司的业绩。美国通用电气拥有着数以百计的子公司，它们的势力范围比大多数国家还要大。像通用电气、时代华纳以及菲利浦莫里斯集团这样的200多家企业巨人正支配着美国的经济，并且影响着世界其他国家和地区的繁荣。我们有理由说，21世纪是企业帝国的世纪。

这些企业帝国不仅实力强大，他们之间还组成了一张庞大的网络。联合董事会、战略联盟以及《财富》500强企业之间越来越紧密联系。作为有线电视和传媒领域的巨人——TCI公司的首席执行官，约翰·马龙使用了许多不同的词来描述他与鲁珀特·默多克之间的关系——“竞争对手、合作伙伴、共同策划者”。那么，究竟是什么将他们如此紧密地联系在一起呢？一位密切关注美国企业高层管理者的资深观察家称："他们之间存在着一种环环相扣的共同风险和联系……而他们之所以拥有这种不解之缘，正是由于他们所从事的商业活动。"[1] 每年，一群美国最有影响力的人都会在金融家艾兰·A. 赫伯特位于爱达荷州的牧场中聚会。其中，大部分是有名的全球媒体公司和高新技术企业的头目：微软公司的总裁比尔·盖茨、维亚康姆公司的主席兼首席执行官萨默·雷石东以及迪斯尼的首席执行官米歇尔·艾斯纳，他们一方面是一群受人尊敬和崇拜的商业精英，另一方面新闻记者埃莉斯·奥肖内西又把他们称为"信息时代"的流氓或者是信息高速公路上的拦路强盗："他们是计算机、娱乐以及电信行业的领袖。他们拥有的权力和影响力足以在华尔街和华盛顿兴风作浪。"[2]

巨型公司对媒介在跨国经营中的作用有充分的认识，媒介直接通过广告或者间接地通过各种各样的方式传播消费理念，使跨国公司的产品在全世界赢得市场份额。日益先进的传播手段使各公司能以利用率更高、更容易的方式同时在多个国家运作。美国企业因为能充分运用电视媒体发展营销策略，使美国在民生日用品和服务业战果辉煌。因为这类产业的成功，强调的不是产品或服务的独特性，而是大众营销方法。下表为美国五十大利用传播资源的公司：

表 5－3[3]

1994 年排序	公司	1993 年营业额(百万美元)
1	通用汽车公司	135,696
2	福特汽车公司	108,448
3	埃克森石油公司	97,825
4	沃尔玛超市公司	67,345
5	大西洋电报电话公司	67,156
6	国际商用机器公司(IBM)	62,716
7	通用电气公司	59,827
8	美孚石油公司	56,576
9	西尔斯百货公司	50,838

① Ibid.，P228.

② Elise O' Shaughnessy，*The New Establishment*，Vanity Fair 10/94，(209—229)，P. 214.

③ Information Week，October 10，1994：38. 转引自〔加〕文森特·莫斯可著：《传播政治经济学》，华夏出版社，2000 年 6 月第 1 版。

（续表）

1994 年排序	公司	1993 年营业额(百万美元)
10	菲利浦·莫里斯公司	50,621
11	克莱斯勒公司	42,260
12	凯玛特公司	34,353
13	德士石公司	33,245
14	杜邦公司	32,732
15	雪佛龙公司	32,123
16	宝洁公司	30,433
17	西特公司	28,868
18	波音公司	25,438
19	美国石油公司	25,336
20	百事公司	25,021
21	国际电话电报公司	22,762
22	克鲁格公司	22,384
23	康纳格拉公司	21,519
24	美国国际公司	21,155
25	联合科技公司	21,081
26	惠普公司	20,317
27	全州公司	20,228
28	通用电话和电子设备公司	19,748
29	JC 潘尼公司	19,578
30	戴顿·哈德逊公司	19,233
31	美国商业公司	18,763
32	西格玛公司	18,402
33	道化学公司	18,060
34	联合快递公司	17,782
35	大西洋里奇费尔德公司	17,189
36	埃特纳人寿与伤亡保险公司	17,118
37	萨蒙兄弟公司	17,107
38	摩托罗拉公司	16,963

（续表）

1994 年排序	公司	1993 年营业额（百万美元）
39	美林公司	16,558
40	伊士曼·柯达公司	16,364
41	施乐公司	16,193
42	USX 公司	16,137
43	联邦国民抵押协会	16,053
44	超级价值商业公司	15,937
45	南方贝尔公司	15,880
46	AMR 公司	15,701
47	普里斯·卡斯特科公司	15,476
48	安全之路公司	15,215
49	纳贝斯克公司	15,104
50	萨拉·李公司	14,580

由于结成了一张巨大的网络，巨型跨国公司在很大程度上控制了人们的日常生活，影响着人们的生活方式。从个体而言，今天的消费者已经成为公司帝国的一颗颗螺丝钉。人们的梦想和观点无一不来自由企业一手操控的媒体——例如，时代华纳以及迪斯尼公司；青年和儿童所接受的教育是由微软或 AT&T 公司提供的课程；人们的食物来自菲利浦莫里斯公司——这家世界上最大的食品零售商；而人们的信用额度则是由像花旗银行和大通银行这样的提供一站式金融服务的超级银行所授予的。然而，这些事实仅仅是企业渗透进人们生活的一些表面证据，每一个人都不得不生活在企业帝国所控制的角落里。跨国传媒公司更是表现出强大的营造文化氛围，打造美丽梦幻的能力，从而在全世界范围内重塑着人们的思想。像时代华纳、迪斯尼、维亚康姆、新闻集团、维旺迪环球、贝塔斯曼这样的传媒巨鳄，不仅具有惊人的经济实力，而且拥有不同寻常的社会和精神力量。正是在这些力量的作用下，人们的个性特征以及他们在政治和文化领域的敏感性被塑造了出来。迪斯尼是最具典型意义的一例。《狮子王》、《风中奇缘》以及《玩具总动员》等卡通片不仅在电影史上创下了一个又一个的票房奇迹，而且把道德感、美丽的梦幻也嵌入儿童的脑海中。米老鼠和唐老鸭、辛巴和嘭嘭、土豆头先生和巴斯光年等卡通形象风靡世界。这些产品让整个零售业为之疯狂，玩具货架被挤得满满的，而父母们也不得不带着吵闹

的孩子们走进汉堡大王或者麦当劳这样的快餐连锁店。迪斯尼和麦当劳的战略伙伴关系把儿童引入了电影加汉堡的生活。詹姆斯·博伊尔一直致力于研究迪斯尼公司的社会影响力，他认为："年轻一代在他们的大部分童年将会按照迪斯尼公司塑造出来的美国价值观来行事。"而这一点显然是在暗示，商界在挥舞着经济大棒的同时，也在潜移默化地影响着社会的意识形态。[①]

2. 全球范围内的影子内阁

全世界的跨国公司大约有 4.4 万个，20 世纪 90 年代中期，跨国公司对海外投资的增幅保持在 10%的水平。到 1996 年，它们的海外投资总额已经达到了 1.5 万亿美元。在众多的跨国公司中，排名前 500 位的企业是最具活力的，像时代华纳、维旺迪环球、迪斯尼、新闻集团、贝塔斯曼、维亚康姆、索尼这样的传媒巨头都已跻身世界 500 强之列。巨型的跨国集团还加入不同的国际联盟，从而建立超越国家的组织，像世界贸易组织、国际货币基金组织和世界银行，它们似乎就是要通过商业化将媒体卷入一个单一的全球市场。如果缺少一个全球性的商业媒体和电信市场，它们将很难保证全球经济的一体化。对于传媒业自身来说，早在 19 世纪 60 年代就成立的国际电信联盟，近年来各国之间建立的新协定使富有的国家能够对全球媒介政策施加更为严密的控制。这些组织拥有的巨大权力可以随时改变人们的生活，把手伸向世界的每一个角落，在不知不觉中完成对人们的催眠和操纵。跨国公司之间织就的一张庞大的内部网络，使巨型跨国传媒集团不仅可以在国际市场上轻松应对激烈的竞争，而且能够联合各成员企业共同采取特定的经济政策和对全世界产生深远影响的政治策略，在全世界塑造一个强大的影子内阁。

在西方世界，政府往往跟大财团和公司（包括媒体公司）在政治、经济结构上有着一致性和互补性。政府对私营巨型企业不会或不敢得罪，因为是这些公司为他们的竞选活动捐款，使他们上台，他们还要靠媒体树立公众形象。在西方国家，尤其在美国，电视记者在总统选举中影响力非常大。而美国的三大电视网及 CNN 有线电视网分别被维亚康姆、迪斯尼、维旺迪、时代华纳这些传媒集团所掌控。大选之前，美国的民主党和共和党分别要推选总统和副总统候选人。"代表和竞选人都希望被记者采访，自己可以在荧屏上出现。主播、记者向被采访的对象问问题的时候，这个人要对着麦克风回答。这些回答常常是最引人注目的新闻，电视观众可以直接听到、看到，这完全是电视的天下，文

① James O' Boyle，US News and World Report，August 14，1995，p. 43.

字记者在这个时候束手无策，自叹不如了"。[1] 凡是参加总统竞选的人，都要找电视顾问设计自己。

在1998年的全美选举中，政治广告的总开支超过10亿美元，其中5亿美元被候选人用来购买当地政治广告的播出时间，这还不包括全国电视网和有线频道的广告费，这个数字比1994年增加了40%。[2] 新闻传播对政治生活的影响非常巨大，美国联邦通信委员会前成员尼古拉斯·约翰逊在《如何反驳你的计算机》一书中就写道："我们已经从一个以土地、资本或劳动力来衡量政治、经济权力的时代，进入了一个权力在很大程度上取决于对情报和人民的接触程度的时代。今天那些拥有最大政治、军事或经济权力的人物或机构，就是那些以最适用的形式，以最快速度掌握最大量新闻的那些人物或机构。"[3] 这样的说法已经从正面直接指出，那些控制着新闻传播的超级巨型跨国公司已经在左右着政治了。

在新闻集团这个媒体帝国的扩张运动中，充满了撒切尔夫人、里根、梅杰、布莱尔和布什等英美领导人的身影。1982年，英国与阿根廷为争夺福克兰群岛爆发战争，默多克旗下的媒体极力支持当时英国首相撒切尔夫人的强硬立场，不遗余力地打击铁娘子的政敌。在新闻集团旗下媒体的鼓动下，BBC在马岛战争中的客观报道竟然被听众指责为卖国行为。战争结束之后，撒切尔首相积极回馈。尽管多方人士控告默多克垄断了英国1/3的报业，但是撒切尔夫人置若罔闻，听任默多克继续他的兼并事业。撒切尔夫人曾在一封写给《太阳报》的信中说："你对一个任职11年半的首相来讲是极大的鼓舞。"1997年，看到保守党气数已尽的默多克，在年轻的工党领袖布莱尔身上找到了希望。布莱尔和默多克的亲密关系早已是公开的秘密。默多克请布莱尔夫妇乘头等舱飞到澳大利亚的海岛游玩。当时这位未来的英国首相谈起了"政治的新道德目标"，承诺要把媒体交还给像默多克这样的"企业"。在当年的英国大选中，默多克控制的英国四大报纸之一、发行量达到250万份的《太阳报》不遗余力地为布莱尔大造声势，使布莱尔最后奇迹般地问鼎宝座，以致有人将布莱尔竞选的最后三周称为"英国新闻史上最黑暗的时代"。事实证明，布莱尔是个不错的"生意伙伴"。默多克为了打败竞争对手，曾下令其属下的报纸调低头版广告价格，招致一片抗议之声，英国国会提出要立法抵制默多克的不正当竞争行为，但在布莱尔的

① 赵浩生：《漫话美国新闻事业》，第99页，北京出版社，1980年。
② Michael Freeman, *Hot Air Lifts Second Half*, Mediaweek, Nov. 2, 1998. P6.
③ 维·佩特鲁森科：《垄断报业》，第61页，新华出版社，1981年版。

阻挠下流产。默多克还鼓动布莱尔通过了于他有利的通信法案，为新闻集团在英国的扩张铺平了道路。①

在扩张中国这个新兴市场时，默多克更是与中国政府保持着高度的一致。1994 年默多克在购买了香港卫视后将 BBC 从卫视中剔除，原因是 BBC 播出了受到中国政府批评的政治性纪录片，而此前 BBC 一直是通过香港卫视在亚洲落地的。1998 年，默多克亲自打电话给旗下的哈珀·考林斯出版社的社长，中止与香港总督彭定康的合同，拒绝出版他的回忆录，此举也是因为彭定康的书中有反华内容。除了新闻集团的突出表现外，其他传媒巨头也是如此。2004 年，选择在 3 月 20 日中国台湾“选举”前两天访问北京，全球传媒巨子维亚康姆总裁萨默·雷石东富含深意地表达了一种立场。有报道称，此举与默多克在 20 世纪 80 年代初明确赞同撒切尔夫人收回福克兰群岛的决心相类似——当时阿根廷入侵福克兰群岛，英国与之开战——这一坚定立场使默多克后来在英国的多起并购中没有遭遇严格的反垄断审查。② 当我们面对这些传媒巨头的表现时，不能不说，为了扩张市场，取得最大的商业利润，他们在国际政治舞台上的确是长袖善舞，表现出非凡的政治智慧。

媒介是信息的控制者，一定程度上也是一个社会的中枢。传媒所拥有的力量使媒介集团在扩张的过程中逐渐成为全球级的政治说客，在医疗卫生、教育、社会服务、法律事务等公共事务领域的发言权也越来越大，任何一个国家想要保持封闭的状态已经是不可能的了。造成今天传媒业高度集中的重要因素是国家政策的结果，如我们前面所提到的 1996 年美国电信法案，在类似这些法案的制定中，传媒巨头投入了很多的精力和财力。鲁珀特·默多克的新闻集团和索尼公司一起加入了六家美国大公司的行列，并试图统治美国以及全球的通信行业。默多克的新闻集团以澳大利亚为基地，利用其在卫星通信领域的优势主导着亚、非、欧的大部分相关市场。现在，该公司在美国的新闻、出版、电视以及政治层面成为一支重要的力量。默多克向美国众议院议长金里奇预付的 450 万美元的稿费只不过是为了让他运用自己的影响力让相关的电信法案尽早在国会获得通过。默多克的一位资深助手曾感叹说，在操纵政客为自身利益服务方面，从未见过比默多克更精明的人。

传媒跨国集团是全球企业网络中重要的一环，和其他利益集团本身有着千

① 邓瑾：《公共媒体的独立之困》，《经济观察报》，2004 年 2 月 9 日。

② 南依剑：《访谈：雷石东首次在华全面阐述维亚康姆战略》，《21 世纪经济报道》，2004 年 3 月 24 日。

丝万缕的关系。很多时候，传媒成为这些利益集团直接影响公共政策的工具。1992 年，克林顿入主白宫不久，由其夫人希拉里主持、提出一项全民医疗保险议案，送交国会审议。该议案旨在减少国家对医疗费用的补贴，以减轻国家的财政赤字。但这样一来，医疗保险收入将大为减少。美国医疗保险协会花 1700 万美元请著名公关公司戈达德—克劳森公司展开大规模电视宣传运动。戈达德—克劳森公司总裁承认：这是一场大赌博，因为这是组织对抗政府的行动。在强大的宣传攻势下，许多不明就里的公众也跟着媒体唱反调，多次民调都显示，反对政府医疗政策的人比支持的多，众议院最终投票否决了这项议案。①

巨型跨国传媒集团的成长经历向世人说明，如果不涉足政治，传媒集团难以为继，世界各国的政治家们，离开了传媒集团也不能称之为政治家。各国政府也是跨国媒体坚定的倡导者。

媒体和计算机软件是美国的主要出口产品，1997 年出口量达 600 亿美元。这个数字比 1990 年期间增加了两倍。美国政府因此以惩罚性手段威胁那些不重视媒体公司版权的国家，同时，美国政府还动用外交手段来排除媒体产品进口的种种障碍。例如，克林顿总统在 1998 年 6 月访华期间，对中国政府施加压力，要求中国在两年内进口美国电影的数量由 10 部增加到 20 部。1998 年，美国政府与世界上最有影响的国家就投资问题达成新的多边协议展开谈判——试图通过一项保护跨国投资免遭其他国家规制干预的权利议案，这个多边投资协议将媒体、通信和“文化活动”全部囊括其中。同年，美国政府向 WTO 施加压力，WTO 根据美国政府的要求宣称，为了鼓励互联网的商业发展，互联网应该是一个“免税经营行业”。另外，美国政府为鼓励媒体兼并而进一步放松了反托拉斯标准，允许媒体公司变成“世界上最强大的竞争者”。美国政府甚至资助一项培训计划，在全世界范围训练管理人员和商业经营人员，帮助他们学习如何建立商业广播系统。②

除美国外，西方其他国家的政府也对传媒业的跨国扩张给予积极的支持。1993 年，借德国总理科尔首次访华之机，贝塔斯曼将“书友会”的概念带到了中国——这种通过向会员邮寄售书的商业模式在德国等西方国家早已司空见惯，但对于中国这个新华书店一统天下的图书市场来说，还是一个新鲜事件。在德

① Tay G. Blumer & Michael Gurevitch，*The Crisis of Public Communication*，p. 18，SAGA，1995. 转引自李良荣：《当代西方新闻媒体》。

② 〔美〕罗伯特·W. 麦克切斯尼著，谢岳译：《富媒体　穷民主》，第 139 页，新华出版社，2004 年 1 月第 1 版。

方的游说下，中国高层同意引进试验。1995年，上海贝塔斯曼文化实业有限公司正式挂牌。该公司的股权构成是：贝塔斯曼集团占80%股份，剩下20%股份由中国科技图书公司持有——后者是上海市新闻出版局的直属企业。由德国人绝对控股，这在戒备森严的中国市场上是少有的案例。

3. 威胁民主的巨型媒体集团

当世界传媒业仅仅由十几家巨型的媒体公司控制，而这些公司又毫不犹豫地以商业利润作为至高无上的原则时，人们内心不免要产生深深的忧虑：民主是否受到了严重的挑战。我们知道，美国政治制度奠基人一直把新闻自由当作美国民主政治的一把保护伞。在西方政治心理上，新闻业一直被认为是美国民主政治发展中的“第四种权力”。这种光环笼罩在新闻业头上，西方新闻界人士一直引以为傲。然而，随着巨型传媒集团全球化运作的日益加剧，这种权力正在逐渐地被稀释。对此，《外交世界》的总编辑拉莫内在《第五种权力》一文中表达了另一种担心：当无冕之王不但背叛了人民，而且带着辎重投奔了权力和资本时，我们将如何奋起自卫。越来越多的学者开始意识到巨型媒体集团越来越威胁到民主。20世纪90年代，卡尔·波普尔在《这一世纪的教训》中指出，新闻媒体必须接受社会的监督，否则它有可能成为“第二个希特勒”。尝尽个中滋味因而感触良深的美国前总统理查德·尼克松在他的《领导者》（Richard Nixon，*Leaders*，A Warner Communication Company，1982）一书的序言里不无感慨地评述：“我认识新闻界的领袖们，例如亨利·R. 卢斯，他们对世界的影响要比许多国家的领袖大得多。”

由于传媒集团的全球化运营，一个国家的传媒政策乃至产业结构都有了深刻的变化，全球商业媒介市场的形成对公共广播及一个国家的民主来说，都是严重的威胁。在西方很多发达国家，20世纪政治民主化运动已使公共广播成为一个基础性的机构。他们有这样的信念：广播对于民主来说非常重要，不能由出于商业动机的私人所有，像荷兰、德国、英国、日本这些都是公共广播充分发展的国家，但是现在都不同程度地受到传媒集团全球化运营的冲击。1997年，斯堪的纳维亚的几家主要公共广播公司在美国开通了商业有线电视频道。1997年，荷兰公共广播公司难以为继，最终同意在儿童节目中插播广告。[①] 在英国，尽管BBC作为公共广播的地位相对牢固，在20世纪20年代至50年代

① 转引自〔美〕罗伯特·W. 麦克切斯尼著，谢岳译：《富媒体　穷民主》，新华出版社，2004年1月第1版。

拥有绝对的垄断地位，但是在新的政治（以布莱尔为代言人的新兴的“新保守派”）和商业（以默多克为代表的传媒巨头）的共同压力下，BBC 也踏上了商业化的道路。现在英国唯一监管公共服务广播的机构由布莱尔的人领导，该机构一心想以美国的市场化为蓝本进行改革。默多克在英国的媒体一直对有着不同游戏规则的 BBC 不吝批评，并且想尽办法希望可以动摇 BBC 的公共经费支撑，从而进一步扩大其在英国的媒体王国。20 世纪 90 年代后期，BBC 也开始与商业公司合作，例如与美国的发现通讯公司及英国的通信科技公司合作，在美国和世界其他国家开通商业频道。BBC 推出一套儿童节目 Teletubbies，目的是通过玩具制造商 Hasbro 公司在全球推销其产品。1997 年，BBC 通过广告资助的形式建立起自己的商业网站，通过该网站出售自己的产品。如果时间倒回去 10 年的话，BBC 的这些商业举动是难以想象的。当公共广播必须走商业化的道路才能存活下来的时候，它将会最终丧失其公共服务的责任。有线电视新闻网（CNN）的创始人泰德·特纳现任世界上最大的传媒集团——时代华纳公司的高级主管。他也在媒体中公开表达了对于传媒集团所带来的民主问题的担忧：“在传媒领域，企业集权是一件非常恐怖的事情。迪斯尼、通用电气以及拥有哥伦比亚广播公司（CBS）的美国西屋集团越来越多地染指新闻界。而在公众持股的四大网络传媒集团就有两家在核能与军火领域投入了大笔资金——通用电气和西屋就是很好的例子。那么，在报道有关核问题的新闻时，他们又会向公众讲述怎样经过编排的故事呢?”不过，特纳还没有讲出时代华纳公司的其他底细——作为世界上第二大图书出版商、最大的音乐公司，时代华纳拥有《时代》周刊、《财富》、《生活》、《人物》、《金钱》、《体育画报》等杂志。此外时代华纳与国际通信技术公司（TCI）一起构筑的有线电视网络正服务着 47％的美国有线观众。

今天的新闻业，其涵盖的范围已远远超出传统的新闻事业。今天的新闻被称为大众传播，新闻学也被称为大众传播学，传播媒介包括广播、电视、报刊、图书、唱片、录音带、电影等等。几乎所有的新闻集团都正在日益市场化。市场化有促进传播民主化的一面，但许多欧美学者认为，商业利益不等于公众利益，市场主宰下内容的多样化并不等于思想文化上的多元化，由广告商支配的传播市场上“一元一票”的消费者至上原则与“一人一票”的民主原则有根本的区别。[1] 对市场化倡导者们所信奉的“市场是公众利益的代表者和公众兴趣

① 赵月枝：《公众利益、民主与欧美广播电视的市场化》，《新闻与传播研究》，1998 年第 2 期。

最好表达者”这一观点，西方的学术界更是提出了一系列批评。媒体的集团化意味着观众的选择范围仅在于几个大公司通过各种渠道提供的各类内容，而巨额的投资意味着媒介市场不是一般的资本所能觊觎的，市场并不是人人能公平进入的竞赛场，只有大的传媒集团才能贷得到款，才能长期亏得起。

在西方社会尤其在美国，除了学术界之外，一些媒体改革者也在积极行动。从20世纪30年代的反对商业广播、提倡公共广播的“广播运动”，到六七十年代的倡言公共利益和反对媒介暴力的广播电视改革运动，再到80年代维护新闻专业主义精神和广播的公共利益义务的媒介监督组织的兴起，都从不同层面显现着资本主义媒介体系内部某种修正机制的力量。

对此，美国的许多媒介改革组织都在积极努力地争取表达空间，试图找到能够进行改革的路径。尽管在强大的资本主义媒介体系面前，这种努力很难预料能够达到什么样的效果，但是乐观的评论者们喜欢引用的一个例子是1992年美国总统选举中的一次电视报道。当节目主持人千方百计把话题引到关于克林顿的绯闻时，演播室内的一名妇女观众提出强烈抗议，要求讨论公共政策，其他的观众对这名妇女报以热烈的掌声。在总统候选人的一次电视辩论中，观众也要求候选人谈经济，而不是关于克林顿的个人问题。[①] 在滚滚的市场化大潮中，越来越多追求真正的社会民主与平等的人意识到，一个一方面独立于政府，一方面独立于商业利益的公共广播电视系统是维系和发展民主不可缺少的社会力量。

西方的媒介改革者把媒介体系视为民主政治的工具，反对大公司控制媒介从而使媒介成为一个盈利部门，认为政府专制控制和商业集团垄断同样是对民主的背叛，从而表达了反对媒介商业化、强调媒介的民主政治功能的基本立场。从前文的多方论述中，我们已经知道，美国媒介体系是资本主义体系的一部分，美国媒介从独立媒介和家族媒介到媒介集团，再到媒介集团之间建立战略联盟关系、媒介集团与非新闻媒介公司建立互相拥有股份的子母公司关系，最后大多数媒介在产权上为少数大型公司所控制，媒介体系发展为公司媒介，这种趋势体现的是媒介经济独立性的逐渐丧失；同时，连锁媒介把媒介与众多的产业联结到一起，从而使得媒介在政治、经济报道中的独立性、批评立场受到极大的腐蚀。不仅如此，媒介的政治独立性也受到挑战。依据《第一修正案》精神，独立于政府的原则要求媒介能够自主报道一些未经政府（包括白宫、国会、法

① 赵月枝：《公众利益、民主与欧美广播电视的市场化》，《新闻与传播研究》，1998年第2期。

院）发布或论争的议题，而不是做政府的传声筒。但是，在20世纪80年代以来，新闻报道的这种独立性受到严重的怀疑。在政治报道领域，记者成了记录官方政治现实的速记员。在经济领域的新闻报道中，公司媒介作为那些几乎拥有所有产业的大公司的一个盈利部门，更不可能报道对那些产业不利的新闻。记者在现实的采访中则主要依靠政府和大公司提供的公关稿。

革新者所要表达的改革路径主要集中在以下几个方面：强调以民主为诉求，重建媒介体系；用民主的方法进行媒介的法律和政策的制定；建立替代性媒介，建构多元化的媒介、多元化观点、多元化信息源。

在公共广播电视面临危机、市场化愈演愈烈的今天，为争取民主自由的表达而试图重构媒介体系的梦想看起来是多么的遥不可及，仿佛成为理想主义者的呓语，但是世界的变化真是让人觉得不可思议，谁又能够断定这个世界就不能被重构了呢。

4. 好莱坞电影与美国的实力

好莱坞电影作为一种媒介形态，在美国政治及外交领域扮演了非常重要的角色，充分体现了美国的软实力。尤其是20世纪80年代以来，媒体经营管理的放开以及私有化，全世界范围内出现了一大批商业频道，亚洲包括中国在内的市场扩大也越来越吸引着主导美国电影行业的跨国娱乐集团的注意力。此外，卫星、有线电视以及VCR和DVD等家庭录像技术等，进一步拓宽了国际市场，推动了娱乐产品的销售。目前在许多国家和地区，好莱坞电影已经成为电影院和影碟市场的主导力量。好莱坞电影主导性力量的形成是历史性、经济性、政治性和文化性等各种因素导致的一个复杂的混合体，而其在政治、外交方面所体现出的影响力也是由来已久的。

“反红公鸡运动”：法国是电影的诞生地，真正发明第一台电影机的是法国的吕米埃兄弟。1900年前后，吕米埃兄弟来到纽约放映他们的电影，大获成功。此时，正好是美法商业关系不顺、贸易紧张时期，电影机的出现更加剧了两国之间的紧张局势。在这一时期，美国本土的电影市场成了法国电影工业的主要销售场所，法国电影横扫全美国。美国的“镍币剧场”（用一枚五分钱硬币即可买到门票的剧场）大多放映从法国进口的影片。由于早期的电影都是无声电影，语言并不能成为障碍，因此在这一时期，法国电影处于强势殖民地位。为了扭转这种劣势，汤姆逊·爱迪生将他在美国的竞争对手联合起来，组成了同业联盟，命名为“电影专营公司”，他们的主要目标，就是要将法国电影赶出美国市场。由于法国最大的电影制片商帕泰·弗里尔公司的电影《红公鸡》是横扫美国市场的生力军，这场运动便被称为“反红公鸡运动”。他们的手段并不光明磊落，主要靠煽动对欧洲电影的恐惧和敌意，与此同时依靠暴力、犯罪和性吸引将劳动阶层的观众吸引到电影院。美国人凭借其对市场的精确判断能力轻松将唯美的法国人赶了出去。在这一时期，美国的电影也尽可能地丑化墨西哥人、日本人。

好莱坞成长为政治力量：第一次世界大战期间，欧洲各国的电影制片厂几乎都陷于停滞状态。美国直到1917年才放弃中立而获得了三年的机会。在此期间，美国的电影制片厂不停地生产新片，也利用这段时间，乘机征服了欧洲市场。在第一次世界大战期间，美国加利福尼亚洛杉矶郊区的好莱坞逐渐成为电影巨头的聚集地。此时，好莱坞也正在成长为一股政治力量。威尔逊总统是好莱坞经典史诗片《一个国家的诞生》的拥趸，他确信，好莱坞可以用作让美国价值观主导世界的手段。美国电影同业工会也深谙此理，在致白宫的备忘录中将这一点阐释得非常清楚：电影可以成为以极小成本甚至零成本进行国家宣传的最佳方式。威尔逊总统批准建立的国会公共信息委员会，其作用就是通过电影推广美国的文化和价值观。该委员会招募了大批记者、电影制片人和剧作家来宣传美国的世界和平观和自由民主观。该委员会成功地将美国塑造成一个繁荣、和平的典范并推向全世界。第一次世界大战期间，威尔逊在全世界享有崇高声望与国会公共信息委员会的高效工作密切相关。1919年的凡尔赛会议之时，威尔逊及美国已经脱颖而出，好莱坞电影已成为美国全球实力延伸的一个重要的基本工业。

20世纪20年代后，好莱坞电影征服了加拿大、英国、法国、德国，尽管在这些国家遭到了精英阶层的强烈反抗，但是好莱坞已是势不可当，在各国市场上的占有率势如破竹。与此同时，美国电影制片人和发行人协会的成立，也标志着好莱坞和华盛顿之间开始形成长期、互惠关系。从沃伦·G. 哈定总统开始，好莱坞都积极参与到总统竞争活动之中，柯立芝、胡佛，直到“二战”时期的罗斯福，好莱坞的巨头们都给予了巨大支持，也非常愿意为白宫充当非官方宣传工具。1945年以美国国务卿乔治·马歇尔名字命名的“马歇尔计划”本质上就是一个运用美国软实力的“好莱坞”计划。根据“马歇尔计划”，好莱坞得到了上千万美元用于“欧洲复兴计划”的直接补贴。美国一位参议员号召好莱坞在思想领域为全球性的“马歇尔计划”作出贡献，好莱坞的回答就更加简洁直白：“让唐老鸭担任世界大使!”

好莱坞的外交才能：在“二战”期间，法国一直对好莱坞电影限制进口，1945年法国的大选结束后，社会党和民主党赢得了大部分的选票，法国开始出现振兴和保护民族电影工业的舆论。好莱坞绝不会允许这种现象出现，法美两国政府就电影问题进行了双边谈判。在“马歇尔计划”的利诱下，法美签订了《布鲁姆—贝尔纳斯协定》：法国必须取消战前限制进口美国电影的规定。实质上，法国从此便向美国电影敞开了国门。20 世纪 40 年代末期，英国的电影开始复苏，劳伦斯·奥利维尔的《亨利五世》在美国获得了巨大的商业成功。面对着与美国巨大的贸易逆差，英国政府开始对好莱坞宣战：1947 年，艾德礼政府开始向好莱坞电影征收 75%的从价税。按照英国财政大臣休·道尔顿的名字命名的所谓“道尔顿关税”计算，实质上意味着好莱坞的电影制片厂在英国只能保留自己 25%的利润。“道尔顿关税”出台后次日，好莱坞的电影巨头们就开始对英国的电影业进行全面的抵制。为了缓和双方的危机，艾德礼派遣大臣与好莱坞电影制片厂谈判，1948 年《英美电影协议》生效，好莱坞获准每年在英国发行 180 部电影，可以向美国汇出 1700 万英镑，其余未汇出款项要在英国消费。此外，好莱坞的电影制片厂可以汇出与英国电影在美国市场盈利额相同的收入。在与苏联的冷战中，美国政府也充分认识到了好莱坞电影是强大的冷战武器。

1961 年肯尼迪入主白宫的时候，好莱坞与华盛顿之间的合作就更加密切了。众所周知，肯尼迪的父亲就是好莱坞的巨头。20 世纪 60 年代末，尼克松进入白宫的时候，美国正在经历社会剧烈动荡的磨难：越南战争、民权运动、性解放和摇滚乐，都成了美国人最关心的道德问题。再加上 70 年代美国经济遭遇低迷时期，好莱坞的票房收入急剧下降。当时的美国好莱坞电影协会主席杰克·瓦伦蒂不得不实施扭转时运的两套策略：首先，他必须获得华盛顿的特许，改善好莱坞在美国国内市场的财政地位；其次，他必须为好莱坞在国外获得更大的市场份额而奋战。瓦伦蒂取得了胜利：在国内，他促成了一系列对于电影业的减免税法案，这让好莱坞的各电影厂利润飞速地成长。在国外，华盛顿也开始在双边和多边贸易争端中，尤其是在传媒业和娱乐业领域，摆出一副强硬的、不容争辩的姿态为好莱坞保住开放的市场通道。

进入 20 世纪 80 年代以后，世界巨型的传媒公司时代华纳、迪斯尼、维亚康姆、新闻集团、维旺迪构成了好莱坞电影制片厂的核心。好莱坞在国际市场的成功更胜国内，这归因于其行销模式更精确，更具有全球化的视角，大型制片厂不断扩大海外生产能力，大力加强海外的伙伴关系。作为美国文化创意产业的龙头，好莱坞娱乐产业每年的利润是 300 亿美元。在洛杉矶地区，娱乐产业就业人数达 25 万多人，位居贸易、旅游业之后，列第三。2006 年，电影业共支付了约 25 亿美元的薪酬，占洛杉矶文化创意产业薪酬的 60%。今日的好莱坞已成为世界上最强大的文化势力，而好莱坞与华盛顿的联系以及参与美国外交的能力也越来越强大。好莱坞不仅是娱乐业的造星工厂，也是政坛筹款的“宝地”。专门跟踪竞选资金的研究机构“敏感问题中心”提供的数据显示，2004 年总统选举期间，美国电影、电视和唱片业共为候选人和政党捐款 3310 万美元，其中大多数来自好莱坞。对于总统候选人来说，好莱坞的支持不仅意味着大笔竞选经费，还意味着更高曝光率，能使他们的参选活动吸引更多目光。因此，在进入总统竞选的正式较量环节前，候选人先要经历这场“好莱坞初选”。

2008 年的总统选举也是好莱坞政治造星的好戏开演。希拉里是诸多民主党候选人中的领跑者。2007 年，著名影星伊丽莎白·泰勒宣布，给希拉里竞选捐款。希拉里在好莱坞的最大挑战者是 45 岁的非洲裔参议员奥巴马。著名影星乔治·克鲁尼毫不掩饰对奥巴马的欣赏。奥斯卡金像奖最佳女主角获得者哈莉·贝瑞也曾说，她要“捡起地上的纸杯，保持他（奥巴马）道路的清洁”。创建“梦工厂”电影制作公司的好莱坞“三巨头”——戴维·格芬、杰弗里·卡岑贝格和史蒂文·斯皮尔伯格邀约 700 名民主党支持者出席为奥巴马举行的筹款会。美国黑人演员威尔·史密斯已经先行一步，正计划在肯尼亚拍摄《今夜他来》，讲述非洲裔参议员奥巴马的故事。这又将是好莱坞政治的一个热点话题了。

参考书目

1. 〔英〕戴维·赫尔德等著，杨雪冬等译：《全球大变革——全球化时代的政治、经济与文化》，社会科学文献出版社，2001 年 4 月第 1 版。

2. 〔英〕阿兰·鲁格曼著：《全球化的终结》，三联书店，2001 年 6 月第 1 版。

3. 〔美〕迈克尔·埃默里、埃德温·埃默里著，展江等译：《美国新闻史》，新华出版社，2001 年 9 月第 1 版。

4. 〔加〕哈罗德·伊尼斯著，何道宽译：《传播的偏向》，中国人民大学出版社，2003 年 6 月第 1 版。

5. 〔英〕戴维·莫利、凯文·罗宾斯著，司艳译：《认同的空间——全球媒介、电子世界景观与文化边界》，南京大学出版社，2001 年 8 月第 1 版。

6. 〔埃及〕萨米尔·阿明著，任友谅等译：《世界一体化的挑战》，社会科学文献出版社，2003 年 2 月第 1 版。

7. 〔美〕爱德华·赫尔曼、罗伯特·麦克切斯尼著，甄春亮等译：《全球媒体——全球资本主义的新传教士》，天津人民出版社，2001 年 2 月第 1 版。

8. 〔美〕雪莉·贝尔吉著，赵敬松译：《媒介与冲击》，东北财经大学出版社，2000 年 9 月第 1 版。

9. 〔美〕William Wells &John Burnet& Sandra Moriarty 著，张红霞、杨翌昀译：《广告学原理和实务》，云南大学出版社，2001 年。

10. 〔美〕罗伯特·拉罗斯、约瑟夫·斯特劳巴哈著，熊澄宇译：《今日媒介：信息时代的传播媒介》，清华大学出版社，2002 年 4 月第 1 版。

11. 〔美〕迈克尔·波特著，陈小悦译：《竞争战略》，华夏出版社，1997 年 1 月第 1 版。

12. 〔美〕迈克尔·波特著，李明轩等译：《国家竞争优势》，华夏出版社，2002 年 1 月第 1 版。

13. 〔美〕戴维·贝赞可等著：《公司战略经济学》，北京大学出版社，1999年。

14. 〔美〕杰克·富勒著，陈莉萍译：《新闻的价值——信息时代的新思考》，新华出版社，1998年5月第1版。

15. 〔美〕罗伯特·W. 麦克切斯尼著，谢岳译：《富媒体　穷民主》，新华出版社，2004年1月第1版。

16. 〔美〕伦纳德·小唐尼、罗伯特·G. 凯泽著：《美国人和他们的新闻》，中信出版社，2003年4月第1版。

17. 〔加〕考林·霍斯金斯等著，刘丰海译：《全球电视和电影——产业经济学导论》，新华出版社，2004年1月第1版。

18. 〔加〕文森特·莫斯可著：《传播政治经济学》，华夏出版社，2000年6月第1版。

19. 〔美〕罗伯特·吉尔平著，杨宇光等译：《全球政治经济学》，人民日报出版社，2003年4月第1版。

20. 〔美〕兹比格纽·布热津斯基著：《大棋局》，上海人民出版社，1998年2月第1版。

21. 〔美〕理查德·希克洛什著，王强译：《报业大兼并》，光明日报出版社，1998年10月第1版。

22. 〔英〕汤林森著，冯建三译：《文化帝国主义》，上海人民出版社，1999年1月第1版。

23. 〔英〕约翰·基恩著：《媒体与民主》，社会科学文献出版社，2003年2月第1版。

24. 〔美〕罗伯特·福特纳著：《国际传播——全球都市的历史、冲突及控制》，华夏出版社，2000年8月第1版。

25. 〔英〕奥利弗·博伊德-巴雷特、克里斯·纽博尔德编，汪凯、刘晓红译：《媒介研究的进路》，新华出版社，2004年1月第1版。

26. 〔英〕约翰·斯托普福德、苏珊·斯特兰奇著：《竞争的国家，竞争的公司》，社会科学文献出版社，2003年4月第1版。

27. 〔美〕米切尔·J. 沃尔夫著，黄光伟、邓盛华译：《娱乐经济——传媒力量优化生活》，光明日报出版社，2001年5月第1版。

28. Robert G. Picard 著：《媒介经济学》，台湾远流出版社，1994年。

29. 〔美〕托马斯·达文波特、约翰·贝克著：《注意力经济》，中信出版社，2004年1月第2版。

30. 〔加〕丁焕明、〔德〕费里茨·克勒格尔、〔德〕斯蒂芬·蔡塞尔著，张凯译：《科尔尼并购策略》，机械工业出版社，2004 年 1 月第 1 版。

31. Benjamin M. Compaine Douglas Gomery , *Who owns the media* , Lawrence Erlbaum 31、Associate，Publication，1999.

32. 〔以〕（Niva Elkin－Koren）〔美〕Neil Weinstock Netanel，*The commodification of information*. Citic Publishing House . 2003，8.

33. 〔美〕Harold L. Vogel，*Entertainment Industry Economics*（*Fifth Edition*），Cambridge University Press in 2001.

34. 李良荣等著：《当代西方新闻媒体》，复旦大学出版社，2003 年 6 月第 1 版。

35. 唐润华主编：《解密国际传媒集团》，南方日报出版社，2003 年 8 月第 1 版。

36. 徐耀魁主编：《世界传媒概览》，重庆出版社，2000 年。

37. 尹鸿、李彬主编：《全球化与大众传媒》，清华大学出版社，2002 年 4 月第 1 版。

38. 杨伯溆著：《全球化——起源、发展和影响》，人民出版社，2002 年 1 月第 1 版。

39. 高振强著：《全球著名媒体经典案例剖析》，中国国际广播出版社，2003 年 1 月第 1 版。

40. 胡正荣主编：《外国媒介集团研究》，北京广播学院出版社，2003 年 8 月第 1 版。

41. 胡正荣主编：《媒介市场与资本运营》，北京广播学院出版社，2003 年 8 月第 1 版。

42. 支庭荣：《媒介管理》，暨南大学出版社，2000 年 9 月第 1 版。

43. 苏东水：《产业经济学》，高等教育出版社，2000 年第 1 版。

44. 陈宝森著：《美国跨国公司的全球竞争》，中国社会科学出版社，1999 年 12 月第 1 版。

45. 辛华、寒波编：《解读默多克——从传媒帝王到中国女婿》，广东旅游出版社，2001 年。

46. 张金杰著：《经济全球化中的国际资本流动》，经济科学出版社，2000 年 1 月第 1 版。

47. 加力著：《广告的符号》，台湾远流出版社，1981 年。

48. 钟海帆著：《走进美国广电传媒》，南方日报出版社，2003 年 4 月第

1 版。

49. 辜晓进著:《走进美国大报》，南方日报出版社，2002 年 10 月第 1 版。

50. 刘勇著:《大追寻——美国媒体前沿报告》，上海远东出版社，2002 年 11 月第 1 版。

51. 潘知常、林玮著:《大众传媒与大众文化》，上海人民出版社，2002 年 3 月第 1 版。

52. 罗钢、王中忱主编:《消费文化读本》，中国社会科学出版社，2003 年 6 月第 1 版。

后　记

此书稿完成之后，觉得文章的结构过于庞大，涉及到经济学、管理学、社会学等诸多领域，由于知识结构的限制，写起来未免浮光掠影，捉襟见肘，既然提起笔，就完成它吧，用一个开阔的视野去看问题，总是有很多益处的。

从独立媒介到家族媒介再发展到公司媒介，西方媒介体系运作至今，从各方面来说都达到了巅峰状态，其中也存在着诸多值得反思的问题，在书中都有提及。美国社会学家戴维·里斯曼有这样一段精彩的话：有时，当今美国社会就像一艘满载乘客的渡船，人们先是疯狂地拥到船的一侧，船几至倾覆，随即人们又拥向另一侧，船又向另一侧倾覆。过去，时间和空间的距离，缓解了新闻对社会个体的冲击；如今，广播和电视却几乎将这一距离消弭于无形。我们可以在瞬间获知信息，却无力对事件进行及时补救，这也许会增加我们的无力感，而值得怀疑的是，当我们对未来会发生什么知道得更少，或者知道得更慢时，我们是否会更无力。而今在这样巨大的传媒网络笼罩之下，我们真的很无力，无力的时候总是想，不如远离媒体吧。

在此，要感谢我的导师李良荣先生。他对学术孜孜不倦的追求让我感动。每当我写作到无比痛苦之时，总是想起他形容自己写书时的情形。他是前方的一座路标，尽管无法企及他的高度，在徘徊、孤独时想起，或许，不停地写作，也是人生的一个目的地。

感谢李珊珊、彭彬，在人生场景转换的时候，他们给予了我精神上、生活上巨大的支持。凭此，我觉得人生无比富有与温暖。

感谢关心我的朋友们，与你们每一个人的交往都让我看到了自己的不足，与你们每一个人的互动，都让我觉得自己的人生是一种不断的提升。

感谢美丽杭州的山山水水，在灵山秀水之中，感受自然的每一点恩赐，于万物的勃勃生机中告诫自己，永不放弃。

最后，要特别感谢南方日报出版社的大力支持以及本书责任编辑的辛勤工作，才使此书得以顺利出版。

2008 年 5 月　于杭州北国之春